가슴의 대화

윤덕현의 영혼의 인터뷰

가슴의 대화

1판 1쇄 인쇄 2018. 11. 5.
1판 1쇄 발행 2018. 11. 15.

지은이 이현주, 박진여, 루나, 이혜영, 정현채, 곽노태, 이영좌, 나마스테, 전희식,
    모미나, 사은영, 한바다
대담자 윤덕현

발행인 고세규
편집 태호 | 디자인 이은혜
사진 윤덕현, 송정호 | 영상 녹취 강지원, 박현정, 양지인
발행처 김영사
등록 1979년 5월 17일(제406-2003-036호)
주소 경기도 파주시 문발로 197(문발동) 우편번호 10881
전화 마케팅부 031)955-3100, 편집부 031)955-3200 | 팩스 031)955-3111

값은 뒤표지에 있습니다.
ISBN 978-89-349-8411-5 03190

홈페이지 www.gimmyoung.com   블로그 blog.naver.com/gybook
페이스북 facebook.com/gybooks   이메일 bestbook@gimmyoung.com

좋은 독자가 좋은 책을 만듭니다.
김영사는 독자 여러분의 의견에 항상 귀기울이고 있습니다.

이 도서의 국립중앙도서관 출판시도서목록(CIP)은 서지정보유통지원시스템 홈페이지
(http://seoji.nl.go.kr)와 국가자료공동목록시스템(http://www.nl.go.kr/kolisnet)에서
이용하실 수 있습니다. (CIP제어번호 : CIP2018034749)

가슴의 대화

윤덕현의 영혼의 인터뷰

김영사

차례

서문

지금껏 살아오며 가장 감동적이었던 장면은 제가 처음으로 아빠가 되던 순간이었습니다. 저희는 살고 있던 집에서 첫째 딸 하늘이를 낳기로 했습니다. 출산할 때 조용하고 안정된 환경이 무엇보다 중요하다고 생각해 왔기 때문이었죠. 그 덕분에 저는 아기가 태어나는 모든 과정을 아주 생생하게 체험할 수 있었습니다. 조산사 선생님이 출산을 도와주려 집으로 오셨고 아내는 하루 반의 긴 시간 동안 진통을 잘 견뎌내고 있었습니다. 그리고 드디어 출산의 순간이 다가왔습니다. 이윽고 하늘이의 까만 머리가 보이기 시작했을 때 어찌나 가슴이 쿵쾅거렸는지 모릅니다. 조금씩 머리를 밖으로 밀고 나오던 그 시간은 또 얼마나 길게 느껴지던지요. 그때 하늘이가 머리만 나온 채로 잠시 머물러있던 순간이 있었어요. 조산사 선생님은 아기의 머리를 무리하게 당기지 않고 아기가 엄마의 힘을 받아서 스스로 나올 수 있도록 잠시 기다려주셨죠. 덕분에 저는 엄마의 몸속에서 기를 쓰며 나오고 있는 아기의 표정을 생생하게 볼 수 있었습니다. 자신의 온 힘을 다해서 세상을 향해 나오고 있는 한 생

6

명이 거기 있었습니다. 마치 모든 시간이 멈춘 것만 같았습니다. 그 순간 느낌으로 깨닫는 게 있었어요. 생명이 이렇게 기를 쓰고 태어나는 이유는 바로 자신의 생명을 활짝 꽃피우기 위해서라는 것을요. '나도 똑같이 이렇게 태어났을 텐데, 나 자신을 좀 더 소중하게 여겨야겠구나' '누구에게도 주눅들지 말고 당당하게 내 삶을 살아야겠구나' 그런 다짐을 했습니다. 그 후로 저는 힘이 들 때면 하늘이가 처음 세상에 태어나던 순간의 표정을 떠올리곤 합니다. 그리고 그때의 느낌을 마중물 삼아 제가 태어나던 순간 부모님은 과연 어떤 마음이셨을까 가만히 느껴봅니다. 그러면 복잡했던 마음은 어느새 편안해지고 다시 살아갈 힘이 솟아납니다.

생명을 가지고 태어났다는 이유 하나만으로 우리는 너무나 소중한 존재입니다. 그 생명은 엄연히 '물려받은' 것이라는 사실, 그래서 나는 어떤 거대한 흐름의 일부이기도 하고, 또 전체이기도 하다는 사실을 떠올릴수록 왠지 모를 안도감에 마음이 편안해지곤 합니다. 우리가 이런 진실을 실감하면서 자신에 대해, 서로에 대해 더 너그럽고 따뜻해져서 우리의 삶이 더 밝아지기를 바라는 마음으로 저는 그동안 인터뷰 작업을 계속해 왔습니다.

사람을 만나 대화를 나누고 그것을 기록해 인터뷰 영상을 만드는 작업은 제가 가장 좋아하는 일이고, 가장 잘하는 일이기도 합니다.

인터뷰를 준비하고 실행하는 모든 과정이 저는 참 즐겁습니다. 평소에 책을 좀 느리게 읽는 편인데, 인터뷰를 앞두고 있는 분의 책은 완전 몰입해서 단박에 읽어버리곤 합니다. 촬영을 하고 나면 그분의 이야기를 빨리 세상에 알리고 싶은 마음에 이른 새벽부터 눈이 떠지기도 하고요. 하루 종일 작업하는 날이 며칠씩 이어져도 그렇게 힘들지 않습니다. 영상을 보신 분들이 삶에 도움이 되었다는 말씀을 하실 때면 제 온몸은 하나의 큰 심장이 된 것처럼 두근거립니다. 자기가 진정으로 좋아하는 일을 할 때 이렇게 자신의 힘과 역량이 크게 발휘되고 더 큰 힘과 연결되는 것 같습니다. 더구나 생명이 잘 되게 하는 활동을 하시는 분들의 이야기를 전하는 일이다 보니, 이 일을 할 때면 제 안에 흐르고 있는 생명의 힘도 잘 쓰이는 것을 느낄 수 있습니다.

치유란 우리가 가진 본연의 생명력을 회복하는 데 도움을 주고 우리가 세상에 온 바람대로 밝고 기쁜 삶을 살도록 인도해 주는 힘이 아닐까 합니다. 그동안 제가 만난 분들은 다양한 영역에서 사람들에게 감동과 도움을 주는 치유의 길을 가고 계신 분들입니다. 그러한 분들과 만나는 과정은 그 자체로 깊은 치유의 시간이었고 새로운 세계를 향해 내딛는 탐험의 여정이었습니다. 그분들 덕분에 제 인식의 지평은 더욱 넓어지고 깊어질 수 있었습니다.

제 진심을 알아주시고 흔쾌히 인터뷰에 응해주셨던 모든 분께 깊이 감사드립니다. 이 인터뷰를 통해 가장 보람되었던 것은 인터뷰 이후에도 그분들과 계속해서 교류를 이어가며 삶을 함께하는 관계가 된 것입니다. 이 책의 출간을 계기로 앞으로 더 긴밀하게 많은 일을 함께할 수 있기를 바랍니다.

제작한 영상이 회를 거듭해 가면서 말로 풀어져 있는 내용들을 글로 정리해서 더 많은 분과 나누고 싶다는 바람을 갖게 되었습니다. 다행히 김영사에서 이 작업의 가치를 알아봐 주신 덕분에 이렇게 책으로 나올 수 있었습니다. 책이 나오기까지 긴 시간동안 많은 수고를 해주신 김영사 관계자분들께 진심으로 감사드립니다.

인터뷰 작업을 계속해 나갈 수 있도록 도와주셨던 분들이 떠오릅니다. 어려웠던 순간 도움을 주셨던 분도 많았고 지금까지도 계속 정기적으로 후원해 주시는 분들도 계십니다. 그분들이 주신 격려와 도움 덕분에 어려운 상황 속에서도 꾸준하게 힘을 내어 지금까지 올 수 있었습니다. 후원해 주시고 도움을 주신 분들께 머리 숙여 진심으로 감사드립니다. 그리고 가족 같은 느낌으로 가슴의 여정을 함께해 주시는 가슴의 대화 오프라인 참가자 분들께도 이 자리를 빌려 감사의 마음 전합니다.

부모님과 조상님들께 감사드립니다. 그분들께서 생명을 물려주신 덕분에 지금 제가 이렇게 살아있습니다. 제게 전해주신 생명의 빛을 제 삶 속에서 더욱 밝게 이어가겠습니다. 많은 어려움 속에서도 드러나지 않는 수고를 마다하지 않으며 늘 마음을 모아주고 응원해 주는 동지이자 도반인 아내 문희에게 말로 다하지 못할 감사와 사랑의 마음을 전합니다. 그리고 제 가슴을 활짝 열어주고 삶의 특별한 기쁨을 알게 해준 하늘이, 새별이에게도 사랑한다는 말을 전합니다.

마지막으로 지금 이 책을 읽고 계신 독자 여러분께 깊이 감사드립니다. 우리가 만난 적이 있든 없든 가장 깊은 차원에서 우리는 이미 함께해 왔음을 느낍니다. 서로 더 깊이 만나 가슴과 가슴으로 소통하고자 했던 우리의 열망이 함께 이 책을 만들었고 또 이렇게 책을 통해 만날 수 있도록 인도한 것이 아닐까 합니다. 이 책을 통해 가슴의 느낌을 되찾고 밝은 삶을 누리시는 데 조금이라도 도움을 드릴 수 있다면 더없이 기쁠 것 같습니다.

책이 나오기까지 함께해 주신 모든 존재께 감사드립니다.

2018년 10월
북한산 자락 작업실에서
윤덕현

1

건강한 삶은
맑은 음식에서부터 시작됩니다

기린한약국 원장 이현주

이현주

국내 최초로 순식물성 한약재로만 처방하는 기린한약국을 운영하고 있으며, 국제적인 환경 캠페인 '고기 없는 월요일Meat Free Monday'의 한국 대표를 맡고 있다. '한방 채식'과 '오감테라피' 등 새로운 치유 방식을 통해 많은 이의 몸과 마음을 근원적으로 회복시켜 주고 있다. 전국의 시민단체와 공공기관, 대학 등에서 많은 강연을 해왔으며 언론 기고, 출판 집필 등 활발한 활동을 이어가고 있다. 저서로는《휴휴선》(소금나무, 2009),《기린과 함께하는 한방 채식 여행》(효형출판, 2013),《오감테라피》(부크크, 2015),《맛있는 채식, 행복한 레시피》(따비, 2015)가 있다.

girinherb@naver.com
오감테라피학교 www.fivesensestherapy.org
고기 없는 월요일 www.meatfreemonday.co.kr
한방채식 기린한약국 블로그 blog.naver.com/girinherb

윤　　첫 손님으로 모시게 돼서 기쁘게 생각합니다. 기린이라는 닉네임을 쓰고 계신데 어떤 의미인가요?

이　　기린은 용이나 봉황처럼 현존하는 동물이 아니라 세상이 바뀔 때 나타난다고 하는, 옛날부터 내려오는 영물이에요. 제가 원래 성격이 내성적이고 남들 앞에 나서는 것을 안 좋아하는 편인데, 제가 하고자 하는 일이 많은 사람 앞에 저를 드러내야 하는 일이에요. 그런데 '기린'이라는 이름을 쓰면 제가 세상에 드러나는 데 도움이 된다고 어떤 분이 말씀하시더군요. 그 동물이 채식동물이기도 하고 뿔이 날카롭지 않아 제 콘셉트와도 잘 맞다고 하셔서 채식운동을 하면서부터 계속 쓰고 있어요. 제게는 되게 사랑스러운 이름이죠.

윤　　정말 좋은 이름이네요. 국내 유일의 순식물성 약재로만 한약을 조제하는 기린한약국을 운영하고 계신데, 이 약국 소개도 간단히 부탁드릴게요.

이　　한약국이라고 하는 게 좀 생소하실 텐데, 한의원하고는 다른 한방전문약국이에요. 한방은 양방처럼 의약분업이 돼있지 않기 때문에 저희가 직접 조제에서부터 탕전, 상담까지 다 하고 있어요. 제가 채식을 하고 나서 여러 가지 공부를 해보니 기후 변화, 오염된 먹거리의 과다 섭취 등의 복합적인 문제들이 오늘날 사람들의 건강에 심각하게 영향을 미치고 있더라고요. 현대인들의 질병이 지나친 동물성 식품의 섭취로 오는 경우가 많죠. 요즘 심각한 기후 변화 문제는 육식 산업으로 인해서 많이 야기되고요. 약재로 사용하기 위해서 멸종 위기에 있는 동물들을 남획하는 경우도 있어요. 웅담은 원래 야생 곰에서 채취하던 거예요. 그런데 지금 우리나라에서는 곰을 사육해서 웅담을 꺼내고 있어요. 사육 과정에서 받은 스트레스들이 담즙에 그대로 남아있을 텐데 말이죠. 또 그 웅담들은 굉장히 비싸게 판매되고 있어요. 그래서 저는 식이요법과 식물성 한약 처방으로 음양의 균형을 잡아 건강하게 해보자는 취지에서 기린한약국을 열었습니다.

윤   동물성 약재를 쓰지 않아도 괜찮은지 염려하시는 분들이 계실 것 같아요.

이   동물성 약재들이 약효가 없지 않죠. 뛰어나니까 오랫동안 약으로 써왔을 거예요. 그런데 저희가 오랫동안 조상들의 먹거리들을 조사해 보니 오늘날과 같은 식단이 아니었어요. 자본주의가 발달하면서 동물성 위주의 식단으로 변화했죠. 지나치게 육식을 많이 하게 됐어요. 그것도 제대로 사육된 동물이 아니라 공장식으로 사육된, 여러 화학물질이 가미된 것을 먹고 있어요. 그 때문에 예전하고는 병의 양상이 달라진 거죠. 그런 걸 먹어서 생기는 병이라면 음양의 원리를 통해서 치유해야 한다고 봐요. 요즘 사람들이 가진 질병

대부분은 못 먹어서 생기는 병이 아니라 잘못 먹고 균형이 깨져서 생기는 병이거든요. 식물성 약재들이 갖고 있는 성분들이 그런 병을 고치는 데 아주 탁월한 효과를 가지고 있어요. 임상을 해보니 더 확신이 들었어요. '현대인들의 음양의 균형을 위해서는 식물성 처방들이 정말로 필요하겠구나' 하고요.

윤　　보통 채식을 하는 것만으로도 많은 것이 좋아지긴 하지만, 때에 따라선 동물성 약재가 필요할 수도 있을 거라고 생각해 왔는데, 동물성 약재 자체를 전혀 쓰지 않으시는 것이 제겐 신선한 충격이었습니다. 환자분들에게 약을 제조해 주시는 것 말고도 많은 말씀을 해주신다고 들었어요.

이　　한방에서는 사람의 몸도 자연의 일부로 봐요. 그리고 병이라는 건 단지 몸이 아파서 생기는 게 아니에요. 관계의 문제가 생기고, 처한 환경이 나빠지고, 그로 인해 마음의 병이 생기면 그것이 사람의 몸에 증상으로 나타나요. 단지 몸에 나타난 현상만을 치료하는 것은 근본적일 수가 없어요. 그래서 약은 치료의 일부분일 뿐이고, 그 사람이 처한 환경과 그것과 맺고 있는 관계, 그 사람의 몸과 마음의 관계를 함께 봐야죠. 본인이 원하는 삶을 살고 있지 않을 때 몸에서는 신호를 보내요. 그 신호는 자신을 제대로 보게 하죠. 즉 자기를 알아가는 과정이 돼요. 그래서 먹는 것은 어떻게 바꿔야 하는지, 관계는 어떻게 조정해야 되는지 그리고 앞으로 자신의 삶을 어떻게 영위하며 살아가야 하는지에 대해서 본인 스스로가 해결

책을 찾을 수 있도록 도움을 드리고 있어요.

윤　모든 몸의 이상 증세들이 식습관과 긴밀한 연관을 갖고 있는데, 그 식습관도 따져보면 감정적인 기억들이 많이 작용을 하고 있는 거네요?

이　예, 거기에는 반드시 관계가 있죠. 특히 사랑하는 사람과의 관계요. 고지혈증을 앓고 계신 분이 있었어요. 그런데 그분의 식단을 살펴보니까, 고기는 많이 안 드시는데 계란을 정말 많이 드시는 거예요. 그래서 지금 식단에서 계란을 줄이지 않으면 병증이 나아지지 않을 거라고 말씀드렸더니, "나는 죽으면 죽었지 계란은 먹고 죽겠다"고 하시는 거예요. 왜 그런지 들어봤어요. 그분은 딸만 셋인 집안에서 막내로 자랐어요. 별로 넉넉지 않은 가정에서 닭을 길렀대요. 근데 닭이 낳는 첫 달걀을 세 딸 중 막내딸인 그분한테 주셨다는 거예요. 보통 엄마 사랑을 독차지하기 위해서 자식들이 늘 경쟁하잖아요. 그런데 그 첫 달걀이 내 것이라는 것이 그분한테는 엄마의 자기에 대한 인정이자 사랑이었던 거예요. 그래서 엄마가 돌아가신 지 꽤 되었는데도 지금까지 계란을 많이 드시는 거였죠. 냉장고 안에 계란이 꽉 차있지 않으면 자긴 불안하대요. 그래서 이분이 계란을 포기하게 만드는 게 쉽지 않았어요. 그런데 세월이 바뀌면 관계 또한 바뀌어야 되잖아요. 엄마의 사랑이 다른 사랑으로 대체돼야 하고 보다 건강한 음식으로 사랑이 표현돼야 한다고 말씀드렸더니, 이제는 조금씩 변하고 계세요.

윤　　말씀 듣고 보니 저한테도 해당되는 것 같아요. 어렸을 때 집에 오면 혼자 있을 때가 많았어요. 아버지는 직장에 나가 계시고 형과 누나들은 다 학교에서 안 온 상태이고, 어머니는 어렸을 때 돌아가셨고요. 집에 오면 뭔가 맛있는 걸 먹고 싶은데 가장 쉽게 먹을 수 있는 게 라면이었거든요. 그래서 라면을 참 많이 끓여 먹었던 것 같아요. 혼자서 라면을 얼큰하게 먹고 나면 포만감과 만족감 같은 게 있었죠. 근데 어른이 되고 나서도 제가 면 음식들을 되게 좋아하고 있더라고요. 근데 면 음식도 제대로 된 게 거의 없잖아요. 거의 다 수입 밀이니까요.

이　　우리가 먹거리를 어떻게 선택해 왔는지부터 한번 이야기해 보자 해서 '푸드 히스토리'라는 프로그램을 만들었어요. 그 프로그램에서는 내가 어렸을 때부터 지금까지 먹어왔던 음식들을 쭉 나열

해봐요. 그리고 그 음식과 어떤 관계를 맺어왔는지, 어렸을 때 우리 부모님은 나한테 어떤 음식을 줬는지, 내가 정말로 행복했을 때 어떤 음식을 먹었는지, 어떤 음식을 먹었을 때 가장 잘 치유가 되는 것 같은지 스스로가 한번 들여다보게 하는 거죠. 한 걸음 물러서서 들여다보면 여유가 생기거든요. 그 여유가 자기를 좀 더 통제할 수 있게 힘을 줘요. 그러니까 억지로 애써서 바꾸게 하는 게 아니라 자연스럽게 스스로 통제력을 발휘할 수 있게 하는 거죠. 그렇게 하면 자기 삶에서 음식의 불균형들을 바로잡을 수 있어요. 제가 하는 모임 중 '한방 채식 포트럭 파티potluck party'라는 게 있어요. 각자 도시락을 싸와서 건강한 음식을 같이 나눠 먹으면서 행복한 시간을 갖는 거예요. 그러면 그 시간이 사람들한테 새로운 문화와 새로운 감정, 새로운 관계를 만들어줘요. 그리고 그러한 시간이 반복적으로 지속되면 습관이 돼요. 그때부터는 건강하고 행복한 음식이라고 하면 정말 건강한 음식이 떠오르는 거죠. 하나의 좋은 기억과 감정으로 우리의 머릿속에 자리 잡는 거예요. 그렇게 다른 방향으로 가고자 하는 에너지가 생기면 그 사람의 삶이 바뀔 수 있어요. 많은 분이 그렇게 변화되었던 것 같아요.

윤   새로운 모임을 통해 음식에 관한 기억을 바꿔가신다는 게 인상 깊네요. 그럼 요즘은 어떻게 지내세요?

이   요즘 좀 바쁘게 지냅니다. 최근 조금씩 알려지기 시작하면서 강의도 많아지고 한약국을 찾아오시는 분들도 늘어나고 있어요. 한약국 문이 요즘 거의 반 정도, 심할 때는 계속 닫혀있던 적도 많아요. 직원을 안 쓰고 저 혼자서 모든 걸 다 하기 때문에 다른 중요한 일이 생기면 문을 닫는 편이에요. 그래서 한약국은 예약제로 운영하고 있어요. 찾아오시는 분들에게 처방전을 드리기까지는 충분한 대화의 시간이 필요하다 보니 제가 감당할 수 없을 정도로 많은 사람이 찾아온다거나 일이 많아지면 일부러 맥을 끊기도 해요. 그렇게 원래 내 자리로 돌아가서 리듬을 회복하려고 하고 있어요. 제가 원래 리듬 안에서 한약국을 운영해야 여기 오시는 분들도 안정감을 느끼실 수 있을 테니까요.

윤　더 깊은 관계를 유지할 수 있도록 다른 모든 것을 조정하시는 거군요?

이　네. 저 스스로 조금 두려울 때도 있어요. 사실 생활이 어려울 때도 많았어요. 그동안 너무 제 철학대로만 살다보니까 힘든 부분이 많았죠. 유혹도 많았고요. 그런데 그걸 조정해 나가갈 수 있었던 건 명상의 힘이었던 것 같아요. 그걸 조정하지 않으면 저는 계속 못해 나갈 것 같아요. 이제까지 조정을 잘 해온 것 같은데, 앞으로도 잘 했으면 좋겠어요.

윤　모든 환자의 약을 직접 조제하고 탕전하신다고 들었어요. 시간이 정말 많이 걸릴 것 같은데, 그런 방식을 고집하는 이유가 있으신가요?

이　제가 다른 사람한테 잘 못 맡기는 성격이에요. 그냥 제가 좀

지고 가려고 하죠. 상담하는 방식도 좀 특이해요. 환자의 모든 것을 다 들여다보면서 소통하기 때문에, 약을 제조하는 과정에도 제 에너지를 쓰고 싶은 거예요. 그리고 한약사로서의 전공을 가장 잘 살릴 수 있는 분야가 약을 직접 조제하고 탕전하는 건데, 이 부분을 다른 사람에게 맡기는 것은 좀 아닌 것 같아요. 저는 후배들한테도 직접 탕전하라고 해요. 저는 노동에 대한 신성함을 현대인들이 더 인식했으면 좋겠어요. 특정한 과정만이 아니라 전반적으로 다 경험해 보는 것이 삶을 정말 깊이 있게 해주거든요.

윤   예, 맞습니다. 요즘 시대에는 분야별로 전문가가 많은데, 전체를 아우르는 마인드는 많이 잊혀가고 있는 것 같아요. 우리가 겪고 있는 많은 문제의 원인이 결국 전체적인 시각이 부족해서가 아닌가 하는 생각이 들 때가 많습니다. 지난 2010년부터 '고기 없는 월요일' 캠페인을 이끌어오고 계신데요, 어떤 캠페인인가요?

이   비틀즈 멤버였던 폴 매카트니Paul McCartney, 1942~가 유엔기후변화총회 전체 의회에서 일주일에 하루만이라도 채식을 하면 기후 변화를 줄이거나 막을 수 있다는, 즉 '고기를 적게 먹으면 지구의 열을 내리는 데 도움이 된다less meat, less heat'는 슬로건을 가지고 제안한 운동이에요. 그 뉴스를 접하고 우리나라에서도 한번 해보면 좋겠다고 생각했습니다. 간단히 말하면, 일주일에 하루를 정해서 그날은 채식하는 날로 지내보자는 거예요. 한국 사람들이 미국 사람의 80% 정도로 고기를 많이 먹는대요. 미국은 스테이크를 먹는 문화여서 고기가 주식이지만, 우리나라 사람은 그러지 않잖아요. 우리가 일주일에 하루 고기를 안 먹으면 온실가스도 줄여나갈 수 있어요. 그날만큼은 환경을 생각하는 날, 건강을 챙기는 날로 만들자 해서 시작했어요.

윤　　캠페인을 진행해 오시면서 기억에 남거나 보람됐던 일이 있다면요?

이　　세계환경회의에 참여한 적이 있었어요. 인천에서 3일간 열렸던 행사였는데, 인천이 친환경도시 이미지를 갖게 하려면 그에 어울리는 프로그램이 있어야 된다는 취지에서 그중의 하루를 'meat free day'로 하자고 주최 측에 제안을 드렸어요. 그리고 3일 중 하루가 채식의 날로 정해졌죠. 그때 만찬 강연을 할 수 있는 기회가 제게 주어졌어요. 그래서 처음으로 영어로 강연을 했었는데 그때 반응이 정말 좋았어요. 강연이 끝나고 세계환경회의를 창립하신 분이 저한테 오셔서 "자기가 이제껏 많은 환경회의를 다녔는데 이번 회의가 가장 인상깊었다" "늘 환경회의에 참석할 때마다 고기를 줘서 의아했는데, 여기서 정말 환경회의다운 환경회의를 경험해 본 것 같다"고 감사의 표시를 하시더라고요. 정말 큰 영광이었죠. 제가 하는 일이 단지 조그만 한약국에서 혼자 꾸던 꿈이 아니라 세계인들과 함께하는 것 같아서 평생 잊을 수 없는 추억이 되기도 했어요.

윤　　듣고 있는 저까지도 자랑스러운 기분이 드네요. 아무래도 약사님이다 보니까 건강과 관련된 질문을 드리고 싶은데요. 물을 잘 마시는 방법이 있을까요?

이   한국 문화는 밥 먹고 숭늉 마시는 문화잖아요. 그리고 또 국
에다 말아 먹기도 하고요. 그러다 보면 수분 섭취를 굉장히 많이 해
요. 현대인들의 질병이 대부분 소화기가 잘못돼서 오는데, 소화기,
특히 위장은 특정한 수소이온 농도ph가 유지돼야 해요. 그 수소이
온 농도에서만 위산이 제대로 분비되고 음식물을 분해할 수 있는
효소들이 활성화되거든요. 그런데 식사 직전이나 식사 중, 식사 직
후에 물을 마시면 그 수소이온 농도가 깨질 수 있어요. 그래서 건강
하게 식사할 수 있는 방법 중 하나가 '물 따로 밥 따로 건강법'이에
요. 소화 기능이 안 좋은 사람이라면 식사할 때 밥을 물에 말아 먹
거나 국을 많이 먹는 것은 지양하시는 게 좋아요. 그리고 식사 전후
로 한 시간 반 정도의 간격을 주고 약간 공복감이 있을 때 물을 마
시면 몸에 좋아요. 물 먹는 습관만 바꿔도 좋은 컨디션을 유지할 수
있죠. 그리고 요즘 우리는 정수기나 생수기에서 바로 나오는 냉각
된 물을 먹잖아요. 그런데 냉각된 물은 우리 체온과 비교해 보면 굉
장히 찬 물이에요. 그 물이 거의 5℃ 미만인데, 체온은 36.5℃거든
요. 그 차이만큼 충격이 있게 되는 거죠. 특히 위장이 안 좋으신 분
들한테는 더욱 좋지 않죠. 실온 정도의 물이 좋아요. 그리고 미네랄
이나 비타민이 살아있는 천연 생수나 지하수 같은 것들이 좋죠. 도
시 생활하면서 그런 것들을 마시기 어렵다면 회사를 잘 살펴보고 정
수기를 선택하면 좋을 것 같아요. 또 체질에 따라 좀 다르긴 한데 대

개 미지근한 물이 좋아요. 냉증이 있는 분들에게는 따뜻한 물이 좋겠죠. 생강이나 계피 등을 넣고 차로 끓여서 드시면 더 좋을 겁니다.

윤   평소에 짜게 먹지 말라는 말들을 많이 하는데, 여기에 대해서는 어떤 의견을 갖고 계세요?

이   요즘 대부분의 식당에서는 정제용 소금을 써요. 그런 소금은 안 좋을 수밖에 없죠. 그런데 우리 전통 식단을 보면 된장, 고추장, 간장의 베이스가 되는 소금은 천일염이거든요. 우리 선조들은 그동안 이런 것들로 밑간을 해왔기 때문에 요즘과 같은 알레르기성 피부염을 겪지 않았다고 해요. 그리고 그것에 사용하는 소금도 보통 3년이 지나면 간수가 빠져나가면서 짠맛 자체가 되게 부드러워져요. 우리 전통 양념들로 된 짠 음식들은 기본적으로 먹어주는 게 좋아요. 이런 소금들이라면 적당히 섭취해 주는 게 좋죠.

윤   '무조건 싱겁게 먹어라'가 아니라 좋은 소금이라면 적당히 섭취하면 좋다는 말씀이시군요.

이   네, 또 병증과 체질에 따라서 소금 섭취도 달라져야 해요. 저혈압이 있으신 분이나 냉증이 있으신 분은 적당히 짜게 드셔야 돼요. 그러한 염분은 혈압도 약간 조절해 줄 수 있거든요. 그리고 평소 변비가 있다거나 자주 상기가 되는 분들한테도 약간의 짠맛은 기운을 내리는 역할을 하기 때문에 좋을 수 있죠. 물론 반드시 좋은 소금을 드셔야 돼요.

윤   정말 다양한 관심사를 갖고 계신 것 같아요. 그중에 인상 깊은 게 음악 치료예요. 음악이 어떤 치유의 효과가 있나요?

이   음악은 파동이에요. 현대 물리학에서는 모든 존재의 본질을 파동으로 보잖아요. 타악기, 현악기, 관악기, 건반악기 모두 자연의 소리를 본떠서 만든 악기들이에요. 그러니까 우리가 음악이라고 하는 것은 매우 보편적이면서 인간의 관념을 뛰어넘는 소리라고 할 수 있어요. 이런 소리들은 사람들의 관념이 개입돼 있는 고리들을 많이 끊어줄 수 있어요. 관념을 관념으로 치유하는 건 한계가 있지만, 관념을 관념적이지 않은 것들로 치유했을 때 근본적인 치유가 일어나요. 음악은 본질적으로 사람의 파동을 바꿀 수 있기 때문에 아주 좋은 치료 방법이죠.

윤   여기서 잠깐 한번 소리를 들려주실 수 있어요?

이   예, 이건 티베트에서 명상할 때 쓰는 싱잉볼Singing bowl이라는 악기인데요. 이 악기 자체가 노래를 해요. 들어보세요.

    -싱잉볼 연주 소리-

윤   소리가 아주 좋은데요? 소리는 에너지를 바꾸는 힘이 있는 것 같아요.

이   우리의 고민은 다 생각이잖아요. 생각의 에너지가 있어서인데, 이런 자연의 소리들은 생각으로부터 자유로워지게 해주죠. 생각이 없는 순간을 경험하는 거죠. 생각을 멈추고 '지금 여기'에 머물면

고민이 사라져요. 이런 소리는 '지금 여기'로 이끌어주죠.

윤   수행과 명상에도 관심이 많으시고 또 조예가 깊으신 것으로

알고 있어요. 수행과 명상에 대한 이야기도 듣고 싶네요.

이   크리슈나무르티*라는 현대의 명상 스승이 있어요. 이분은 달

라이 라마Dalai Lama, 1935~ 처럼 어렸을 때 별의 교단**이라는 큰 단

체에서 발탁된 영혼의 스승이에요. 이분이 성장해서 나중에 별의

교단을 해체했어요. 해체하면서 연설을 했죠. "나는 모든 사람이 모

◆ 지두 크리슈나무르티Jiddu Krishnamurti, 1895~1986는 인도의 정신적 스승으로 여겨지는 명상가이자 사
  상가다. 그는 어떠한 계급, 국적, 종교 그리고 전통에도 얽매이지 말라고 말하며, 학습된 정신이 가져온
  파괴적 한계로부터 인류를 완벽히 자유롭게 해방시키고자 했다. 죽을 때까지 60여 년 동안 전 세계를
  돌아다니며 많은 강연을 했다.

◆◆ 동방의 별의 교단Order of the Star in the East, 1911~1929은 1875년 설립된 신지학神智學협회가 1911년
  크리슈나무르티를 '세계의 교사'로 추대하며 창설한 단체다. 크리슈나무르티는 네덜란드 국영 라디오
  를 통해 "진리는 길이 없는 곳Truth is a pathless land"이며, 각자가 근본적인 변화를 통해 자유로워져야
  함을 역설하면서 별의 교단을 해산했다.

기린한약국에서 식물성 약재를 살펴보고 있는 이현주 님

든 관념으로부터 자유로워지기를 원한다. 그리고 그것이 진정한 명상이다. 우리가 종교든 철학이든 이데올로기든 그것이 한 개인에게 족쇄가 되는 순간, 그 사람은 자유와는 반대의 길을 가는 것이다."
제가 그래도 꽤 오래 명상의 길을 걸어왔는데, 그동안 저도 다양한 흐름을 경험해 왔어요. 어떤 스승을 만났든 어떤 길을 가든 모든 과정이 저한테 상당히 많은 도움이 됐지만, 결국 제일 중요한 것은 자유인 것 같아요. 영적인 자유뿐만 아니라 모든 것의 균형을 통한 자유, 그 자유를 가져오기 위해서는 그 어떤 것에도 자신이 길들여지지 않고 노예가 되지 않는 독립적인 정신의 힘이 있어야 해요. 그 힘을 기르는 것이 명상이라고 생각해요. 관념의 노예, 종교의 노예

가슴의 대화

가 돼버리게 하는 것들로부터 자유로워지게 하는 게 명상이라고 생각해요. 가부좌를 틀고 앉아서 하루에 5시간씩 만트라 명상을 하는 것은 하나의 퍼포먼스일 수도 있어요. 그건 그냥 제가 하는 생활이지 그것 자체가 명상은 아니거든요. 진정한 명상은 자유, 즉 지금 당장 내가 어느 것에도 묶여있지 않고 정말 자유로울 수 있는 마음의 상태라는 거죠. 그리고 그건 10년, 20년 동안 부단히 노력해서 얻는 게 아니에요. '지금 여기'에 그대로 머물고 존재하면 그것이 바로 진정한 자유고 명상이에요. 명상을 너무 어렵게 생각할 필요도 없고 명상을 20년 넘게 했다고 대단하게 볼 것도 아니에요. 명상적인 삶이라는 게 산에 들어가 도 닦는 삶이 아니라는 거예요. 누구나 다 자기 삶 안에, 자기가 진정으로 원하고 갈망하는 그 삶 안에 있다는 거죠. 누구나 다 자유와 행복을 갈망하잖아요. 명상을 신비한 것으로 혹은 어려운 것으로 생각할 게 아니라고 꼭 말씀드리고 싶어요.

윤　　　네, 알겠습니다. 앞으로 계획하신 일들이 있으세요?

이　　　저는 더 소박하고 평범하게 살려고 해요. 그래서 한약국을 오랫동안 지키고 싶어요. 제가 한약국에서 혼자 노는 것을 정말 좋아하는데, 바빠지니까 그게 어려워졌어요. 그래도 가능하면 한약국에서 노는 시간을 많이 가지려고 해요. 그리고 그럴 때 자연스럽게 나오는 글이 있다면 그걸 모아서 책으로 내보고 싶고요. 요즘은 페이스북 같은 SNS를 통해 개인의 자유 공간은 보장하면서도 커뮤니케이션 공간을 확보할 수 있잖아요. 가능하면 한약국에 자리 잡고 있으면서 온라인상에서의 소통에도 집중하고 싶어요.

윤   많은 분과 앞으로 소통해 가시면서 좋은 만남들을 계속 이어

가셨으면 좋겠네요. 앞으로 좋은 활동 부탁드리겠습니다.

이   네, 감사합니다.

▶ YouTube   가슴의 대화 이현주 | Q
오른쪽 QR코드를 촬영하시면 해당 인터뷰 영상을 보실 수 있습니다.

추천 콘텐츠

Movie 하와이언 레시피 ホノカアボーイ
사나다 아츠시 감독 | 오카다 마사키, 아오이 유우, 바이쇼 치에코 주연 | 2009

여자들은 주방을 '행복하지 않은 노동의 공간'으로 인식하는
경향이 있어요. 어려서부터 엄마를 통해 자신의 미래를 상상
하기 때문이죠. 이 영화는 내게 주방을 '놀이터'로 인식시켜 줬
어요. 일본식 감성으로 꾸며진 흰 싱크대와 빈티지한 커튼, 예
쁘고 아기자기한 그릇들, 그리고 그 공간에서 만들어진 음식
들을 보며, '아! 나도 저런 주방을 갖고 싶다'는 생각이 자연스
레 떠올랐어요. 그 후 마음에 드는 접시들을 하나씩 사 모으면
서 요리를 시작했고, 요리 칼럼을 쓰고, 요리책도 출간했어요. 생각해 보면 채식 운동을
하면서 요리를 하지 않았다는 게 이상한 일이더라고요. 머리로만 하던 운동을 내 일상
에서, 내 몸과 마음 안에서 즐기게 되었어요.

Music 꽃은 말이 없다 루시드 폴 | 《꽃은 말이 없다》 | 2013

이 음악을 듣고 있노라면 가만히 차 한 잔을 들고 창가로 가서 가지런히 마음을 정돈하게 돼요. 때로는 백 마디 말보다 한 곡의 음악이 스스로를 들여다보게 만드는 힘이 있는 것 같아요. 우리에게 존재 그 자체로 이야기하는 꽃은 아름다움을 접하는 이의 생각과 마음을 멈추게 하고, 향기로움이 그윽한 상태에 머물게 하죠. 더 이상 방황하지 말고 여기 이대로 사랑인 채로 가만히 있으라고 조용히 다독여줘요. 평온하고 섬세한 감성이 전달하는 메시지를 통해 감동을 느껴보시기 바랍니다. 저는 이 앨범에 수록된 모든 곡을 좋아해요.

Site 에크하르트 톨레 유튜브 채널

언어는 마음의 표현이자, 그 자체로 고유의 주파수를 가진 파동입니다. 그래서 깨달은 스승들의 목소리나 만트라, 찬팅은 그것을 듣는 이들의 에너지를 고양시키죠. 에크하르트 톨레 Eckhart Tolle, 1948~ 는 깨달음에 대한 고대적 신비와 환상을 내려놓고, 현대인의 언어로 가르침을 펼치고 있어요. 즉 특별한 형식을 갖추지 않고 일상의 목소리로 사람들의 의식을 전환하고 삶을 변화시키죠. 인간의식과 인간사회의 구조적 모순에 대한 예리한 분석, 지금 이 순간의 자유와 기쁨에 이르는 길에 대한 단순하면서도 명료한 안내를 듣고 싶다면, 이 채널을 구독하시기 바랍니다. 책으로는 전달되지 않는 톨레 특유의 영적 파동을 접하실 수 있을 거예요.

2

사랑을 통해
진정한 깨달음을 얻을 수 있습니다

전생연구소 소장 박진여

박진여

전생 리딩 상담가. 대학 시절, 파동명상 전문가 법운 최영식
선생과 만나 자신에게 영적 능력이 잠재되어 있음을 깨달았
다. 이후 수련에 매진하여 모든 존재가 가지고 있는 고유한 영
적 주파수에 자신의 영적 사이클을 맞춰 대상의 전생을 읽을
수 있게 되었다. 현재까지 수많은 사람을 리딩하며 각자에게
주어진 영적 사명과 개개인이 경험하는 고통의 원인을 알려
주며, 그것을 극복할 수 있도록 희망과 용기를 북돋아주고 있
다. 저서로 《또 다른 이가 나를 낳으리》(클리어마인드, 2007, 공
저), 《전생 읽어주는 여자》(유페이퍼, 2015), 《당신, 전생에서 읽
어드립니다》(김영사, 2015)가 있다.

arahan77@naver.com
전생연구소 홈페이지 www.lifereading.net

윤　자연 속에서 이야기하니까 마음이 편안하시죠? 아무래도 도심에 있을 때보다 훨씬 마음이 열리고 좋은 에너지들을 받게 되는 것 같아요.

박　우리가 그런 에너지를 보는 것만으로도 상당히 많은 치유의 힘과 정화의 힘이 생기는데, 오늘 참 좋은 장소를 섭외해 주신 것 같아요.

윤　감사합니다. 그동안 많은 분에게 전생을 비롯해서 많은 영적인 정보를 알려주면서 도움을 주고 계신데, 어떤 활동을 하셨는지 간단한 소개 부탁드립니다.

박　저는 전생연구가 또는 전생상담가라고 할 수 있어요. 사람들의 전생을 읽고 그 이야기를 전해드립니다. 그리고 그 이야기를 토대로 '현생에 내가 왜 왔으며 나는 어떤 인간관계를 맺으면서 무엇을 배울 것인가, 나의 영적 사명은 무엇인가' 이런 것들을 잘 이해하고 받아들일 수 있도록 도와주는 일을 하고 있습니다.

윤　상담을 받으러 오시는 분들은 주로 어떤 주제들을 많이 물어보시나요?

박　대부분 본인의 전생을 가장 궁금해하시고, 그 전생에 연결돼 있는 현생의 인연 관계들, 즉 가족들, 친구들 그리고 직장에서 만난 인연들에 대해 알고 싶어 하세요. 그리고 자기와 밀접하게 연결돼 있지만 아직은 그 관계가 명확하지 않다거나 긍정적이지 못한 관계도 있잖아요. 그러한 관계 속에서 일어나는 일들을 좀 더 잘 이해하기 위해서 전생 상담을 많이 신청하세요.

윤　선생님께서는 임상병리학을 전공하신 것으로 알고 있습니다. 그런 경력이 지금 하시는 일에 도움이 되었나요?

박　병리학은 병을 치료하기 위해서 원인을 규명하는 학문인데, 사람의 신체에 대한 생리학적인 기전機轉을 먼저 배우게 됩니다. 그리고 이를 토대로 전체의 흐름에서 어느 한 부분이 어긋났을 때 어디서 문제가 나타나는가를 찾아내죠. 저는 한 사람의 전생과 인연법을 통해 우리가 어떤 연관점을 가지고 우주에서 살아가는가 또우리는 어떤 역할을 해야 하는가에 대해서 연구하고 있는데, 병리학은 영의 세계를 좀 더 논리적으로 이해하는 데 도움을 줬다고 할수 있습니다.

윤　구체적인 사례들을 통해서 말씀해 주실 수 있으세요?

박　사실 저는 어릴 때부터 보이지 않는 세계, 전생과 영혼의 세계가 있을 거라고 막연하게 확신을 가지고 있었는데, 그냥 관심만 있었을 뿐 따로 공부하거나 찾아보지는 않았어요. 그런데 병리학을 공부하면서 병원에서 실습한 적이 있어요. 그 실습에서 특히 중요한 게 혈액 검사예요. 혈액 검사를 위해 사람들의 혈관에 바늘을 주입할 때마다 그 긴밀함 속에서 느껴지는 그 사람에 대한 예감이 있었어요. '병이 낫기 힘들겠구나' '고단한 삶을 살아야겠구나' 하는 것들이었죠. 그런 쪽에 대해서는 굉장히 감이 뛰어났다고 해야 할까요? 그걸 사람들한테 이야기하지는 않았는데, 환자들의 혈액 검체를 보면 그 사람의 운명을 예감할 수 있었던 것 같아요.

윤   그런 능력들을 점차 알게 되시고 본인의 사명을 깨닫게 되시는 데까지 어떤 과정을 겪으셨나요?

박   정말 운이 좋았다고 할 수 있죠. 보통 영적인 공부를 하기 위해서는 갖은 고충을 겪고 나서 '이 길이 나의 길이구나'를 깨닫는 경우가 참 많습니다. 저는 학교를 졸업하고 병원에서 잠시 두 달 정도 일을 했는데, 그곳에서의 일이 원래 제가 하고 싶었던 일하고는 맞지 않다는 것을 알았어요. 저는 좀 더 근원적인 것을 공부하고 싶었거든요. 그리고 병원이라는 곳이 사람들에게 도움을 주는 곳이긴 하지만, 사실 그곳 자체가 사람들에게는 정말 힘든 환경이에요. 아프고 힘들고 고통스러운 사람들이 모이는 곳이거든요. 그걸 보면서 저는 고통의 근원이 무엇인가에 대해서 관심을 가지게 됐고, 스승님을 만나 수행하면서 많이 발전하게 됐죠.

윤   그렇게 많은 전생 정보와 영적인 정보들을 읽으시는 원리가 참 궁금해요. 어떻게 그게 가능한 건가요?

박   사실 모두에게 있는 능력이에요. 저는 오로지 수련과 명상, 기도를 통해서 이 재능을 계속 키워온 거고요.

윤　　일반적으로 말하는 신내림을 받은 상태에서 그런 능력들이 나타나는 건가요?

박　　분명하게 말씀드리지만, 저는 신내림을 받지 않았어요. 누구에게나 유리 겔라Uri Geller, 1946~처럼 초능력이 있다고 하잖아요. 그러면 '왜 우리는 그게 발현이 안 되는가' '어떻게 유리 겔라는 전 세계적인 초능력자가 되었는가' 궁금하실 텐데, 그것은 그분이 그것을 꾸준하게 관심을 갖고 계발했기 때문이에요. 저는 신내림을 받아서 정보를 전달받는 사람이 아니라, 우리 모두가 가지고 있는 수신체를 특화시켜서 꾸준히 계발한 경우라고 할 수 있어요.

윤　　혹시 계발하는 방법에 대해서 말씀해 주실 수 있으세요?

박　　일단 타고나기를 누구는 키가 크고 누구는 키가 작고 하잖아요. 시기와 환경적 요인에서 조금은 달라질 수 있지만 근본은 정해져 있어요. 저는 영적인 두뇌가 타고난 편이긴 한데, 사실 그보다는 스승님을 통해서 많이 계발되었다고 할 수 있습니다. 긴 시간 동안 지속적으로, 스승님만의 방식으로 저를 가르쳐주시고 계세요.

윤　파동명상 이야기를 들었는데 그런 방법인가요?

박　물론 기초는 거기서 시작을 하는데 그게 깊어지게 되면 단계가 달라져요. 누구나 고유한 주파수가 있어요. 그러니까 작은 진동과 고유한 에너지가 있거든요. 그 고유한 에너지를 좀 더 정화하고 상승시킬 수 있도록 도와주는 수련 방법입니다. 그것에는 명상도 있고 참선도 있고 또 절 수행을 한다든가 성당이나 교회에 나가서 기도를 한다든가 하는 다양한 방법이 있는데, 파동명상은 파동 그 자체에 초점을 맞추고 있어요. 그 사람의 진동수, 에너지를 어떻게 상승시킬 것인가에 초점을 맞추고 있는 수련 방법입니다.

윤　선생님께서는 내담자의 '아카식 레코드akashic records'를 읽으신다고 알고 있습니다. 그 아카식 레코드라는 게 어떤 건가요?

박　아카식 레코드라는 것은 우리가 많은 생을 살아오면서 생각하고 말하고 행동했던 것들의 저장소예요. 모든 삶의 기록의 저장소라고 할 수 있죠. 그것은 다른 차원에 있는 것이 아니에요. 우리 모두가 다 가지고 있어요. 우리가 나이테를 보고 나무의 나이와 성장 환경 등을 짐작할 수 있듯이, 저마다의 고유한 아카식 레코드를 읽으면 그동안 살아왔던 생의 전반을 알 수 있어요. 저는 아카식 레코드를 수신하고 읽어내는 감도가 남다르다고 할 수 있죠.

윤　　그럼 우리가 그동안 했던 모든 말과 행동이 기록으로 저장돼 있나요?

박　　네, 놀랍도록 다 남아있어요. 그래서 사업을 하거나 뭔가 좋은 일이 생기길 바라는 분들에게는 기본적인 도덕부터 잘 지키시라고 말씀드립니다. 즉 남에게 상처 주는 말을 하지 말고, 작은 휴지조각도 함부로 버리지 말고, 지하철에서도 되도록이면 자리를 양보하라고요. 이런 것들이 아무것도 아닌 것 같아 보여도 너무 중요해요. 사소해 보일지라도 남에게 피해를 주지 않고 베풀기 위한 작은 노력들이 곧 정화거든요. 그 순간에 저절로 정화되는 거예요. 그런 작은 것부터 지켜나가는 것이 참 중요하다고 말씀드리고 싶어요.

윤　　아무도 보지 않는다고 할지라도 그 모든 것이 다 우주의 기록으로 남는다고 하면 우선은 자신한테 부끄럽지 않은 선택들을 해야 할 것 같아요. 그런데 우리가 전생을 아는 것이 현생 문제를 해결하는 데 도움이 될까요?

박　　핵심적인 질문을 해주셨어요. 해결은 안 됩니다. 전생을 안다고 해서 해결할 수는 없어요. 하지만 우리가 1, 2년 살고 삶을 마감하는 것은 아니잖아요. 마라톤과 같은 긴 여정을 살아야 돼요. 그 긴 시간 동안 우리가 어떤 관점에서 내 가족들, 내 주위 사람들을 이해하고 받아들일 것인가 그리고 어떻게 그들에게 도움이 될 것인가, 나의 카르마karma는 무엇이고 그것을 어떻게 해결하는 것이 가장 지혜로운 선택인가를 고민하고 해결해 나가야 해요. 전생은 그 것을 이해할 수 있는 방법이 될 수 있죠.

윤   방금 카르마를 말씀하셨는데, 전생과 윤회를 이야기할 때 가장 핵심적인 개념인 것 같아요. 카르마를 올바로 이해하는 게 중요할 것 같은데, 설명 부탁드립니다.

박   카르마는 원래 산스크리트어에서 유래됐어요. 카르마라는 말 자체는 행위의 결과라는 뜻입니다. 우리가 보통 카르마를 '나쁜' '죄' 등의 부정적인 의미로 쓰는데, 원래 부정적인 뜻은 아니에요. 사람이 살면서 카르마를 안 지을 수는 없어요. 모든 행위에는 결과가 있기 마련이니까요. 내가 숨 쉬고 먹고 자고 사람을 만나고 하는 모든 것이 행위에서 비롯되는 것이고 당연하게도 다 그에 대한 결과를 만들어내죠. 살다 보면 한 번씩 행운이 오는 경우가 있어요. 그건 어느 생에선가 그에 상응하는 선한 카르마를 행했던 결과예요. 그에 대한 공덕으로 보너스가 주어진 거죠. 결국은 지금 살고 있는 이 순간이 다음 생을 만들어가기 때문에 하루하루 모든 순간이 다 중요합니다. 그래서 우리는 일상을 선한 마음으로 살아가야해요. 카르마는 내가 과거 생에 행했던 모든 것에 대한 결과라고 보시면 됩니다.

윤   선생님께서는 책에서 '카르마 타임'을 언급하시면서 일생의 어느 시기가 되면 전생과 관련 깊은 현상들이 본격적으로 발현된다고 하셨습니다. 카르마 타임이라고 하는 개념에 대해 좀 더 쉽게 설명 부탁드립니다. 그리고 모든 사람에게 카르마 타임이 적용되는지도 궁금합니다.

박 네, 카르마 타임을 쉽게 설명해 볼게요. 부유한 집에서 굴곡 없이 잘 자란 한 사람이 어느 순간 누군가를 만나서 삶의 나락으로 떨어졌다고 합시다. 유복하고 평탄했을 때는 카르마의 영향을 받지 않아요. 그때는 카르마적으로 응보를 받는다고 해도 의미가 없기 때문에 그 사람이 느낄 수 있는 게 별로 없죠. 그러다 배움의 최적의 시기에 이르면 카르마가 작용하게 됩니다. 가장 적절한 시기에 카르마가 작용하는 것을 카르마 타임이라고 해요. 그렇다고 해서 100% 정해진 건 없어요. 내가 어떤 선택을 하는가가 중요해요. 사주나 관상, 점 이런 것에서도 가장 중요한 것은 자신의 선택, 즉 자유의지가 전제돼야 한다는 거예요. 그로 인해서 많은 부분이 변할 수 있습니다.

윤 이번 생에 오기 전에 설계한 부분이 있고, 또 그걸 변화시킬 수 있는 자유의지가 있다는 말씀이시군요?

박 그렇죠. 완전한 설계도를 가지고 집을 짓는다 하더라도 나중에 설계도가 변경될 수 있고, 내부 인테리어할 때도 디테일한 부분이 바뀔 수도 있잖아요. 똑같아요. 인생이라는 것도 운명이라는 것도 비슷하기 때문에 얼마든지 바꿀 수 있어요. 그러니까 중요한 것은 내가 나쁜 카르마의 영향을 최소화해서 거기서 영적 가치를 얻는 거예요. 그것이 고통을 전제한다 하더라도요. 그래서 평소에 꾸준한 참회와 반성, 기도와 명상을 통해서 지혜로운 선택을 할 수 있도록 자신의 영성체를 향상시키는 게 상당히 중요합니다.

윤 자기가 많은 것을 설계해 왔다는 것을 받아들이게 되면 지금 겪고 있는 고통의 의미가 좀 달라질 것 같아요.

박 받아들이면 참 편해져요. 받아들임으로써 문제가 수월하게, 편안하게 해결됐다는 얘기들을 많이 하시거든요. 그걸 보면서 안다는 것이 참 중요하다는 것을 깨닫게 됩니다.

윤 선생님 책의 사례를 보면, 전생에서 여성을 학대한 남성의 삶을 살았던 분이 현생에서는 남성에게 계속 버림받는 여성의 삶을 산다든가 하는 식으로 과거의 자기 행위와 반대되는 체험을 하게 되는 경우가 많은데, 이런 반대 체험을 하는 이유는 무엇인가요?

박 우리 인간은 단지 이성적인 차원만이 아니라 영적인 차원에서도 삶을 만들어가거든요. 전생에서는 상대의 아픔과 고통을 몰랐기 때문에 상대를 배려하지 않았지만, 현생에서는 반대의 경험을 통해 '나 편하자고 했던 일이 결국 상대에게는 이만큼의 아픔과 상처가 됐었구나. 나는 이기적이고 사람들을 배려하지 않는 사람이었구나' 하고 비로소 알게 되는 거죠. 상담하러 오시는 분들 중에 그런 분이 많으세요.

윤 자기가 어떤 행위를 했는지를 가장 철저하게 아는 방법은 입장을 바꿔서 체험해 보는 것이겠네요. 그 과정을 통해 자기를 더 확실히 알게 되겠고요.

박　예, 그런 아픔을 통해서 우리는 배우게 되죠. 고통과 아픔이 단지 괴로움으로만 주어지지 않는다는 것을 아셔야 돼요. 또 다른 배움이거든요. 그래서 받아들이고 이해하고 자기 자신을 되돌아볼 때 문제는 해결됩니다. 단지 얼마만큼 그 고통에 대해서 이해하는가에 따라서 시기에 대한 차이가 있을 수 있겠죠.

윤　그 사람 때문에 내가 고통받고 있다고 여기면서 그 책임을 누군가에게 전가하는 경우가 많은 것 같아요.

박　중요한 얘기해 주셨네요. 나를 힘들게 하는 그 사람의 역할을 전생에서 자신이 했었다는 것을 알아야 합니다. 나를 힘들게 하고 나를 고통스럽게 한 상대를 보면서 '과거의 내 모습이구나. 내가 저랬구나' 하면서 이해를 넓히면 관계는 생각보다 빠르게 좋아집니다. 그냥 머리로만 그렇게 생각하는 게 아니라 진심으로 그에 대해서 이해하려고 하다 보면 상대가 변합니다. 상담하면서 그런 경우를 참 많이 봤어요.

윤　현재 겪고 있는 문제의 원인을 전생에서도 찾을 수 있겠지만, 현생의 측면이 정말 크고 중요할 것 같아요. 그런 경우에는 전생에 관해서 지나치게 관심을 갖는 게 도움이 되지 않을 것 같기도 한데, 어떻게 생각하세요?

박　그런 경우도 참 많습니다. 스스로가 현생에서 개선하려고 노력도 하지 않으면서 '전생의 인연을 알고 싶다, 무슨 인연이기에 나를 이렇게 힘들게 하는가, 분명히 전생에서도 저 사람이 나한테 그랬기 때문에 현생에서도 그러는 것이다, 전생에 뭔가 악연이 있었을 것이다' 하고 전생에 대해서만 불평불만하는 경우가 있어요. 그럴 때는 전생을 보는 게 의미 없어요. 현생의 자신을 바꾸기 위해서 노력하지 않으면, 아무리 전생을 이야기해도 소용없는 거죠. 불친절해서 손님이 오지 않는 식당의 주인이 전생에 이집트의 공주였고 어느 나라의 왕이었다는 것은 아무 의미가 없잖아요. 그런 분들에게는 먼저 남을 위해서 노력하라고 말씀드려요.

윤   요즘 방송이나 책을 통해서, 자신이 누워있는 모습을 보다가 어떤 빛을 따라갔다던가 하는 임사체험*의 사례들이 간혹 소개되고 있어요. 우리가 죽은 이후 어떤 일들이 벌어지는지 궁금해하시는 분들이 많은 것 같아요.

박   보통 큰 신앙심을 가지고 살아갔던 분들은 참 잘 가세요. 수호령에 대한 존재를 믿고 있기 때문에 수호천사나 안내자를 빨리 인식할 수 있고, 그만큼 빨리 만나서 갈 수 있는 거죠. 사람에 따라서 임사체험의 경험은 다양하게 나타나는데, 불교신자는 관세음보살을 따라가기도 하고, 기독교신자들의 경우엔 천사가 데리고 가기도 해요. 또는 조상에 대한 연결점을 많이 가지고 농경지에서 사신

◆ 임사체험臨死體驗은 생물학적으로 사망한 상태에서 사후세계를 경험하는 현상을 일컫는 용어로, 근사체험近死體驗이라고도 한다. 미국의 정신과 의사 레이먼드 무디Raymond A. Moody, JR., 1944~ 가 'Near-Death Experience; NDE'라는 용어를 처음 사용하면서 널리 알려지게 되었다. 공통적으로 나타나는 특징은 몸과 영혼이 분리되어 자신의 육체를 바라보는 경험, 어두운 터널 같은 곳을 지나거나 밝은 빛을 마주하는 경험, 먼저 세상을 떠난 가족이나 종교적 성인聖人을 만나는 경험, 인생의 중요한 순간들이 주마등처럼 스쳐 지나가는 경험 등을 들 수 있다.

분들의 경우엔 조상이 마중 나오기도 하죠. 흰빛을 따라가는 경우도 있고요. 이렇게 보이는 형상은 문화권에 따라, 평소 생각이 만든 의식에 따라 많이 달라지는 것 같아요.

윤　　똑같은 체험을 하는 게 아니군요.

박　　그렇죠. 대부분은 그렇게 가는데, 가지 못하는 경우도 많습니다. 죄를 많이 지은 사람, 평상시 어두운 생각들이 많았던 사람, 자살했던 사람, 극심한 우울증이 있었던 사람 이런 사람들은 파동체 자체가 굉장히 낮아져 있어요. 아주 저차원의 파동을 갖게 되면 쉽게 올라가지 못하죠.

윤　　죽음에 대해 우리가 어떻게 정리해야 마음이 편해질까요?

박　　죽음은 새로운 준비 과정이다.

윤　　새로운 준비 과정! 앞으로 주어질 다음 생으로 가는?

박　　예. 새로운 준비 과정으로 가는 휴식기.

윤　　우리가 가진 가장 큰 공포, 두려움이 죽음일 텐데, 그게 바로 휴식이고 다음 생을 위한 준비 과정이라고 생각하면 그러한 인식이 좀 달라질 것 같아요.

박　　우리는 '어제 내가 왜 늦게 일어났지?' '어제부터 시작했어야 했는데' 하며 많은 아쉬움을 갖고 새롭게 시작하고 싶어 하잖아요. 죽음이라는 것도 다음을 위해서 새로운 기회가 부여되는 시간으로 생각하시면 좋을 것 같아요.

윤　　우리가 살면서 겪는 가장 큰 아픔은 사랑했던 사람이 죽는 체험일 것 같아요. 물론 저도 그런 체험들을 했고요. 사랑하는 사람의 죽음을 많이 슬퍼하고 우는 건 자연스러운 일인 것 같아요. 그런데 그게 너무 지나칠 때 망자와의 관계는 어떨지 궁금합니다.

박 죽음을 앞두고 있는 분들이나 또는 사망한 지 얼마 안 된 망자의 가족이나 지인 분들이 상담하러 오시기도 합니다. 제 리딩read-ing은 전생이 주지만 망자의 영적 상태에 대해서도 리딩을 많이 하고 있어요. 망자의 영혼들이 제일 힘들어하는 게 슬픔이에요. 남겨진 사람들의 슬픔이 지나치면 망자에게는 감당이 안 되죠. 남겨진 사람들의 마음에는 단순히 슬픔만 있는 것이 아니라 '왜 이렇게 빨리 가느냐' 하는 분노, 원망, 집착, 애착 등이 함께 있거든요. 이런 것들의 에너지는 굉장히 강렬해요. 강렬한 막을 형성하기 때문에 망자가 마음 편하게 갈 수 있는 길을 막아버려요. 묶여버리는 거예요. 남겨진 사람들의 감정이 정화될 때까지 남아있어야 해요. 그러니까 가급적이면 빨리 마음을 정리하고 죽음을 받아들여야 해요.

윤 일단 받아들이는 게 필요하겠네요. 죽음을 인정하지 않을 때 고통스러운 것 같아요.

박 서로가 고통스러운 거예요. 돌아가신 분도 그렇고, 남겨진 분들도 그렇고요.

윤 아까 말씀하신 대로 죽음을 '다음 세계로 가는 관문'으로 인식하게 되면 슬픔도 좀 더 빨리 정리가 되지 않을까 싶네요. 수호령이나 수호천사라고 하는 존재에 대해서 궁금해하시는 분이 많은데,

우리 모두에게 그런 존재들이 함께하나요?

박 그럼요. 모두에게 있죠. 그것은 종교와 상관없어요. 종교는 수호천사를 좀 더 가깝게 만나는 하나의 방법, 통로일 뿐이죠. 그건 또 다른 신성한 존재라기보다는 원래 내 안의 신성 중에서 가장 상위체라고 생각하시면 됩니다.

윤 내 상위체와 좀 더 소통이 된다면 삶에서 많은 도움을 받으면서 살 수 있을 것 같아요.

박 그럼요. 그러기 위해서는 과정이 필요하죠. 지금 이 물질계에서 인간으로 살고 있는 자아를 좀 더 정화할 필요가 있어요. 정화하는 방법으로는 명상 또는 참회기도가 있을 수 있겠죠. 자연스럽게 불순물이 사라지면 접지력이 좋아지면서 훨씬 더 쉽게 좋은 메시지를 받을 수 있고, 그럼으로써 지혜로운 선택을 할 수 있게 돼요. 그러면 삶의 진행 방향이 좋아질 수밖에 없죠. 우리는 바라는 것이 많은데 노력은 잘 하지 않아요. 그 노력이라는 건 좀 더 남을 배려하는 마음을 갖는다거나 명상이나 참회기도 등을 통해 자기 자신을 되돌아보는 시간을 가지려고 하는 것입니다.

윤　　　그것들이 우리의 수호령, 수호천사들과 좀 더 소통을 할 수 있게 도와주는 거라고 할 수 있겠네요. 그런 존재들이 우리의 인생 계획을 실현하기 위해서 가이드를 해주니까 나와 하나의 팀이라고 생각할 수도 있을 것 같고요.

박　　　예, 그렇죠. 재떨이에 밥을 담을 수는 없잖아요. 자기 자신을 정화해야 해요. 맑은 그릇으로 만드는 게 참 중요합니다.

윤　　　윤회의 과정에서 한 육체에 깃들었던 영혼이 그 이후에 여러 영체로 나뉘어서 여러 육체에 깃들거나, 여러 육체에 깃들였던 영들이 그 이후에 합해져서 한 육체에 깃드는 게 실제로 가능한가요?

박　　　실제로 참 많은 경우를 볼 수 있죠. 지금 덕현 님이 한국에서 윤덕현이라는 존재로 살아가지만, 다른 나라에서는 또 다른 역할을 하며 살아갈 수도 있어요. 월스트리트의 큰손이 돼있을 수도 있고 아프리카에서 독립투사로서 열심히 활약하고 있을 수도 있죠. 우리는 하나의 체體만을 가지고는 많은 것을 배우기 힘들어요. 하나의 체로는 삼을 수 있는 직업이 한계가 있고, 만날 수 있는 인연도 한정돼 있기 때문이죠. 그렇게 다양한 경험을 하기 위해서 같은 영적 사명을 가진, 나와 같은 파동을 가진 체들이 여럿 존재하기도 합니다. 분령체들은 죽는 시기도 비슷해요. 죽음의 시기가 몇 년 차이가 나지 않죠. 우리는 다 복합령체고, 수많은 전생을 살아왔어요. 전생에서의 모든 성향을 실은 다 가지고 있죠. 결국 우리는 모였다가 나눠지고 다시 모이기 때문에 남과 내가 분리된 것이 아니라고 할 수 있어요.

윤　　말씀 듣고 보니 정말 '나'라고 할 게 없겠다는 생각이 드네요. 고정불변의 '나'가 쭉 생을 이어온 게 아니라 수없이 많은 사람과 교류하고 정보들을 나누면서 긴밀하게 연관돼 있는 것 같아요.

박　　네, 《성경》에도 정말 좋은 말씀이 있죠. '네 이웃을 내 몸과 같이 사랑하라.' 이웃은 결국 나 자신이라는 얘기가 되죠.

윤　　저도 정말 관심이 많았던 주제였어요. 환생 과정 중에서 우리가 서로 나뉘기도 하고 서로 한몸에 같이 깃들기도 한다는 그런 이야기들…. 전생을 받아들이는 분들 사이에서도 그건 좀 너무 허황되지 않냐고 말씀하시는 분들이 많은데, 저는 그걸 당연하게 생각하고 있었거든요. 그런데 오늘 이렇게 임상 사례들을 통해서 겪으신 것들을 들으니까 참 좋네요.

박　　저도 그전에는 '보이지 않는 또 다른 세계의 질서가 있을 것이다' 정도의 막연한 생각만 가지고 있었는데, 개개인의 전생을 리딩하면서 배우게 됐어요. 한 분 한 분의 스승을 만났던 거죠.

윤　　우리가 한 생을 마감하고 다음 생으로 가기 전에 중간 단계에 있는 영계靈界를 거친다고 하셨는데, 영계의 실상에 대해서 궁금해하시는 분이 많은 것 같아요.

박　우리는 눈으로 보고 손으로 만져야 알 수 있는 실상의 세계에 살고 있잖아요. 그래서 영계에 대해서 얘기할 때 어떤 분들은 천국 혹은 지옥처럼 묘사하기도 하고 어떤 분들은 우리 사는 현실 세계와 별반 다를 게 없다고 이야기하기도 하는데, 실은 그 모든 것이 살아생전의 인식과 학식, 지식에 의해서 투영된 경우가 대부분이에요. 우리가 물질세계에 살기 때문에 눈에 보이지 않는 것도 물질화해서 해석하는 경우가 많거든요. 그곳은 에너지로만 된 세계예요. 일단 사람이 사망하게 되면 영계에서는 생전의 경험치를 한순간에 압축해서 봅니다. 저도 사람의 전생을 볼 때 한순간에 압축해서 핵심적인 부분을 보거든요. 일반적으로는 이해가 안 되실 수도 있어요. 한순간에 모든 사건이 주마등처럼 지나가면서 가장 중요한 부분이 압축됩니다. '내가 이건 잘했지만 저건 빠뜨리고 있었구나, 내가 이걸 실수했구나' 하고 느끼게 되죠. 그리고 우리에게 수호천사나 수호령이 있듯, 영계로 가게 되면 좀 더 높은 존재를 만나게 돼요. 그들은 다른 존재가 아니에요. 원래 나예요. 나지만 나보다 좀 더 많이 발달돼 있는, 차원이 조금 다르면서 상승돼 있는 존재죠. 그러니까 많이 발달돼 있는 자기 자신이라고 생각하시면 돼요. 중요한 건 그 존재가 자기 자신이라는 거고, 그 존재와 함께 다시 다음 생을 준비하는 거죠. 이번 생에 하지 못했던 것 또는 그 이전의 다른 생에서 하지 못했던 것을 체험하기 위해서 어떤 환경에서 어떤 모습으로 태어날지 설계하게 됩니다.

윤　그럼 영계에서 다음 생을 설계한다고 할 때 그 기준이랄까요? 중요한 원칙이 있다면 어떤 걸까요?

박　먼저 그 이전의 생에서 자신이 어떻게 살았는가를 되돌아보는 게 중요해요. 거기서 빠졌던 부분들, 내가 다른 사람에게 마음의 상처를 줬다든가 자기가 원래 계획했던 만큼의 선의를 행하지 못했다든가 하는 것들을 봐야죠. 제일 중요한 것은 창조주의 마음과 원칙, 즉 우주의 원리예요. 결국은 원래의 에너지, 우주심에 맞춰가기 위한 설계가 가장 중심이라고 할 수 있습니다.

윤　우주의 마음을 닮아가는 계획들을 하는 거네요. 그럼 우주심이라는 건 어떤 건가요?

박　가장 고요하고 완전하고 순수한, 오로지 사랑만으로 이뤄진 게 우주심이라고 할 수 있어요. 인간의 언어로는 창조주라고 표현할 수 있죠.

윤　사랑만으로 있는 상태라는 건 어떤 걸까요? 사랑이란 무엇일까요?

박　태양이 지구에 있는 모든 것을 키우고 있는 것처럼, 그저 오로지 주는 것, 조건 없이 베푸는 것이죠. 결국 우주심의 근본은 사랑이라고 할 수 있습니다.

윤　선행하는 것이 중요하다고들 하는데, 어떤 대가를 바라고 선행하는 분들이 있고, 그런 기대 없이 선행하는 분들도 또 있는 것 같아요. 그 차이에 대해서 말씀해 주세요.

박　공덕의 차이가 있습니다. 방금 창조주의 마음은 조건 없이 주는 것, 아낌없이 베푸는 것, 즉 사랑이라고 말씀드렸어요. 오로지 도움이 필요한 사람을 위해서 어떠한 기대 없이 헌신하고 봉사하는 것은 곧 신의 마음, 우주심을 그대로 표현하고 행하는 거예요. 단지 나라는 체를 통해서 표현하고 있는 것이죠. 영혼에도 점수가 있어요. 그런데 선행에 여러 계산이 전제되면 점수받기 힘들죠.

윤　기대 없이 선행하는 것이 중요하다는 말씀이 되게 와닿네요. 《금강경》에는 '무주상보시無住相布施'라는 말이 있고, 《성경》에도 '오른손이 하는 일을 왼손이 모르게 하라'라는 말이 있죠.

박　예, 하고 바로 잊어버려야 돼요. 기억하지 말아야죠. 내 도움이 필요한 사람을 도움으로써 그들이 행복해하고 즐거워하는 과정을 통해서 우리 안에 있는 진정한 신성이 깨어나기 시작합니다.

윤　그럼 이번에는 주제를 바꿔서 '연애와 부부의 인연'에 대해 질문드려 보겠습니다. 많은 분이 운명적인 사랑을 꿈꾸고 계세요. '소울메이트'라는 말도 있잖아요. 이 말은 '여러 생을 거치면서 사랑을 나누는 영혼의 짝' 이런 의미로 많이 쓰이는데요. 그런 관계가 우리 모두에게 있는 것인가요?

박　소울메이트는 모두에게 다 있는데 만나는 경우도 있고 만나지 못하는 경우도 있어요. 이제까지 나온 사례들을 보면 소울메이트는 배우자나 연인 관계에서 많이 만나는데, 사실 친구나 부모와 자식으로 만나는 경우도 있습니다. 다양한 인연에서 소울메이트가 있을 수 있어요. 그런데 소울메이트가 항상 친밀하고 각별한 관계로 많이 알려져 있는데, 꼭 그렇지만은 않습니다. 서로에게 상처 주는 관계로 진행되는 경우도 많아요. 하지만 그 경우에도 서로의 영혼을 성장시키기 위한 역할을 하게 됩니다.

윤   윤회의 바다를 건너오면서 자신과 늘 긴밀하게 함께하는 영혼의 짝을 다시 만나길 많은 분이 바라고 계실 텐데, 말씀 듣고 보니까 좀 새롭게 느껴지네요.

박   네, 소울메이트를 늦게 만나는 경우도 있어요. 한 생에서 내가 만나야 했던 인연들에 대한 내 책임과 의무를 모두 끝냈을 때, 나이가 지긋해지고 나서 비로소 소울메이트를 만나는 분들도 있죠. 그런 흐름에 자연스러워야지, 그걸 찾아 헤매다 보면 자신의 본분에 충실하지 못하게 돼요. 자신의 영적인 과제들을 수행해 나가면서 보다 가벼워진 상태에서 소울메이트를 만났을 때와 그렇지 않은 상태에서 만났을 때, 두 양상이 무척 다르겠죠. 누구나 환상적인 인연에 대한 열망을 가지고 있어요. 그런데 너무 인간적이고 물질적인 부분에만 초점을 맞추다 보면, 소울메이트를 만났다 하더라도 그 관계가 변질되거나 깨지는 경우도 있습니다.

윤   선생님께서는 책에서 "강렬하게 누군가를 만나길 염원하면 어느 생에서는 꼭 만나게 된다"고 말씀하셨어요.

박   그건 여러 가지로 해석할 수 있어요. 정말 사이가 좋은 부부가 있었어요. 그런데 결혼한 지 얼마 되지 않아서 임진왜란이 터지고 남편이 참전했다가 사망하게 됐죠. 그런데 서로가 너무 아쉬운 거예요. 한평생 남겨진 아내는 남편을 그리워하며 살았고, 남편은 홀로 그 척박한 인생을 살아가야 할 아내를 안타까워했죠. 그래서 그 인연으로 인해 지금 현생에 만나서 다시 부부가 됐어요. 그런데 너무 갈등이 많은 거예요. 성향이 어긋나는 게 많았던 거죠. 그건 실은 전생에서 경험했어야 하는 것이었어요. 그런데 다시 만난건 그 속에서 서로가 배워야 할 어떤 영적인 목적이 있었기 때문이었죠. 간절히 원해서 만남이 이루어지긴 하더라도, 결말이나 진행이 원하는 방향으로 가지 않을 수 있다는 말입니다.

윤   그렇다면 이번 생에 어떤 불가피한 이유로 인해서 다시 만날 수 없는 상황이 된 인연이 있다면 어떤 마음을 갖는 게 현명할까요?

박   헤어지고 나서 전혀 생각이 안 나는 사람도 있어요. 그런 상대들은 아쉬움이 없어요. 아주 깔끔한 거예요. 그런 상대는 다시 만날 필요가 없겠죠. 다시 만나도 또 그렇게 한 번 만나고 깔끔하게 헤어질 거예요. 그런데 오랫동안 만남이나 교류가 있었는데도 헤어지고 나서 아쉬움이 많은 경우도 있어요. 아쉬움이 많다는 것은 언젠가 다시 만난다는 것을 전제로 하고 있는 거예요. 그런데 그것이 현생이 아닐 수도 있어요. 현생에서 여건이 안 되면 그냥 지나갈 수도 있어요. 물론 언젠가 꼭 다시 만나게 되겠죠. 그럴 때는 '다시 만날 때는 이런 아쉬움과 아픔을 남기지 말자, 그때는 서로를 위해서 좀 더 좋은 영적 도반의 역할을 하면서 서로의 관계가 더욱 정화되고 승화될 수 있도록 하자' 하는 마음을 가지면 좋죠. 그러면 그렇게 또 관계가 형성이 됩니다.

윤   알겠습니다. 좋은 인연을 만들어가는 데 정말 중요한 말씀인 것 같아요. 단지 다시 만나는 것을 넘어서 좋은 관계로 만나는 것, 또 더 좋은 관계로 발전시켜 나가는 것이 중요할 것 같습니다. 부부의 인연이라는 게 우리네 어르신들이 말씀하시는 것처럼 정말 깊은 인연이 있어야만 하는 건가요?

박   네, 굉장히 깊은 인연이 있어야 하죠. 부부는 자식을 낳고 한 평생을 한집안에서 계속 같이 살아가야 하잖아요. 그만큼 가까운 인연이 없어요.

윤   결혼이라는 게 인생사에서 굉장히 중요한 사건인데, 그렇다면 이 생에 오기 전에 서로 부부로 만나기로 약속을 하고 왔다고 볼 수도 있는 건가요? 그렇다면 어떤 분들은 지금과 같은 부모나 지금과 같은 배우자를 원치 않았다고 말씀하실 수도 있을 것 같아요.

박   원치 않았다는 말은 마음에 안 든다는 얘기잖아요. 마음에 안 들기 때문에 갈등이 있을 것이고, 갈등이 있으면 고통이 생기게 되겠죠. 그 원치 않았다는 것 자체부터가 이분에게는 숙제인 거예요. 그건 인연법에서 풀고 알아야 할 부분이죠. 그분은 모르시겠지만 실은 다 영혼 간의 합의에 의해서 오게 되는 거예요. 자기가 선택하고 왔다는 것, 자기가 설계하고 왔다는 걸 인식하면, 지금 현실이 불만스럽더라도 그것을 받아들이는 것이 훨씬 더 수월해지죠.

윤   네, 알겠습니다. 이번엔 부모와 자식 간의 인연에 대해서 여쭤보고 싶습니다. 부모 자식의 관계라는 게 그 어떤 관계보다 깊은 인연을 가지고 오는 것 같은데 어떤가요?

박   부모와 자식이 만남으로써 새로운 한 생명의 삶이 시작됩니다. 그때부터 또 다른 수행의 여정, 공부의 여정이 시작되죠. 인연법을 통해 부모 자식 관계에 있는 분들의 전생을 보면, 과거 생의 빚을 갚기 위해 혹은 영적 과제를 완수하기 위해 서로를 선택할 수밖에 없었던 것을 알게 되는 경우가 많습니다. 아주 좋은 여건을 가진 부모가 있었어요. 고소득 전문 직종에 계신 분이었는데, 자식 문제를 해결할 수 없어서 제게 상담받으러 오셨죠. 과거 생의 인연법이 나오더군요. 그 부모는 전생에서 그 아이의 영혼이 이런 모습으로 이 생에 오게 한 원인을 제공했어요. 당연히 그 문제를 해결할 가장 좋은 방법은 그 아이를 끝까지 사랑하는 것이었죠. 그 부모는 '목숨이 다하는 순간까지 아이를 위해서 헌신하겠다'는 약속을 하고 현생에 온 거였어요. 마지막 순간까지 최선을 다해서 아이를 돌보겠다는 것이 그 부모의 영적 약속이었던 거죠. 그런데 그분은 포기했다고 하는 거예요. 포기한다는 것은 자기 역할을 하지 않겠다는 거죠. 그런 마음으로 찾아와서 단지 "이 아이가 개선될 수 있겠습니까?" "나을 수 있겠습니까?" 이런 질문만 하셨어요. 그래서 개선은 어렵다고 말씀드렸죠. 그 아이의 상황은 실제로 안 좋았어요. 병원에서도 그렇게 진단 결과가 나오기도 했죠. 마지막까지 최선을 다해서 헌신하라고 말씀드렸는데, 이해를 잘 못하시는 것 같더라고요.

윤　'인간의 몸을 입기 전 영혼의 상태에서는 자신이 인간 상태에서 원치 않을 만한 일조차도 자신의 성장을 위해서 선택한다' 이렇게 생각해 볼 수도 있겠네요.

박　그렇죠. 우리는 망각한 상태로 태어나요. 우리가 태어났을 때는 그것을 기억하지 못하고, 이미 정해져 있고 형성돼 있는 환경에서 살게 된다고 여기죠. 그런데 사실은 모두가 이 상태를 원해서 왔다는 것, 자기 자신이 적극적으로 선택해서 왔다는 거예요.

윤　부모 자식 간의 관계가 안 좋은 상태에 있는 분들이 아마 많을 것 같은데, 특히 자식의 입장에 있는 분들에게 해주고 싶으신 말씀이 있으세요?

박　자제분이 찾아오신 적이 있어요. 아버지가 간암 말기로 시한부 선고를 받으시고 정말 며칠 안 남았던 상태셨어요. 그래서 고민을 많이 하셨나 보더라고요. 살아오면서 아버지를 많이 힘들게 했는데, 그동안 노력하는 모습을 보인다든가 마음을 편안하게 해드리지 못하셨대요. 후회가 많으셨던 거죠. 그래서 저는 과거 생의 인연법을 말씀드렸어요. 그분은 과거 생에서 스승이었던 아버지를 배신했던 제자였어요. 사과를 하기 위해서 이 생에 오게 된 인연이라고 할 수 있거든요. 아버지의 죽음을 앞두고 화해하고 싶었던 건 그 일치점이 나타난 거였어요. 그래서 "진심으로 사과하십시오. 아버지가 설령 이야기를 듣지 못한다 하더라도, 아버지의 생명이 끊어지는 순간까지 아버지에게 진심으로 사과하고 이제까지의 실수를 거울삼아서 더 훌륭하게 삶을 살아나가겠다고 하세요"라고 말씀드리니까 많이 정리가 되신 것 같더라고요. 부모는 정말 많은 시간을 함께 지낼 수 있는 인연이잖아요. 갈등이 있으면 죽을 때까지 이해하고 화해하기 위해 많은 노력을 해야 합니다. 그게 풀리지 않으면, 부모님이 돌아가신 후에도 회한과 아쉬움이 남아있으면, 그 영혼은 정화되기 힘들어요. 마주보고 대화할 수 있을 때만큼 좋은 기회가 없잖아요. 이 좋은 기회가 있을 때 해원하면 참 좋죠.

윤 　 살아계실 때 푸는 게 훨씬 더 쉬운 방법이겠네요. 부모님과의 관계에서 오는 왜곡들이 우리 삶에 많은 영향을 미치고 있는 것 같아요. 예를 들면, 어렸을 때 권위적인 아버지에 대한 반발심을 갖고 있는 여성이 연애 관계에서 문제를 겪는다든지 혹은 어머니와 애착이 강한 남성이 여성들과 부자연스러운 관계를 맺는다든지….

박 　 아버지는 상위자이기도 하지만 본질적으로 남성이라는 체를 가지고 있잖아요. 그래서 말씀하신 여성의 경우, 아버지에게서 오는 거부감이 결국 남성에 대한 거부감으로 이어지게 되는데, 이건 전생뿐만이 아니라 현생의 문제도 많이 개입돼 있다고 할 수 있어요. 심리적인 부분이죠. 가장 중요한 건 내가 부모님과 어떤 부분에서 부딪치는가를 잘 살펴보면 또 다른 대인 관계의 문제를 해결할 수 있는 실마리를 찾을 수 있다는 거죠. 부모의 입장에서도 내가 자식과 어떤 갈등이 있다고 한다면, 그것이 또 다른 대인 관계에서 갈등을 유발하는 원인이 될 수가 있고요. 부모 자식 간의 관계도 잘 살펴보면 자신의 영적 사명을 알 수 있는 계기가 될 수 있습니다.

윤   혹시 부모 자식 관계에 대해 더 해주실 말씀이 있으세요?

박   서로 존중하는 게 참 중요합니다. 아이는 체가 작을 뿐이지 그 영혼은 자기 나름의 큰 의미를 갖고 세상에 나온 겁니다. 그래서 아무리 아기라고 해도 그 영혼을 존중하며 키우는 것이 중요합니다. 어떤 부모들은 "애가 왜 이러지?" 하는데, 실은 그 아이에 대한 사랑과 배려, 존중 이런 게 부족해서 나타나는 현상입니다. 그 영혼은 어떤 완전한 목적을 가지고 온 것이고, 영혼의 단계로 치자면 부모와 다르지 않거든요. 단지 물질적 차원에서 볼 때 인간적인 자아에서 생성되는 인격이 덜 완성된 상태일 뿐이라는 거죠. 그래서 자식의 영혼을 존중하면서 양육할 때 자식은 그 영혼의 목적대로 훌륭한 길을 가게 됩니다. 그런데 부모들이 자식에게 너무 많은 기대를 하고 있어요. "나는 그게 부족했으니까 너는 그걸 해냈으면 좋겠어" "나는 돈을 못 벌었지만 너는 부자가 되었으면 해" 이런 여러 가지 기대를 많이 하죠. 근데 모든 부모가 알아야 할 한 가지는, 그 아이는 나를 통해 태어났지만 그 영혼은 개별적이고 자기 자신만의 고유한 삶의 여정을 가지고 왔다는 사실이에요. 그러니까 '나는 이 아이가 세상에 올 수 있도록 통로의 역할을 한 것이구나' 그렇게 여기면서 아이의 영혼을 존중한다면, 이 생에서 부모 자식 간의 인연

법이 좀 더 편안하게 진행될 수 있지 않을까 합니다.

윤   예비 부모들에게 혹시 전해주고픈 말씀이 있으세요?

박   원래 맑은 물에는 귀한 고기만이 머물듯, 부모가 어떤 마음을 가졌는지 그리고 얼마나 정화된 영성체를 가졌는지에 따라서 자식에게 깃드는 영혼이 결정됩니다. 인연법에 의해서 정해지는 경우가 많지만, 그것이 정해져 있다고만 생각하지 마시고 좋은 아이를 갖기 위해 부부가 화합해서 끊임없이 기도하고 명상한다면, 그만큼 좋은 영혼의 자식을 얻을 수 있습니다. 설령 태어나기 전일지라도 그 아이의 영혼은 그때부터 정화되기 시작하거든요. 그 출발점부터 달라지는 겁니다. 그리고 좋은 자식을 맞아들이기 위해서는 부모의 영혼이 자격이 돼야겠지만, 역시 좋은 부모를 만나려면 자식의 영혼도 자격이 돼야 합니다. 서로가 인정할 수 있는 파동대에서 협약

이 이루어져서 부모 자식 간의 인연을 형성한다고 할 수 있어요.

윤　　이번에는 직업에 관한 질문을 드려볼게요. 전생에 많이 했던 일들이라면 아무래도 현생에서도 능숙할 것 같아요. 전생에 대한 정보가 없다 하더라도 왠지 모를 끌림 같은 게 있겠죠?

박　　정말 중요한 거예요. 자식을 키우는 부모들은 알아요. 아이들은 각자 다 개성이 있어요. 유난히 그림 그리는 것을 좋아하는 아이, 유난히 노래 부르는 것을 좋아하는 아이…. 아이가 좋아하는 것은 그 아이의 특별한 재능이라고도 할 수 있습니다. 그런데 우리나라에서는 너무 입시 공부만 많이 시키기 때문에 그런 재능을 살려주지 못하고 사장시키는 경우가 많죠. 다들 남들보다 높은 지위, 항상 끊임없이 높은 곳만 바라보면서 그 수준에 맞추려고 하죠. 물론 생계에 의해서 맞춰야 되는 경우도 많고요. 그렇기 때문에 자기 마음의 소리, 정말 자기가 원하는 것을 받아들이지 못하고, 그것을 무시하면서 살아갈 수밖에 없는 거죠. 그러니까 내 재능이 무엇인가 할 때 첫째는 내가 가장 관심이 가고 흥미가 가는 분야가 가장 자기에게 맞는 것이라고 할 수 있습니다. 진정으로 자기가 원하는 것을 하다 보면 일단 행복해지니까 열심히 매진하게 되고 그럼으로써 능력이 향상되면서 좋은 성과를 내게 되겠죠. 마음의 소리에 귀를 기울이면서 자기가 원하는 바를 찾아가는 것은 직업 선택에서 상당히 중요한 기준점이 될 수 있습니다.

윤　　많은 현자께서 "가슴의 느낌을 따라가라" "가슴의 목소리에 귀 기울여라" 이런 말씀을 하셨는데요. 그런 측면에서 생각해 볼 수 있는 건가요?

박　그럼요. 우리 가슴 부위에는 상위체와 하위체를 연결시키는, 이성과 감정, 영혼을 연결시키는 가슴 차크라*가 있습니다. 중간 연결 통로라고 할 수 있는데요. 여기에는 많은 영적 정보가 있어요. 즉 가슴 차크라는 영적인 통로예요. '가슴의 소리에 귀 기울여라'라는 말에는 진정으로 자기가 원했던 것이 이 통로를 통해서 나온다는 것이 전제되어 있어요. 그래서 여기서 나오는 것에 귀를 기울이게 되면 진정으로 자신이 이 생에서 무엇을 하고자 했는지를 알 수 있는 거죠. 그런 의미에서 현자들이 그런 말을 했던 것 같습니다.

윤　그럼 혹시 가슴 차크라를 활성화하는 방법에 대해서 조언을 해주신다면요?

박　명상이 제일 좋아요. 명상한다는 자체가 의식적인 생각을 멈춘다는 얘기거든요. '다음에는 무슨 일을 해야 하나' 하면서 우리는 끊임없이 많은 생각을 해요. 그런데 명상하면 그게 없어져요. 생각을 정지시키고 본연의 자기 신성을 되살릴 수 있는 거죠. 가슴 차크라를 활성화하는 가장 좋은 방법은 내면의 소리에 귀를 기울이는 명상이라고 봅니다.

◆ 산스크리트어로 '바퀴' 혹은 '원'을 뜻하는 차크라Chakra는 인체의 에너지가 모이는 중심점을 가리킨다. 전통적으로 7개의 주요 차크라가 존재한다고 보며, 각각 회음, 아랫배, 명치, 가슴, 목, 미간, 정수리에 위치한다. 가슴 차크라heart chakra, anāhata는 가슴 중앙, 심장 부근에 위치하며 무조건적인 사랑과 용서, 균형과 관련되어 있다.

윤 현대인들이 겪는 많은 문제의 원인은 대부분 자연으로부터 멀어진 데서 오는 것 같아요. 자연과 함께하는 삶이 되게 중요할 것 같은데, 어떻게 생각하세요?

박 자연 그 자체는 우리 본래의 에너지죠. 자연 그리고 우주 모든 게 유기체적으로 연결돼 있는데, 우리가 너무 편리한 것만 추구하다 보니 자연과 상당히 멀어졌어요. 자연으로 돌아가는 것은 우리 본래의 맑은 영성을 획득할 수 있는 유일한 방법이라고 할 수 있습니다. 아이들이 매일 아침마다 화초를 보면서 "사랑한다" "고맙다" 말하게만 해도 아이들의 정서가 상당히 편안해지고 부드러워져요. 남을 배려하고 봉사할 수 있는 마음도 배우게 되고요. 본래의 신성을 회복할 수 있는 길이 자연에 있다고 생각합니다.

윤 우리의 육식 문화에 대해서도 여쭤보고 싶어요. 요즘 우리가 먹고 있는 고기들이 예전의 것과 다르다는 얘기를 많이 하죠. 공장식 축산으로 생산되는 경우가 대부분인 것 같은데, 현대인들의 과도한 육식 문화에 대해서는 어떻게 생각하시는지 궁금합니다.

박 옛날에는 에너지 자체가 맑고 순수한 상태였죠. 우리가 고기를 먹더라도 그 동물이 섭취하던 에너지 자체가 굉장히 맑았기 때문에 순환이 아주 자연스러웠어요. 그런데 지금은 그 수요가 너무 늘면서 공급을 맞추기 위해 아주 열악한 환경에서 사육을 많이 합니다. 그러한 곳에서 생산되는 고기들은 우리에게 이로운 에너지나 영양분을 주기보다는 우리의 인성과 영성을 많이 탁하게 합니다. 그로 인해서 심리적·정신적 문제가 많이 발생하고 있어요. 채식을 하게 되면 에너지 자체가 아주 맑아져요. 잔여분이 없기 때문에 세 끼를 먹든 한 끼를 먹든 그 끼니마다 에너지가 완전히 연소됩니다. 요즘은 몸매 관리나 성인병 예방을 위해서 식습관을 바꿔야 한다는 얘기가 많은데, 수행은 둘째치고라도 정말 건강해지고 싶으면 채식하시는 게 좋아요. 식물이 가지고 있는 에너지는 정말 강해요. 시골에서 갓 따온 채소를 냉장고에 넣어보세요. 일주일이 넘어도 생생해요. 생명력이 굉장히 강하죠. 우리 면역체계를 활성화하고 정신적으로도 건강한 삶을 영위하기 위한 방안으로 채식을 많이 권장하고 있습니다.

윤　　요즘 들어서 채식에 대해 관심을 가지는 분이 많으신 것 같아요. 참 고무적이고 바람직한 현상이라고 생각합니다. 우리가 몸이 아플 때 많이들 병원을 찾는데, 현대인들이 지나치게 약에 의존하고 있다는 생각이 들 때가 있어요. 여기에 대해 어떻게 생각하세요?

박　　물론 사람들은 아프면 병원을 가기도 하고 약도 먹기도 합니다. 그런데 동물들은 자연 치유력을 통해 근원적인 해결 방법을 찾아요. 우리가 가진 자연 치유력은 정말 강합니다. 그런데 계속 외부적인 도움에 의존하다 보니 자신이 갖고 있는 치유력이 점점 약해지고 있어요. 약은 사람을 살리기 위한 거지만 거기엔 독성도 상당히 있거든요. 약을 계속 먹다 보면 그 독이 축적되고, 그것을 정화하려면 또 엄청난 생명 에너지가 소모되죠. 가급적이면 그 의존성

을 낮추고 식습관과 생활습관을 개선하는 쪽으로 바꿔가야 할 것 같습니다.

윤   선생님께선 평소에 절 수행을 많이 하시는 것으로 알고 있는데요. 절 수행의 장점은 무엇일까요?

박   절하려면 완전히 엎드려야 돼요. 가장 낮은 자세가 되는 거죠. 몸만 엎드리는 게 아니에요. 교만이나 아상我相도 함께 엎드리게 되죠. 교만이나 아상을 깎아내리는 데 가장 좋은 수행법이라고 생각합니다. 또 절 수행에만 집중하다 보면 명상이 저절로 될 뿐만 아니라 건강에도 상당히 도움이 많이 되죠.

윤   많은 분이 각자 바라는 바를 위해서 기도를 많이 하시잖아요. 기도를 하는 데에 조언해 주신다면요?

박   기도를 많이 해보신 분들은 아마 제가 드리는 말씀이 바로 와닿을 수도 있을 거예요. 마음이 바뀌게 되면 자기가 원했던 일들이 성취됩니다. 처음 우리가 기도를 시작할 때는 기복에서 시작하는 경우가 많죠. 그런데 계속 꾸준히 하다 보면 그 체가 저절로 바뀌게 됩니다. 정화되는 거죠. 자기도 모르게 남을 더 배려하게 되고 더 사랑하게 돼요. 그런 과정들을 통해서 자기도 모르게 그 기도가 성취되는 경우가 많습니다.

윤 근본 치유겠네요. 내 상태를 바꿈으로써 기도가 자연스럽게 이뤄진다는, 자기 자신의 상태를 정말 변화시킴으로써 뭔가를 이룰 수 있다는 말씀이시군요. 자기가 바뀌지 않고 뭔가 이뤄지면 그건 임시적인 성취겠죠?

박 네, 임시적이에요. 그러다가 다시 결과가 반전되는 경우도 많습니다. 간절히 기도했는데 이뤄지지 않았다면, 그건 '아직 때가 안 됐구나, 내가 아직 정화되지 못했구나'라고 생각해 볼 수 있죠.

윤 현실적으로 이뤄지지 않더라도 기도의 공덕은 있는 거겠죠?

박 네, 그럼요.

윤 이뤄지는지 여부에 일희일비하지 않고 꾸준하게 기도하는 것이 중요하겠군요. 영성계에 이슈가 됐던 《시크릿》* 열풍에 대해서는 어떻게 생각하세요?

◆ *The Secret*(2006)은 호주의 TV 프로듀서였던 론다 번Rhonda Byrne이 쓴 책으로, 돈, 건강, 인간관계, 행복을 성취한 사람에게는 공통된 비밀이 있다는 내용의 세계적인 베스트셀러. 생각이 현실이 되는 법칙이나 양자물리학 이론에 근거하여 '끌어당김의 법칙'을 소개하고 대중화시켰다.

박　물론 간절히 바라면 이루어집니다. 근데 그 말에는 전제가 있어요. '자격이 되는가?' 시크릿을 한다고 다 이루어지는 건 아니에요. 그만한 영적 자격이 됐을 때 원하는 것이 이루어지고 그렇지 못할 때는 많은 기도와 정화의 시간이 필요합니다.

윤　이루어질 조건이 안 됐는데 단지 이루어진다는 걸 믿는 것만으로는 부족할 수 있다?

박　네, 무엇인가 간절히 바라서 이뤄진 것처럼 보이는 경우도 그것이 끝까지 간다거나 완전하게 성취되지 않을 수 있습니다. 그것은 아직 자격이 부족하다는 거죠. 상담하다 보면 부정적인 업이 많은 분들을 보게 되는데, 그건 원하는 바를 이루는 데 분명히 방해 요소예요. 그건 자기가 만든 거죠. 그 방해 요소가 있는 한 완전한 시크릿은 이루어지기 힘들어요.

윤　무엇보다 자기 정화가 우선 필요하겠네요. 이런 수행의 원리들을 먼저 이해하고 적용하면 현실에서 많은 도움이 될 것 같습니다. 그럼 이번에는 좀 더 큰 스케일의 질문들을 드려볼게요. 이 지구에 존재하는 이 생명체들 이외에 지구 밖에 또 다른 지성을 가진 존재들이 있다고 보시나요?

박　저도 그와 관련해서 많이 경험을 했지만, 아무래도 그런 이야기는 실질적인 개별 상담에서는 도움이 안 되기 때문에 말씀을 드리고 있지는 않아요. 하지만 저도 외계 존재들을 분명하게 인식하고 있습니다.

윤　UFO에 대해 사람들은 의심도 많이 하잖아요. 조작이나 착오로 인한 것들도 물론 많겠지만 그렇지 않은 경우도 있을 것 같아요. UFO들이 지구에 와있는 게 맞나요?

박　'있으면 항상 보여야지 왜 안 보이느냐' 이런 의문이 가장 많잖아요. 그건 영의 세계에 대한 증명과도 비슷한데, 그들은 원래 물질체가 아니에요. 필요에 의해 순간 물질화해서 나타날 수는 있습니다. 그들은 필요할 때 나타났다가 또 곧바로 사라질 수 있는 능력을 가지고 있기 때문에 보이지 않을 뿐이에요. 인간의 3차원적인 뇌구조로는 이해할 수 없고, 아직 과학이 제대로 발견해 내지 못한 영역이에요. 공간이 겹쳐있어요. 귀신들이 움직이는 공간과 외계 존재가 머무는 공간은 차원이 다를 뿐이에요. 진동수, 주파수가 다를 뿐이죠. 많은 주파수 속에서 특정 주파수를 잡아내서 라디오를 듣잖아요. 그들은 차원만 다를 뿐이지 항상 공존하고 있어요. 사실 여기도 지금 많이 와있어요. 급격한 변화로 인한 혼란을 막기 위해 지구를 관찰하면서 우리를 지켜주는 또 다른 상승된 차원의 존재들도 있고요. 차원이 아주 많아요.

윤　그들도 우리 인류의 영적 성장에 많이 관심을 갖고 있나요?

박　예, 지구라는 행성 자체가 우주에서 꽤 중요한 행성입니다. 이렇게 골고루 갖춰진 환경이 없어요. 시시각각 변하는 자연 환경과 다양한 생명체를 통해서 아주 많은 공부를 할 수 있죠. 물질적인 단계에서의 저차원 경험을 통해서만 익힐 수 있는 에너지들이 있어요. 그건 우리의 발전을 위한 어떤 원초적인 감정체들이죠. 우리는 물질화돼 있는 존재이기 때문에 감정을 참 많이 느껴요. 물질화돼 있지 않으면 감정을 그렇게 생생하게 느낄 수 없거든요. 그래서 지구가 그런 공부를 하기에는 아주 적합한 환경의 행성입니다. 우주적으로도 상당히 의미가 깊은 행성이라고 할 수 있죠.

윤   우주의 다양한 영역에서 의식 성장을 위해 지구로 많이 와있는 것이군요.

박   네, 지구에서는 여전히 민족 간의 전쟁이나 종교적인 전쟁들이 많이 발생하고 있잖아요. 제가 어떤 분을 리딩하면서 알게 됐는데, 실은 그 뿌리는 지구 내에서의 전쟁이 아니라 우주 전쟁이에요. 오래전에 극심한 우주 전쟁이 있었는데, 그 인연들이 지구에 머물게 되면서 여전히 반복되고 있는 양상들이라고 할 수 있죠.

윤   그게 반복되는 패턴이라면 여기 지구에서 벌어지고 있는 갈등들이 치유될 때 우주에서의 사건들, 우주에서의 카르마들도 많이 해소되겠네요.

박   그렇죠. 원래 카르마는 아주 깊은 뿌리를 가지고 연결돼 있죠.

윤   지구에서 벌어지는 일들이 우주의 사건들과 관련이 깊다는 말씀이 참 인상 깊네요. 단지 하나의 물질적인 행성이라고도 할 수 있는 이 지구를 하나의 거대한 의식체로 보는 견해에 대해서는 어떻게 생각하세요?

박   저도 같은 의견을 가지고 있어요. 함께 대화를 한다고 할까요? 사람이 생각하고 여러 가지 파동을 일으키듯이, 지구도 똑같아요. 함께 성장하고 있는 거예요.

윤　거대한 의식이라고 볼 수 있다는 거죠?

박　그렇죠. 우리는 여러 윤회 환생을 통해서 다양한 생각의 파동을 일으키고 다양한 에너지를 생성해 내요. 그 생성된 에너지가 이 지구에는 또 하나의 생명력 있는 자기 양식이 되죠. 같이 성장하고 있는 거예요. 원래 지구 자체는 많은 사랑을 가지고 있기 때문에 인간의 의식 성장, 영적 성장이 지구의 성장과도 맞물려 있습니다. 그리고 지구가 성장함으로써 이 태양계가 성장하게 되고, 또 그럼으로써 은하계, 나아가 우주 전체도 함께 맞물려 성장하게 됩니다. 우리 신체 기관도 모두 연결되어 있어서 한 군데가 아프면 전체가 다 아픈 것처럼, 우리도 우주에서 아주 작은 부분일 것 같지만 유기체적인 관점에서 보면 인간의 의식 성장은 우주의 의식 성장과 함께 맞물려 있다고 볼 수 있어요. 조금 이해하기 쉽도록 말씀을 드리자면, 우주를 나무라고 봤을 때 잎의 역할을 하는 존재가 우리 인간이라고 할 수 있습니다.

윤　크롭 서클*에 대해서도 여쭤보고 싶은데요. 하룻밤 사이에

---

* 크롭 서클Crop Circle은 미스터리 서클Mystery Circle이라고도 하며, 밭이나 논의 곡물을 일정한 방향으로 눕혀서 어떠한 형태를 나타낸 것을 말한다. 처음에는 원형이 많았지만 최근에는 점차 다양한 무늬로 발전하고 있다. 맨 처음 크롭 서클이 보고된 지역은 1946년 영국 남서부 지역 솔즈베리의 페퍼복스 힐Pepperbox Hill로, 두 개의 원형 무늬가 처음 목격되었다. 발생 원인에 대해 UFO 착륙 흔적설, 인간 조작설, 회오리바람설, 지자기설 등 다양한 추측이 제기되었지만 아직 명확히 규명되지 않았다.

넓은 평원에 크고 정교한 문양들이 새겨졌는데, 여기에 대해서 어떻게 생각하시나요?

박　크롭 서클은 물질화되어 나타날 때의 흔적입니다. 그러니까 외계적 존재에 의한 것입니다. 그들의 체는 우리가 생각하는 물질 체가 아니라고 말씀드렸잖아요. 그들이 순간 물질화될 때 나타나는 현상인 거죠. 도심의 콘크리트에도 충분히 만들어낼 수 있을 것 같은데, 항상 보면 자연 평원 같은 데에서 만들잖아요. 그러한 곳은 인간들을 최대한 침해하지 않으면서 자기들의 존재를 가장 확실하게 드러낼 수 있는 장소인 거죠.

윤　그렇게 자기들의 존재를 알리는 이유가 뭐라고 생각하세요?

박　소통을 위해서죠. 시대가 바뀌었어요. 차원이 달라지는 시대가 왔죠. 이제 우리는 우주를 좀 더 이해할 수 있고 외계의 지적 존재들과 소통할 수 있는, 그래서 좀 더 성장해 나갈 수 있는 시대에 와있기 때문에 서서히 알리는 과정이 나타난 거죠.

윤　급히 우리 앞에 나타나는 게 아니라 우리가 너희와 함께 있다는 것을 알리는 사인을 보여줌으로써 마음의 준비를 시키는 과정이라고 할 수 있겠네요. 그런 존재들과 소통하고 있다고 말씀하시는 분이 많이 있잖아요. 채널링*에 대해선 어떻게 생각하세요?

◆　채널링channeling이란 인간이 자기 외의 존재, 즉 고차원의 존재, 죽은 사람, 외계인, 동물 등과 의사소통을 하는 것을 말한다. TV나 라디오 채널을 돌려 주파수가 맞으면 특정 방송이 나오듯이, 서로 파장이 동조되면 그 존재와 정보를 주고받을 수 있다고 하며, 채널링을 하는 사람을 채널러channeler라고 부른다.

박   누구나 그런 소양을 가지고 있기 때문에 얼마든지 수행을 통해 혹은 타고난 재능에 의해서 채널링이 가능하다고 봅니다. 그런데 문제는 그 차원의 주파수가 잘 맞지 않거나 영적인 영역이 흐려진다거나 방어력이 약하다든가 하면 빙의의 형태가 채널링화돼서 나타나는 경우도 많습니다. 그리고 간혹 본인의 순수한 채널보다는 영성 관련 책이나 정보를 읽고 그것을 자기화해서 표현하는 경우도 있어요. 채널링을 하기 위해서는 끝없는 자기반성과 오염되지 않으려는 노력, 정화의 기도 같은 것들이 참 중요하죠.

윤   태양에 관한 질문도 드리고 싶어요. 이 지구의 많은 생명을 존재할 수 있게 해주는 존재가 바로 태양인데, 이 태양에 대한 알려지지 않은 지식들이나 정보들이 있으신가요?

박   우리 존재는 태양의 영향을 크게 받고 있지 않습니까? 그래서 태양이라는 것은 이 지구를 수호하는 창조주의 또 다른 변형된 모습이라고 표현할 수 있어요. 엄청난 치유 에너지가 담겨있죠. 태양 빛은 실은 에너지의 개념이거든요. 강한 에너지의 응집체예요. 이 에너지를 통해서 우리의 수행과 명상이 완전하게 확장이 될 수 있고, 그렇게 됨으로써 지구 차원에서의 수행이 완성이 된다고도 할 수 있어요. 태양은 지구의 생명체만 살리는 것이 아니라 우리의 영성 계발에도 상당히 중요한 역할을 하고 있죠.

윤   앞으로 태양을 보면 좀 생각이 달라질 것 같아요.

박   예, 화창한 날엔 태양을 만끽하세요. 그리고 의념만으로도 에너지는 공유될 수 있거든요. 화창한 날에 감사하는 마음으로 태양 에너지를 온몸으로 흡수하면 에너지가 충전됩니다. 화창한 날엔 그 자체로도 기분이 좋잖아요. 의학적으로는 세로토닌 생성이 많이 돼서 그렇다고는 하지만, 실질적으로도 우리가 많은 에너지를 받고 있는 거죠. 또 감사하는 마음을 가지면 더 많은 에너지를 흡수할 수 있게 되고요.

윤   태양 빛은 누구에게나 다 공평하게 열려있으니까 더 많이 받으면서 지내야겠네요.

박   인간 자체가 빛의 변체예요. 식물은 물과 태양 빛만으로도 우리에게 살아갈 수 있는 기반을 제공하잖아요. 그것을 섭취하는 것은 전부 다 변형된 태양 에너지를 섭취하는 것입니다. 우리도 육체라는 외피 속에, 물질적인 개체 속에 갇혀있지만 결국은 빛의 변체거든요. 그렇기 때문에 태양 에너지를 완전하게 자기화할 수 있을 때, 온몸에 가득 채울 수 있을 때 생명력이 채워지죠.

윤   무한하게 에너지를 공급해 주고 있는 것 자체가 창조주의 속성이 아닐까 생각이 드네요. 다음 질문드리겠습니다. 새로운 시대가 오는 것에 대해 많은 분이 기대를 많이 하고 있는데, 한편으로는 혼란이 가중되는 느낌이 들기도 합니다. 앞으로 변화될 흐름이 어떻게 진행될까요? 정말 새로운 시대가 오고 있는 건가요?

박   너무 많은 변화가 있었죠. 앞으로도 많은 변화를 맞이하게 될 것입니다. 그런데 우리는 유물론적인 세계관에서 살고 있잖아요. 그래서 물질적인 현상에 국한해서 만질 수 있고 볼 수 있는 것만이 변화라고 생각하죠. 실은 영적으로도 정말 많은 변화가 있어 왔어요. 그것이 보이지 않았을 뿐이지 비약적인 도약을 해왔고, 많은 영성체가 각성이나 영적 진화 단계에 와있습니다.

윤   우주의 진실이 구현되는 쪽으로 가고 있다는 말씀이시네요.

박   스티븐 스필버그 Steven Spielberg, 1946~ 감독의 영화 〈A.I.〉의 마지막 장면을 보면, 대빙하기를 맞이한 지구에 외계 존재가 찾아오죠. 그 외계 존재가 정보를 얻는 방법은 단지 그 정보를 알고 있는 존재를 터치하는 것뿐이에요. 그러면 모든 정보가 공유되죠. 그런 것처럼 우리가 나아가야 할 방향은 지적인 정보나 영적인 체험들을 개별화하는 것이 아니라, 모든 것을 하나로 통합하는 것이라고 할 수 있어요. 요즘 클라우드를 통해 모든 정보를 한곳에 모아서 공유하는 것처럼요.

윤   새로운 시대에는 지구 밖의 존재들과의 소통도 더 많아지게 될까요?

박   예, 외계 존재에 대한 이해가 있어야지 더 많은 지식과 정보를 얻을 수 있게 되고, 우리도 더 성장할 수 있게 됩니다.

윤   교류가 더 많아지면 우리가 기존에 갖고 있던 인식들에도 많은 변화가 필요하겠네요. 새로운 시대로 변화해 가는 과정에서 어떤 극심한 물리적인 변화가 있을 수 있다고 말씀하시는 분들이 있는데, 그 점에 대해서는 어떻게 생각하시나요?

박　저도 같은 의견을 가지고 있어요. 지구의 축이 많이 변했어요. 축이 변했다는 것은 진동 에너지가 변했다는 얘기거든요. 앞으로도 화산이 폭발한다든가 지각이 움직인다든가 하는 변화는 많이 전개될 수 있습니다.

윤　그러면 우리는 어떤 준비들을 해나가야 될까요?

박　우리가 하루하루를 진실하게 열심히 살아간다면, 그동안의 선행을 통해 형성된 좋은 에너지에 의해서 그것이 약하게 지나가거나 우리를 피해갈 수 있습니다. 그러니까 하루하루를 진실하고 선한 마음으로 살아가는 것이 참 중요합니다.

윤　그렇게 상태가 맑아질수록 이 지구의 파동과 가깝게 되고 어떤 일들이 생길지에 대한 느낌들도 더 오지 않을까 하네요.

박　끼리끼리 어울린다고, 당장은 표가 안 날 수도 있지만, 내가 항상 긍정적인 마음을 가지고 베풀려고 하면 자연스럽게 나를 중심으로 같은 생각을 하고 같은 마음을 가진 사람들이 모이게끔 돼있어요. 그리고 자신의 인연법에 의해서 그렇지 못한 사람들, 부정적인 사람들도 주위에 올 수 있잖아요. 그래도 내가 항상 맑음을 유지하면 그 인연은 어느 순간에는 정리돼서 떨어져 나가게 됩니다. 자기 자신이 어떤 생각을 하면서 어떻게 살아가느냐가 참 중요하죠.

윤　새로운 시대로 변화돼 가는 과정 중에 새로운 의식을 가진 아이들이 많이 태어난다는 얘기들이 있잖아요. 거기에 대해서는 어떤 견해를 갖고 계신지 궁금합니다.

박   그런 아이들이 지금 정말 많이 오고 있어요. 물론 예전에도 있긴 있었지만 그 수가 지금처럼 많지는 않았어요. 그 아이들은 진동수가 달라요. 그만큼 지구가 오랜 시간을 거쳐오면서 진동 자체가 변해왔고 그런 영혼들이 올 수 있는 환경과 기반이 마련된 거예요. 좀 더 새로운 차원의 깨달음과 지혜를 주기 위해서 그런 아이들이 많이 오고 있다고 할 수 있죠.

윤   그런 아이들의 속성이 기존 부모들에게는 이해할 수 없는 부분들도 많이 있을 것 같아요.

박   예, 우리의 전통적인 방식으로, 우리가 알고 있는 지식으로 그 아이들을 다스린다거나 제어하려고 해서는 안 됩니다. 아이들마다 가지고 있는 독특한 개성을 존중해 주고 그 장점을 최대한 키워 주는 데 초점을 맞춰야지, 부모님들이 자신이 원하는 쪽으로만 아이들을 끌고 가서는 안 된다는 거죠.

윤   그러면 그 아이들은 어디서 오는 건가요?

박   다차원의 외계에서 오죠. 인류보다 훨씬 더 진화돼 있는 지적 존재들이 지구상에 물질체로 이입이 되는 거예요. 그 아이들은 지금 인류와는 달라요. 몸은 아이처럼 보여도 의식은 많이 달라요. 저는 앞으로 지구에 지질적인 변화가 많이 생길 거라고 보는데, 이렇게 태어난 아이들 중에는 그 문제를 해결하기 위한 힘과 정보뿐 아니라 새로운 지식을 수신할 수 있는 능력도 가지고 있는 경우가 많습니다.

윤   그런 아이들의 역할은 우리 인류의 의식을 변화시키는 목적으로 오는 것이겠네요.

박   네, 인류를 더 좋은 방향으로 끌고 갈 수 있는 역할을 하기 위해서입니다. 그 아이들이 가진 특징이 ADHD*처럼 나타나는 경우도 있습니다. 그렇다면 그 아이들을 어떻게 이끌어줄 것인가? 아이의 주의력을 어디로 집중시켜 줄 것인가? 그 아이가 좋아하는 분야가 분명히 있을 거예요. 부모가 그걸 함께 찾아줌으로써 그 아이가 영적 사명을 잘 수행할 수 있도록 도와줘야 해요.

윤   그렇게 새로운 시대를 만들기 위해서 온 아이들을 기존의 인식으로 바라보면 안 될 것 같네요. 이제 거의 마무리 단계의 질문들로 넘어가려고 합니다. 아무래도 궁극적인 인류 의식의 변화를 위해서는 진실한 영성문명, 정신문명을 꽃피워야 하지 않을까 하고 생각해 왔는데, 그런 점에서 전 세계의 수행자들, 영성가들의 역할이 정말 중요할 것 같습니다. 그분들께 전해주고 싶은 메시지가 있다면 부탁드리겠습니다.

박   수행하시거나 영성 분야에서 활동하시는 분들은 우주적인 메시지와 소통하고 있는 분들이죠. 자신의 활동을 순수한 형태로 계

◆ ADHD는 Attention Deficit Hyperactivity Disorder의 약자로, '주의력 결핍 및 과잉행동 장애'라고도 한다. 우리의 행동에 대해서 실행 지시를 내리는 전두엽의 기능에 이상이 있기 때문에 ADHD는 단순히 집중력이 부족하거나 행동이 부산스러운 것 이외에 다양한 모습들이 있다. 이를테면 매사에 급하고 참을성과 인내심이 부족한 모습을 보인다든가, 당장 눈앞에 하고 싶은 일만 하여 정작 중요한 일을 마치지 못한다든가, 감정과 충동 조절이 잘 안 된다든가, 정리정돈이 잘 안 되고 제한된 시간 안에 일을 마치지 못하는 모습들이 있다.

속 꾸준하게 잘 이어나가기 위해서는 무엇보다도 진실해야 됩니다. 그것이 설령 고단한 길일지라도 순수성을 지키면서 가게 되면 영적인 차원에서 볼 때 이 물질계에서 얻는 어떤 가치하고도 비교할 수 없는 큰 영적인 보너스를 얻게 되거든요. 우리 영성가들이 그런 확신을 가지고 최선을 다해서 자기 역할을 해야 되지 않을까 합니다.

윤　　진실성이 가장 중요하다는 말씀이시네요. 우주적 존재들이 우리 인류에게 전하고자 하는 메시지는 어떤 것일까요?

박　　우주적 존재들은 우리가 사랑을 통해서 영적으로 진화하고 발전되기를 바라고 있습니다. 지금은 생각보다 영적으로 많이 진화되고 발전된 시대이기도 하지만, 한편으로는 영성체가 많이 파괴된 시대이기도 하거든요. 그렇게 파괴된 영성체들에게는 사랑을 전해 줘야 합니다. 우주 자체가 사랑이에요. 사랑과 진리를 깨달음으로써 한 단계 더 성장하고 발전할 수 있다는 메시지를 전하고 싶어 해요.

윤　　복잡하거나 충격적인 새로운 메시지가 아니라 그동안 우리 지구에 먼저 오셨던 성인들이 다 하셨던 말씀이네요.

박　　네, "사랑을 베풀고 사랑을 알게 됨으로써 진정한 깨달음을 얻을 수 있다."

윤　　네, 말씀 감사합니다. 특별히 우리나라 사람들에게 하실 말씀이 있으신가요?

박　　이 지구에는 몇 천 년의 간격을 두고 힘의 변화가 있어왔어요. 우리나라에는 그동안 상당히 많은 전쟁이 있었잖습니까? 참 힘

명상 중인 박진여 님

든 시기가 많았던 곳인데, 앞으로 지구의 축이 바뀌고 지구 에너지
장이 변하면서 한국은 상당히 긍정적인 변화의 시기에 들어서게 됩
니다. 그리고 여전히 대북관계가 예민하지만, 결국은 통일이나 전
체의 발전을 위해서 가고 있기 때문에, 항상 긍정적인 마음으로 지
금의 역할에 최선을 다할 수 있는 삶을 사셨으면 합니다.

윤   예, 알겠습니다. 마지막으로 전하고 싶은 메시지가 있다면
부탁드립니다.

박   우리는 각자가 아름다운 이 지구에서의 삶을 부여받았어요.
우리 자신의 의식 성장을 통해서 우리는 우주의 의식을 성장시키
고 있습니다. 각자가 중요한 사명을 가지고 있어요. 누군가는 이 생

가슴의 대화

에서의 개별적인 삶이 아주 불만스럽고 행복하지 않을 수도 있겠지만, 실은 그 활동 하나하나가, 그 경험 하나하나가 우주를 확장시키고 변화시키고 발전시키는 중요한 역할을 하고 있다는 것을 알아주셨으면 좋겠습니다. 스스로가 얼마나 소중하고 가치 있는 존재인지를 꼭 명심하고 행복할 수 있도록 노력하셨으면 좋겠습니다.

▶YouTube 가슴의 대화 박진여 | Q   1편 ▶
                                              2편 ▶▶
오른쪽 QR코드를 촬영하시면 해당 인터뷰 영상을 보실 수 있습니다.

추 천 콘 텐 츠

Book 달라이 라마의 행복론 The Art of Happiness
달라이 라마, 하워드 커틀러 지음 | 류시화 옮김 | 김영사 | 2001

여러분은 '지금 행복하십니까?'라는 질문에 'yes'라고 대답할 수 있으신가요? 수많은 사람의 전생을 리딩하고 사람들의 아픔을 보면서 느낀 한 가지는 모두가 행복하고자, 마음의 평안을 얻고자 헤매고 방황한다는 것이었습니다. 하지만 행복이 내 곁에 없거나 멀리 있는 것이 아니라, 내 안의 행복을 미처 찾지 못할 뿐이죠. 이 책은 진정한 행복이 무엇인지 그리고 그 행복을 어떻게 찾아야 하는지 오랜 수행에서 얻은 이야기를 통해 스스로 행복을 찾을 수 있는 방법을 알려줍니다. 책을 통해 행복한 에너지와 공명하기를 바랍니다.

Movie 봄, 여름, 가을, 겨울 그리고 봄

김기덕 감독 | 오영수, 김기덕, 김영민, 서재경, 차수아 주연 | 2003

사계절을 우리 삶에 적용해 보면 '생로병사生老病死' '흥망성 쇠興亡盛衰' '희로애락喜怒哀樂' '길흉화복吉凶禍福'으로도 표현할 수 있을 거예요. 그러나 계절이 가진 놀라운 이치를 윤회와 업(카르마)의 법칙과 연결해서 이해하기는 어렵습니다. 그 이유는 윤회로 이어지는 업의 고리는 우리가 알고 있는 시간 속의 이야기가 아니기 때문이지요. 이 영화는 함축적이지만 분명한 메시지로 주지 스님과 동자승, 여인 사이에서 서로 얽히고설킨 지난 시간의 카르마가 어떻게 상호작용하면서 자신들의 삶과 운명을 만들어 나가는지를 한 편의 드라마로 보여줍니다. 동자승의 삶을 통해 고집멸도苦集滅道의 깊은 지혜를 엿볼 수 있습니다.

Music You Raise Me Up 시크릿 가든 | 《Once in a Red Moon》 | 2001

힘들고 지칠 때, 그 어떤 것보다 한 곡의 좋은 음악을 들으며 자신의 마음을 들여다보는 일이 가장 좋은 치유 방법이 될 수 있습니다. 좋은 선율은 좋은 에너지의 파동을 가지고 있어요. 에너지 상태가 저하되어 우울할 때는 그 에너지 상태를 긍정적으로 만들어줄 수 있는 좋은 파동을 가진 음악을 들으면 도움이 됩니다. 그것과 공명함으로써 저하된 에너지 상태가 다시 긍정적으로 회복될 수 있죠. 이 음악은 그 가사처럼 '내 영혼이 힘들고 지칠 때, 괴로움이 밀려와 내 마음을 무겁게 할 때' 들으면 정말 좋은 음악입니다.

3

사람과 동물의
마음을 이어줍니다

애니멀 커뮤니케이터 루나

루나

동물의 마음을 읽고 그것을 반려인에게 전해줌으로써 인간과
동물이 서로 이해하며 더욱 사랑할 수 있게 돕고 있다. 학생들
을 대상으로 직업 멘토 강연을 했고, SBS 〈궁금한 이야기 Y〉,
MBC 〈하하랜드〉 등 여러 TV 프로그램에 동물 교감 전문가로
출연했으며, 잡지 《비건》과 《We》에 동물 교감과 채식에 관한
글을 연재했다. 현재 한국동물 교감전문가협회 대표로, 모든 생
명이 평화롭게 공존하는 세상을 만들기 위해 활동하고 있다. 저
서로는 《다시 만나자 우리》(스타북스, 2016), 《10대와 통하는 동
물 권리 이야기》(철수와영희, 2017)가 있다.

fromshanti@gmail.com
애니멀 커뮤니케이터 루나 블로그 www.animalcommunicator.co.kr
동물과 이야기하는 수행자들 인터넷카페 cafe.naver.com/ashram4animals

윤   소개 부탁드립니다.

루   저는 동물과 함께하는 가족들에게 동물의 마음을 사람의 언어로 전달해 주고 있는 애니멀 커뮤니케이터 루나라고 합니다.

윤   애니멀 커뮤니케이터로 활동하시게 된 계기가 있으세요?

루   사람들이 애니멀 커뮤니케이션을 처음 접하게 되는 계기가 자기 반려동물의 마음을 알고 싶어서인 경우가 대부분이에요. 사실 저는 이 일을 하기 전에 키우던 강아지를 잃어버린 일이 있었어요. 3년 동안 찾아다녔는데, 결론부터 말씀드리자면, 강아지를 찾지는 못했어요. 그 기간 동안 아주 많은 일을 겪었어요. 애니멀 커뮤니케이션도 그때 처음 접하게 됐고, 애니멀 커뮤니케이터로 활동하시는 분들에게 많은 도움을 받았죠. 그 과정에서 '애니멀 커뮤니케이터로서 할 수 있는 일들이 아주 많겠구나' 생각을 했습니다.

윤   어떻게 동물과 의사소통을 할 수 있는지 참 궁금합니다.

루   사람들은 언어로 소통하지만 동물은 언어를 모르잖아요. 제가 동물의 언어를 알아서 소통하는 게 아니라 인간이 언어를 갖기 이전의 소통 방식이라고 할까요? 마음과 마음의 대화를 통해서 동물의 생각을 전해 받는다고 이해하시면 돼요. 많은 분이 아시는 애니멀 커뮤니케이터 하이디Heidi Wright라는 분이 계시죠. 그분이 한국의 강아지랑 대화를 할 수 있는 건 그 강아지가 그분이 쓰는 영어를 알아들어서 소통하는 게 아니거든요. 텔레파시라는 건 쉽게 얘기하면 만국의 언어라고 할 수 있어요. 동물의 채널에 주파수를 맞춘다고 보시면 돼요. 그래서 사진을 보면서 혹은 전화를 통해서 상담이 가능한 거죠. 세상 만물은 에너지 아닌 게 없잖아요. 반려인이 제게 사진을 보내줬을 때는 이미 그 안에 그 반려동물과 이야기를 해달라는 의도가 담겨있기 때문에 충분히 가능한 일입니다.

윤 그동안 많은 상담을 해오셨을 텐데, 어떤 사례들이 있는지 말씀해 주실 수 있으세요?

루 보통 이 아이가 대체 무슨 생각하는지, 뭘 원하는지 궁금해 하세요. '너 뭐 먹고 싶니?' '가족들한테 할 말 있니?' '행복하니?' '어디가 아프니?' 이런 거요. 그중에서도 제가 좀 더 중요하게 생각하고 실제 상담에서 비중을 많이 두고 있는 경우가 바로 아픈 동물들이에요. 주로 나이가 많아서 가족들과 이별을 준비해야 하는 동물들이죠. 사람이 기본적으로 수명이 더 길기 때문에 동물이 먼저 떠날 때가 대부분이에요. 그래서 저는 동물이 떠날 때 겪는 슬픔을 위로해 드리고자 동물이 가는 마지막 시간에 동물들의 마음을 전해 드리고 있어요. 그리고 세상을 떠난 동물들하고도 대화를 합니다.

윤 교감이 이뤄질 때 애니멀 커뮤니케이터와 동물에게 각각 어떤 일이 일어나나요?

가슴의 대화

루 제가 방금 동물의 채널에 주파수를 맞춘다고 말씀드렸잖아요. 그때 어떤 접속되는 느낌이 있습니다. 애니멀 커뮤니케이션을 처음 접하거나 접한 지 얼마 되지 않은 분들은 그것을 희미하게 느끼거나 못 느끼세요. 그래서 실제로 접속하고 있으면서도 '이게 진짜 교감이 이뤄지고 있는 건가' '접속이 된 건가' 하고 의심을 많이 하세요. 아주 자연스러운 반응이죠. 그리고 동물이 자신과 대화하는 것을 어떻게 기꺼이 허락해 주는지 궁금해하세요. 자고 있거나 밥 먹고 있거나 상관없이 대화는 다 가능하거든요. 그런데 이 동물들에게도 사람과의 접속이 흔한 일이 아니에요. 그래서 인간의 에너지체에 놀라는 경우도 많아요. '뭐가 나한테 온 거지?' 하는 거죠. 대화를 시작하자 갑자기 잠자던 아이가 벌떡 일어나서 벽을 보고 한참을 앉아있다든지 평소에 자기한테 잘 오지 않는데 갑자기 무릎 위에 앉아서 가만히 나를 쳐다보고 있다든지 하는 흔하지 않은 반응들을 보였다고 반려인들이 이야기들을 많이 해주십니다.

윤 교감하실 때 중요하게 생각하시는 원칙 같은 게 있으세요?

루 예전에는 '애완동물'이라고 했지만, 지금은 '반려동물'이라고 할 만큼 사람들의 의식이 많이 좋아졌어요. 그래도 여전히 많은 사람은 내가 주인이라는 인식을 갖고 있어요. 보통 주인으로서 동물이 최소한 지켜야 될 규칙을 정해놓고 일방적으로 통보하거나 문제 행동을 고치라고 명령하기도 하죠. 저는 '이것을 전해달라' '이런 행동을 바꿔달라' 하는 상담은 거절하고 있습니다. 어떤 문제 행

동을 보일 때 최소한 이 아이가 어떤 상태인지, 어떤 마음인지를 알고자 하는 마음이 있어야 해요. 사실 문제 행동에는 아이들의 불만이나 의도가 있어요. 가족들에게서 사랑받지 못한다거나 돌봐주지 않는 느낌을 받았을 때 아이들이 표현할 수 있는 것들은 상당히 한정적이에요. 사람들처럼 "나를 봐주세요" "좀 더 사랑해 주세요"와 같은 말을 할 수 없기 때문에 그런 식으로 표현을 할 수밖에 없는 거거든요.

윤　　문제 행동이라고 하는 게 결국은 뭔가를 알아달라고 하는 표현이겠네요. 혹시 기억에 남는 상담이 있으세요?

루　　마음을 많이 다친 강아지가 있었어요. 이 아이는 자폐 증세로 한 6개월 동안을 자기 집에서 나오지 않고 웅크리고 있었다고 해요. 이 아이의 마음이 어떤 상태인지 알아봐 달라는 의뢰가 들어

　　　　　　　　　　　　　　　　　　　가슴의 대화

왔어요. 그전에 이 아이에게 있었던 상황들은 대략 들은 상태였죠. 제가 이 아이와 교감을 해서 이유를 물어봤죠. '왜 그러니? 어떤 일 때문에 그래? 혹시 상처받은 게 있니?' 그러자 그 아이는 어떤 상황을 보여줬어요. 이 아이가 한 살 되던 무렵에 반려인들이 이 아이를 다른 개와 교배시켰어요. 강제 교배였던 거죠. 자기는 원치 않았는데 자신의 의사와 상관없이 그런 일들을 행했다는 것에 대해서 굉장히 상처를 받았다고 해요. 사람들이 저마다 다른 개성들을 가지고 있듯 동물들도 마찬가지거든요. 이 강아지 같은 경우는 자존심이 꽤 강한 아이였어요. 자기 정체성이 막 확립이 되려고 하는 무렵에 강제 교배를 당한 거죠. 그 마음을 전해받았을 때 정말 마음이 아팠어요. 대화를 하고 나서 이 아이한테 무엇을 해줄 수 있을까 생각하다가 이 이야기를 가족들에게 전했고, 가족들은 아이가 원치 않는 일을 저지른 것에 대해 진심으로 미안해했어요. 그런데 가족들은 이 아이가 사과의 말을 과연 알아들을 수 있을지 확신이 없어서 미안하다는 감정을 전해줄 엄두를 쉽게 못 내더라고요. 그러다 저를 통해서 사과를 전하게 됐고, 아이는 그 사과를 받아들이면서 서서히 마음을 열어갔어요. 그때부터 그 아이는 6개월 만에 자기 집에서 나와서 가족들한테 안기기도 하고, 그전에는 엄두도 낼 수 없었던 목욕도 할 수 있게 됐어요. 꼬리도 흔들고요.

윤   감동적인 이야기네요. 루나 님께서는 애니멀 커뮤니케이션에 관심 있는 분들을 대상으로 강의도 하시는 것으로 알고 있는데,

그런 과정을 통해서 동물과의 교감 능력이 실제로 향상될 수 있는 건가요?

루　저는 강의를 시작할 때 이건 누구나 할 수 있다고 말씀드려요. 하지만 누구나 다 되는 건 아니에요. 어떤 사람이 피아노 학원을 등록하면서 "하루 이틀만 배우면 저도 피아니스트가 될 수 있나요?" 이렇게 물어보는 것과 같아요. 피아노 선생님이 피아노를 처음 배우는 사람에게 할 수 있는 일은 도레미파솔라시도를 쳐보게 하고 자기가 치는 소리를 들어보게 하는 정도예요. 그 이후의 부단하고 꾸준한 노력에 따라 정말 아름다운 곡을 연주할 수 있게 되는 거죠. 애니멀 커뮤니케이션도 마찬가지예요. 물론 애니멀 커뮤니케이터가 정말 되겠다는 마음으로 오랜 시간 끈기를 갖고 연습을 한다면 제가 끝까지 이끌어드려요. 진정으로, 열심으로 노력한다면 누구나 동물과 교감할 수 있는 애니멀 커뮤니케이터가 될 수 있습니다.

윤　교감을 지도하시는 방법에 대해서 여쭤봐도 될까요?

루　생각을 끊는 것은 정말 단 1초도 힘들어요. 하나에서 셋까지 셀 때, 하나에서 둘로 넘어가는 순간에도 엄청나게 많은 생각이 떠오르죠. 그 생각들이 개입되지 않아야 해요. 그렇게 내가 온전히 나를 비웠을 때 그 안에 동물들의 순수한 마음이 들어올 수 있어요. 하지만 사람들은 그런 상태를 만드는 것을 어려워해요. 이때 도움을 주는 건 명상이죠. 그리고 의도를 갖고 동물한테 접속하면, 어느 순간 정말 많은 정보가 들어와요. 그때 그것들을 받아 적어야 합니다. 그건 나의 주관, 사념이 개입되지 않도록 하는 작업이에요. 처음 애니멀 커뮤니케이션을 접하시는 분들은 그런 방식으로 연습하고 있습니다.

윤   좋은 애니멀 커뮤니케이터가 되는 자질이 있다면 어떤 걸까요?

루   직관이나 ESP* 능력이 발달되면 상당히 도움이 되지만, 그러한 능력들이 아무리 발달돼 있다고 하더라도 동물들을 사랑하지 않으면 애니멀 커뮤니케이터가 될 수 없다고 생각해요. 유명한 애니멀 커뮤니케이터들을 상대로 차크라 리딩을 하셨던 분들의 말씀을 들어보면, 애니멀 커뮤니케이터들은 공통적으로 6차크라와 4차크라가 발달되었다고 해요. 인당 부분의 6차크라는 직관 능력이고, 가슴 부분의 4차크라는 사랑이죠. 그래서 이 두 가지가 서로 맞물렸을 때 가장 진실한 교감을 할 수 있고, 그런 사람만이 애니멀 커뮤니케이터로서의 자질이 있다고 생각합니다. 만약 둘 중 어느 하나만 선택해야 된다고 한다면 개인적으로는 사랑이라고 봐요. 사랑 없는 직관이나 ESP 능력은 공허합니다. 공허한 정보 리딩밖에는 되지 않는다고 생각해요.

윤   사랑이 활성화가 안 됐는데 직관력만 뛰어난 경우, 그 능력

◆ 초감각적 지각extra-sensory perception의 약자. 초심리학에서는 투시·텔레파시·예지의 현상을 총칭하는 용어로 사용하였는데, 일반적으로는 정신적인 면을 다루는 초능력을 말한다. 기억을 읽는다든가, 정신을 조작한다든가 하는 능력을 비롯해서 자기 자신에게 암시를 거는 것도 전부 ESP의 범주에 속한다.

으로 왜곡된 일을 하기가 쉬울 것 같아요.

루   그런 분들도 많이 계시죠. 소위 초능력이라고 하는데, 제 주변에도 그런 능력이 상당히 발달한 분들이 계세요. 그런 분들도 다 애니멀 커뮤니케이션을 할 수 있긴 해요. 할 수는 있지만 안 하시죠. 못 하시는 거죠. 동물을 사랑하지 않으면 그 마음을 듣는 게 뭐가 즐겁겠어요. 이 모든 게 아무런 의미가 없는 거죠.

윤   사랑이 기반이 돼야 한다는 말씀이 참 공감되네요. 애니멀 커뮤니케이터로 활동하고자 하시는 분들에게 강조하는 주의사항으로는 뭐가 있을까요?

루   애니멀 커뮤니케이터들은 반려동물과 대화할 뿐 아니라 반려인한테도 메시지를 전달해야 해요. 그런데 그 과정에서 의뢰인에게 눈에 보이는 결과를 보여줘야 한다는 욕심이 생기기도 하죠. 동물에게 받은 정보가 쪼개져서 오는 경우가 있어요. 그것들을 조합을 해서 구체적인 정보를 주려고 할 때 사념이 개입하게 되죠. 동물 교감을 연습하는 어떤 분이 동물한테 '너는 어떤 음식을 좋아하니?' 하고 물어봤는데 '하얗고 차가운 단백질'이라는 정보를 받았다고 해요. 이분이 고민을 했죠. '그게 도대체 뭔가?' 사실 그렇게 정보를 받았을 때 온전히 그것만 전달해 줘도 반려인들은 대부분 많이 알아차리세요. 그런데 이 애니멀 커뮤니케이터는 의뢰인에게 구체적인 정보를 줘서 실질적인 도움을 주고 싶은 마음에 해석하기 시작했어요. 그러다가 이분이 "혹시 두부를 주신 적 있으세요?"

하고 물어봤대요. 그런데 그런 적이 없다는 거예요. 그래서 이분이 처음 받았던 정보를 그대로 전해주니까 그때서야 의뢰인이 알더래요. 그건 항상 냉장고에 넣어두는 하얀 어육 소시지였어요. 이렇게 받은 정보만 그대로 전해줘도 충분한 경우가 대부분이에요. 오히려 내가 무리하게 구체적인 정보들을 전해줘야겠다는 욕심을 내면 분명 그 정보는 오염되고 말죠. 사념이나 욕심이 정보를 오염시킬 수 있기 때문에 항상 주의해야 해요.

윤   정보를 받은 그대로 전해주는 게 가장 현명한 것이겠네요. 간혹 영적인 중심이 잡히지 않거나 사랑이 부족한 상태에서 동물과 교감을 시도하다 보면 자칫 잘못된 정보와 접촉될 위험이 있지 않을까 하는 우려도 있을 것 같아요.

루   실제로 연습을 하시는 분이 그런 일을 겪었어요. 내가 이 일을 왜 하고 싶은지, 내가 왜 이 일을 해야 하는지 생각하지 않은 채 단순히 이 능력을 갖고 싶어서 시작하셨던 거죠. 이런 분들도 애니멀 커뮤니케이션을 배울 수는 있지만, 수련 과정에서 많은 문제가 생겨나요. 자신의 목적의식이 분명하지 않은 상황에서는 엉뚱한 것들에 접속되는 경우가 많아요. 귀신이 보인다거나 다른 차원에 접속되어 이상한 메시지들을 듣기도 하죠. 애니멀 커뮤니케이터는 동물의 마음을 가족들한테 전해주고 그들이 더욱 사랑하게 해주는 역할을 하기 때문에 순수한 마음으로 접근해야 해요. 이러한 위험들이 계속 생기는 경우에는 내가 왜 이 일을 하는지 다시 한 번 생각을 해보는 게 필요하다고 봅니다.

윤   네, 진실성이 가장 중요하겠네요. 가장 안타까운 경우가 바로 동물의 생사조차 알지 못하는 실종 사례일 것 같아요. 실종 동물에 관한 상담에 대해서는 상당히 신중하신 입장이라고 들었는데, 그 이유가 뭔가요?

루   동물이 실종된 경우는 그 어떤 경우보다도 교감이 시급한 상황이라고 할 수 있어요. 애니멀 커뮤니케이터는 이 상황에 적극적으로 개입해서 잃어버린 동물들을 반려인한테 찾아드리고 싶을 거예요. 저도 그런 경험이 있기 때문에 그렇게 해드리고 싶은 마음이 간절하죠. 그런데 꽤 위험한 상황이기도 해요. 모든 것은 에너지라고 말씀드렸죠. 그런 상황에서는 반려인도 반려동물도 아주 불안한 상태가 돼요. 그러한 상태는 그 동물의 채널에 주파수를 맞추는 데 방해로 작용해요. 그렇게 되면 진실을 알기가 어려워집니다. 그리고 또 하나의 상황은 그 동물이 사고를 당했을 경우예요. 예를 들어, 차 사고를 당해서 동물이 떠났다고 할 때, 이 동물한테는 너무나 갑작스러운 죽음이기 때문에, 그 동물조차도 자기 생사를 인지하지 못하는 경우가 많죠. 그럴 경우 그 동물들은 애니멀 커뮤니케이터에게 무탈하게 잘 있다는 정보들을 보내기도 합니다. 그러면 또 반려인은 애니멀 커뮤니케이터가 전해주는 정보만 믿고 열심히 찾게 되는 거죠.

윤   그렇다면 실종 동물의 경우, 어떤 조언들을 해주시나요?

루   오로지 애니멀 커뮤니케이터가 하는 말만 믿고 그대로 따르
겠다고 생각하는 건 정말 위험해요. 차라리 그 시간에 전단지를 돌
리거나 동물병원, 집 주변 등을 직접 발로 뛰어서 찾아보는 게 더
좋은 방법이 될 수 있습니다.

윤   직접 발로 뛰는 노력이 가장 중요하다는 말씀이시군요. 많은
분이 루나 님처럼 동물과의 교감을 위해 열심히 활동하시기도 하지
만, 일각에서는 여전히 인간의 필요나 목적에 의해서 열악한 현실
에 놓인 동물들도 많은 것 같아요. 많은 동물이 실험실이나 도살장
속에서 고통받고 있는데, 동물과 교감하시는 입장에서 이런 현실에
대해서 어떻게 생각하세요?

루   동물과 교감한다는 것은 동물의 감정을 그대로 느끼는 거예
요. 따라서 교감 상황에서 동물이 고통을 느끼고 있다면 교감자는

그 고통을 그대로 전달받게 됩니다. '설마 동물이 감각이나 감정을 느낄까' 하는 생각을 아직도 많은 분이 하고 계세요. 동물들도 우리와 마찬가지로 똑같이 느끼고 아파한다는 것들을 많은 분이 아셨으면 좋겠어요.

윤　사랑으로 동물과 소통하는 분들이 많아지면 동물들의 현실이 바뀌는 데 큰 도움이 되지 않을까 하는 생각이 드네요.

루　예, 애니멀 커뮤니케이션을 접하신 분들은 처음엔 자신의 반려동물을 통해서 이런 것들을 알게 되다가, 나중에는 자신의 반려동물뿐만 아니라 다른 동물들도 다르지 않다는 것을 알게 돼요. 실제로 저한테 애니멀 커뮤니케이션을 배우신 분의 얘기인데, 그분은 애니멀 커뮤니케이션을 접하기 전에 고기를 정말 좋아하셨다고 해요. 그런데 어느 날 고기가 되어 이미 사람의 뱃속으로 들어간 동물과 교감을 했다고 해요. 자기는 더 살고 싶고 삶을 더 누리고 싶은데 뜻하지 않은 죽음을 맞게 됐고, 이미 자기의 몸은 없어졌다고 한스러워하더래요. 그 동물과 교감하고 나니 그 후로 고기 먹기가 아주 힘들어졌다고 해요. 고기를 먹고 안 먹고를 떠나 여기서 중요한 건 동물의 마음을 앎으로써 동물을 더욱 사랑할 수 있게 된 점인 것 같아요. 그런 점에서 동물과의 교감은 우리에게 더 큰 사랑을 할 수 있는 기회를 준다고 생각합니다.

윤　자신이 먹는 것이 무엇인지, 어떻게 만들어졌는지를 알게 되는 건 의식 성장의 큰 부분일 것 같아요. 죽은 동물의 영혼과도 교감하시는 것으로 알고 있는데, 그런 영혼 교감은 어떻게 이뤄지는지 궁금합니다.

루 영혼 교감도 크게 다르지 않아요. 똑같이 채널에 주파수를 맞추는 겁니다. 그런데 영혼 교감에서 애니멀 커뮤니케이터 간의 편차가 심하게 나타나기도 합니다. 사람은 무엇이든 자기 경험 안에서 이야기하고 이해하게 되니까요. 사실 그 이외의 것은 알기 힘들죠.

윤 아무래도 보이지 않는 세계에 대한 이야기다 보니 주관적일 수도 있다는 전제가 항상 붙어야겠죠. 반려동물들과 사랑을 나누면서 삶을 살아오신 분들은 반려동물의 죽음으로 오랫동안 가슴 아파하시는데, 그런 분들에게 전하고 싶으신 말씀이 있으세요?

루 반려동물의 죽음을 겪은 많은 분이 상당히 힘들어하세요. 그건 지극히 당연한 애도 반응이죠. 그래서 스스로 치유할 수 있도록 힘을 기르는 시간들이 충분히 필요하다고 생각해요. 그런데 그 슬픔이 너무 지나치면, 그 슬픔의 에너지가 그 동물이 가야 할 길을 막아버려요. 못 가게 일부러 막는 건 아니지만 그걸 모르시는 거죠. 동물이 빛을 따라서 길을 잘 가도록 기도를 해주시고 좀 더 마음의 여유를 갖는 것이 필요하다고 생각합니다.

윤 사람과 비슷하네요. 동물들이 우리 곁에 와서 떠나가는 것도 영적인 작용들, 인연들이 있을 것 같아요. 이것과 관련하여 그동안 영혼 교감을 통해 느끼신 것들이 있으면 말씀해 주실 수 있으세요?

루 　방금 동물들도 인간과 마찬가지로 정교한 감정과 생각을 가지고 있다고 말씀드렸는데, 동물의 영혼들도 마찬가지예요. 사실 영혼들은 인연을 가지고 오거든요. 가령 힘든 상황에 놓인 사람들이 힘을 내고 살아갈 수 있도록 도와주는 소명을 가지고 오기도 해요. 인간의 의식 확장이나 영적인 성장을 돕기 위해 오는 영혼들이 아주 많습니다.

윤 　동물과의 교감뿐 아니라 치유 작업도 하신다고 들었어요. 레이키* 힐러이시기도 한데요. 레이키에 대해서 설명 부탁드릴게요.

루 　레이키라는 것은 쉽게 얘기하면 우주의 사랑 에너지라고 할 수 있습니다. 그것은 특정한 나의 기氣를 이용하는 게 아니라, 내가 통로가 돼서 어느 곳이나 존재하는 우주의 사랑 에너지를 그 대상에게 전달해 주는 것이죠. 그래서 저는 마음이나 몸이 아픈 동물들을 위해서 치유 작업의 일환으로 레이키를 이용하고 있습니다.

윤 　누구나 그런 치유 능력을 갖고 있는 건가요?

루 　동물과 교감할 때 사랑이 있으면 그 사랑으로 인해 이해되는 부분이 많다고 말씀드렸잖아요. 마찬가지로 레이키에서도 사랑이 있으면 치유의 힘은 커집니다. 손자의 아픈 배를 어루만져 주는 할머니의 손이 약손이 되는 건 사랑 때문이죠. 레이키에서도 우주의 사랑 에너지를 전달해 주겠다는 마음이 간절하면 충분히 치유의 힘

◆ 레이키Reiki 靈氣는 1920년대에 일본 승려 우스이 미카오臼井甕男, 1865~1926가 개발한 치유 기법으로, 우주의 무한한 에너지(영기)를 끌어와 환자의 몸, 마음, 영혼을 전인적으로 치유한다고 알려져 있다.

이 됩니다.

윤   우주에 존재하는 사랑의 기운을 전해주는 통로가 되는 것이 치유라고 하셨는데, 좋은 통로가 되는 데 어떤 조언을 해주시겠어요?

루   좋은 통로가 되기 위해서는 먼저 내가 깨끗해야 되겠죠. 낡고 녹슨 수도관에서는 당연히 녹물이 나올 거예요. 내가 치유의 에너지, 사랑의 에너지를 전달해 주기 위해서는 내 몸과 마음이 건강해야 됩니다. 내가 올바른 사고와 건강한 정신을 갖고 있어야 사랑 에너지가 왜곡되지 않고 순수하게 전달할 수 있겠죠. 레이키 힐러나 애니멀 커뮤니케이터도 항상 마음이 건강하도록 늘 수행하고 수련해야 한다고 생각합니다.

윤   레이키가 애니멀 커뮤니케이션에서 아주 좋은 도구가 될 것 같네요. 이런 치유 작업이 루나 님에게는 어떤 의미가 있는 건가요?

루   애니멀 커뮤니케이션이라는 건 동물의 마음을 듣고 그것을 다시 사람에게 전달해서 사람과 동물을 하나로 연결시키는 것, 사람과 동물이 서로 사랑하고 행복할 수 있도록 해주는 거라고 생각해요. 그런 이유로 치유 작업은 제가 가장 신경 쓰는 분야예요. 그래서인지 저는 아픈 동물들에게 좀 더 공감하게 되는 것 같아요.

윤   네, 알겠습니다. 마지막 질문드릴게요. 요즘 반려동물과 함께 살아가시는 분이 많은데, 이렇게 동물을 사랑하시는 분들에게 전해주고 싶은 말씀이 있으신가요?

루   제가 가장 드리고 싶은 말씀은 모든 만남은 우연이 아니라는 거예요. 사람과의 만남도 그렇지만 가족으로 동물을 받아들일 때도 마찬가지입니다. 그 생명이 우리한테 온 이유 중 가장 큰 것이 바로 사랑입니다. 사랑을 제대로 이해하고 그 사랑을 다시 돌려줄 수 있는 큰마음을 키워간다면, 그 인연을 통해 서로 충분히 성장하게 될 거라고 생각해요. 동물은 감정이나 생각 없이 본능대로만 행동한다고 잘못 이해하고 계신 분도 많은데, 그렇지 않다는 것을 분명히 아셨으면 해요. 사람들은 동물의 마음을 이해하지 못하더라도 동물은 사람의 마음을 이해하는 경우가 많습니다. 사람의 말을 알아듣지는 못하더라도 동물은 그 말 속에 담긴 에너지를 다 느끼기 때문에 사랑을 담아서 이야기를 해주면 충분히 다 이해해요. 가장 쉽게 우리가 해볼 수 있는 건 동물한테 "사랑해" "고마워" 이런 말들을 하는 거예요. 그리고 우리가 외출하면 동물은 사람이 다시 돌아오기만을 기다리잖아요. 이 아이들은 막연히 기다리는 것밖에는 할 수 있는 게 없어요. 그래서 동물에게는 그 시간이 굉장히 힘든 시간이죠. 우리도 예정된 시간을 모른 채 막연하게 기다리는 것을 힘들어하듯이, 동물도 그렇다는 것을 이해해야 해요. 그래서 나갈 때는 언제 돌아올 거라고 얘기해 주세요. 정확하게 이해하지는 못하겠지만 어느 정도 기다리는 마음의 자세를 갖게 되어 좀 더 편하게 있을 수 있을 거예요. 저는 동물은 반려인 가족의 거울이라고 생각해요. 사람의 마음이 아프면 동물의 마음도 아픕니다. 동물이 행복하길 원한다면 내가 먼저 행복해야 돼요. 그렇기 때문에 반려동물의 상태

노숙견 태양이와 교감하고 있는 루나 님

를 나의 생활을 점검하는 계기로 삼아 서로 행복한 삶으로 이어지도록 하면 좋겠습니다.

윤 앞으로 계획이 있으시면 말씀 부탁드릴게요.

루 저는 '동물의 마음을 듣고 그것들을 사람들에게 전달해서 서로 사랑하면서 행복하게 살자'라는 신조를 가지고 일을 하고 있어요. 앞으로도 동물과 사람을 연결해서 함께 행복할 수 있는 안내자, 치유자의 역할을 잘 해내고 싶습니다.

윤 알겠습니다. 지금 계획하신 대로 앞으로 동물과 인간의 관계가 더 조화롭게 바로 서고, 또 몸과 마음이 다친 사람과 동물들을 치유하는 좋은 역할들을 많이 해주시기를 바랍니다. 저도 동물에 대해 평소에 관심이 많아서 그런지 더 흥미롭고 재미있었던 것 같아요. 앞으로도 좋은 활동 부탁드리겠습니다.

루 네, 감사합니다.

▶ YouTube 가슴의 대화 루나 ㅤㅤㅤㅤㅤㅤ | Q

오른쪽 QR코드를 촬영하시면 해당 인터뷰 영상을 보실 수 있습니다.

Movie 구구는 고양이다 グ-グ-だって猫である

이누도 잇신 감독 | 코이즈미 쿄코, 우에노 쥬리, 카세 료 주연 | 2008

이 세상에 육신을 두고 떠난 영혼과 교감을 하다 보니 이 영화가 예사롭지 않았어요. 아사코는 13년을 함께해 온 고양이 사바가 죽자 절망에 빠집니다. 그녀는 새로운 고양이 구구를 기르기 시작하며 활기를 되찾죠. 그런데 어느 날 자신이 난소암에 걸렸다는 사실을 알게 되고 투병 생활에 들어갑니다. 그러던 도중 사신死神을 만나게 되고, 아사코는 사신을 따라가죠. 그리고 멀리서 보이는 뒷모습. 아사코는 그리운 이름을 부릅니다. "사바!" 거기에는 단발머리 소녀가 있었지만 아사코는 사바를 알아보는 것이 어렵지 않습니다. 아사코와 사바의 조우를 보며, 한때 우리 곁에서 함께했던 동물들과 나눈 사랑이 얼마나 감사한지 다시 한 번 느낄 수 있었어요.

Movie 다시 태어나도 우리 문창용, 전진 감독 | 파드마 앙뚜, 우르간 릭젠 주연 | 2017

북인도 히말라야 라다크 지방에서 환생한 9살 린포체 앙뚜를 다룬 다큐멘터리예요. 앙뚜는 티베트에서 전생을 보냈고 북인도에서 새로운 삶을 얻었습니다. 그는 티베트로 돌아가 불교 수행자의 삶을 살고자 하고, 그런 앙뚜를 위해 자신의 모든 삶을 헌신하는 노스승 우르간이 있죠. 하지만 티베트로 돌아가기에는 현실이 만만치 않아요. 티베트는 중국으로부터 독립을 요구하고, 중국 정부는 독립을 요구하는 티베트인들을 탄압하고 있기 때문이죠. 티베트에 가기 위해서는 중국 정부의 삼엄한 경비를 뚫어야 합니다. 티베트 땅으로 가기 위한 앙뚜와 우르간의 험난한 여정에서 사람과 사람 사이의 관계가 그토록 순수할 수 있는가를 가슴 뭉클하게 느낄 수 있어요.

Book 지중해의 성자 다스칼로스 1~3

키리아코스 C. 마르키데스 지음 | 이균형, 김효선 옮김 | 정신세계사 | 2007, 2008

마음으로 보고 느끼고 치유하는 세계에 대한 동경이 깊어졌을 무렵 저에게는 운명처럼 다가온 책입니다. 지중해의 섬 키프로스에 사는 신유가神癒家 다스칼로스에 대한 이야기예요. 그가 행하는 기적이 보통 사람들의 정신세계에서는 이해될 수 없는 초능력처럼 비춰질 수도 있겠지만, 저에게는 가장 자연스러운 세상과의 소통 방식이라 여겨졌습니다. 이곳 물질세계만이 아닌 다른 차원을 넘나들며 사람들을 치유하는 다스칼로스는 그의 생각, 욕망, 말, 행위가 신성한 의지와 완전히 조화를 이룰 수 있도록 매일 수행하며 살았어요. 다스칼로스의 서약은 제 삶에서 가장 중요한 지침으로 자리하고 있습니다.

4

가족,
그 생명의 질서를 위하여

가족세우기 안내자 이혜영

이혜영

‘마음살림과 대화 배움터’ 대표이자 가족세우기 전문가, 비폭
력대화법 안내자, 통찰력게임 지도자, 원네스 상위 트레이너,
가정법률 상담소 이사. 의식과 무의식, 집단의식이 개인의 삶
에 많은 영향을 미치고 있음을 깨닫고 그 뿌리인 선대와의 관
계를 바탕으로 평화롭고 연결된 삶으로 안내하는 일을 하고
있다. 현재 각종 교육기관과 복지센터, 건강가정지원센터 등
에서 대화법, 스트레스 디톡스 등의 강의를 진행하고 있으며,
영성의 회복과 건강한 삶을 위해 가족세우기 안내자, 통찰력
게임 딜러를 양성하고 있다.

hylee218@hanmail.net
가족세우기 플러스 행복 인터넷카페 cafe.daum.net/familyaz

윤　　우리 모두가 가족의 구성원이기도 하죠. 가족 간의 조화로운 질서를 회복해 주는 일을 하고 계시는 이혜영 선생님과 가족세우기family positioning에 대한 말씀을 나눠보겠습니다. 가족 관계에서 생겼던 부조화스런 문제들이 풀리는 데 도움이 되지 않을까 합니다. 선생님, 가족세우기에 대해 설명 부탁드립니다.

이　　가족 체계는 한 개인의 삶에 큰 영향을 줍니다. 가족 체계에서 질서가 어그러진 부분이 있다면 그것을 바로잡음으로써 지금 삶의 장애들을 풀어낼 수 있어요. 그 일이 '가족세우기'입니다.

윤　　귀한 일을 하고 계시네요. 가족세우기에 대해서 좀 더 구체적으로 말씀해 주실 수 있으세요?

이　　가족세우기가 어떻게 발생했는지부터 말씀드릴게요. 가족세우기를 처음 시작하신 분은 독일의 버트 헬링거*선생님이에요. 가족세우기를 만들었다기보다는 그분의 삶 속에서 발견해 냈다고 할

◆　버트 헬링거Bert Hellinger, 1925~ 는 독일의 심리치료 전문가로, 가족세우기 치유법을 창시했다. 교육가, 정신분석 전문가, 신체 중심 치유사, 그룹 다이내믹 치유사, 가족 치료 치유사이기도 한 그는 평생의 경험과 관찰에서 얻은 지혜를 자신의 치유 작업 안에 고스란히 담아냈다. 가족체적 얽힘 관계와 해결책에 관한 지속적인 관찰 그리고 가족세우기를 통해서 그는 전 세계 수많은 사람의 삶을 치유로 이끌어주고 있을 뿐만 아니라 가족 치료 분야의 전문가들에게 새로운 접근법과 수많은 영감을 제공해 주고 있다.

수 있어요. 그분은 수도원에서 성직자 생활을 하셨던 분이에요. 그분이 선교 활동을 하는 과정에서 아프리카에서 한 종족하고 몇 년을 같이 살게 됐는데, 원주민이 병이 나거나 어떤 문제가 발생하면 가족 관계를 통해 치유하고 해결하는 과정을 보면서 영감을 얻으셨다고 해요.

윤　　가족세우기에서 어떤 일들이 벌어지는지 설명해 주실 수 있으세요?

이　　가족세우기에 참가한 사람 대부분은 의뢰인 가족의 삶에 대해선 전혀 몰라요. 그런데 참가자들 가운데 몇 분께 부탁해서 의뢰인의 대역이나 그분 부모님의 대역을 시키게 되면 그 대역을 하시는 분, 즉 대리인들이 의뢰인이나 그분 부모님이 놓인 상황이나 정서를 경험하게 돼요. 만약 부모님이 몸이 아파서 돌아가셨으면 몸이 아픈 것까지도 느낄 수 있어요.

윤　　그 가족의 배경을 전혀 모르는 상태에서도요?

이　　네, 형태장으로 일어나는 거죠. 그걸 보면서 안내자는 이 집의 가족 체계에서 제외된 사람을 발견해 낼 수 있어요.

윤　　가족 체계 내에서 제외된 사람이라면 어떤 뜻인가요?

이　　의뢰인의 어머니가 전에 남편이 있었다든가…, 왜 결혼을 두 번 이상 하는 경우가 있잖아요. 아니면 유산된 아이가 있었다든가. 이때 이전 배우자나 유산된 아이는 제외된 사람이 돼요.

윤　　가족의 역사에서 지워지거나 부정되는 존재들이겠네요.

이　　　네, 분명히 존재했었는데 기억해 주지 않는 사람들, 심지어 '그 사람만 없었으면 좋았을 걸' 하는 식으로 거절당하는 사람들이죠. 그들은 부모님 대에서 발견될 때도 있고 그 윗대에서 발견될 때도 있어요. 그분들을 대역을 통해 원래 자리에 들어오게 하고 의뢰인이 그분들한테 존경을 표하게 되면 그분들을 그대로 인정하게 되는 거죠.

윤　　　가족 안에서 부정당하고 있던 존재를 세션 안에서 가족으로 받아들이는 과정이라는 말씀이시죠?

이　　　그렇죠. 그러면 이분의 삶에 흐르지 않았던 것들이 흐르게 돼요. 원하는 것이 오지 않는 것도, 원치 않는 것이 오는 것도 흐르지 않는 것이거든요. 병 같은 건 없었으면 하잖아요. 이 사람 몸에서 흐르지 않는 것들이 있었는데, 현재 어떤 것을 존중함으로써 흐르게 되고 제자리를 찾게 돼요. 일이 풀리게 되죠.

윤　　　우리가 일상을 살아가면서 겪는 문제나 갈등들이 그동안 우리가 부정해 왔던, 받아들이지 못했던 가족 질서와 관련 있다는 말씀이시죠?

이　　　네, 그렇죠. 거의 그렇다고 볼 수 있어요.

윤　　　선생님께서는 가족세우기 세션에서 어떤 역할을 하세요?

이　　　가족세우기의 핵심이 '모든 사람은 소속하고 싶다'는 거예요. 있었던 것은 계속 그 자리에 있고 싶어 해요. 그 소속의 권리를 찾아주는 것이 제 역할이에요. 사람 대부분은 원치 않는 문제 때문

에 이 세션을 찾아와요. 그런데 싫어하는 문제에서 사랑을 발견할 수 있어요. 가령 A가 B에게 화를 많이 낸다고 하면, 우리는 A가 B를 존중하지 않는다든가 A가 성격이 안 좋다든가 이런 해석을 하잖아요. 그런데 거기에서도 사랑을 발견할 수 있어요.

윤   아까 가족세우기 세션에서 선생님의 역할은 가족 중에 배제되거나 숨겨진 가족의 역사를 찾아내서 회복시켜 주는 것이라고 하셨는데, 숨겨진 것들을 찾아내서 회복시킬 때는 어떤 조치를 취하시나요?

이   그건 세션마다 다르게 나올 수밖에 없어요. 세션마다 요구되는 게 달라요. 조치를 취하는 방식을 말씀드리면, 우선 그 제외된 사람의 대역을 다른 분에게 맡아달라고 하고 그분과 의뢰인이 서로 인사를 하게 합니다. '존중'을 표현하는 거죠. 그리고 또 하나는 '풀림'의 문장이 중요한 역할을 해요. 이것 역시 그때그때 다르긴 한데, 여기서 중요한 건 '사실'만 말하는 거예요. 그러니까 감정의 표현들, 상대를 불쌍하게 여긴다거나 대단하게 여기는 것은 사실이 아니거든요. 이를테면 아주 어렸을 때 부모님을 여의고 남의 집에서 계속 일을 해주면서 살던 어떤 분이 있었어요. 그분의 삶을 다른 분이 대역을 맡아서 보여줬어요. 어느 겨울날, 손이 얼 정도의 차가운 물에서 빨래를 하고 주인집으로 가져갔는데, 주인은 외려 그분을 구박하고 빨래를 바닥에 내팽개쳤어요. 결국 다시 빨래하러 가는데 그만 또 빙판길에 넘어지고 말았어요.

윤　　얼마나 서러웠을까요.

이　　예, 그렇죠. 그런데 그분을 불쌍하게 보면 그분이 화를 내세요. 그리고 나는 저렇게 살지 않겠다고 하면 우리가 그분을 거절하는 게 되죠.

윤　　아, 그분의 인생을 부정하는 게 되겠네요.

이　　네, 그분은 "당신이 그렇기 사셨기에 제가 이 자리에 있습니다" 이렇게 얘기하는 것을 가장 만족스러워하세요.

윤　　실제로 지금 겪고 있는 가족 간의 문제들이 어느 정도 풀리는 체험을 독자들이 할 수 있으면 좋을 것 같아요. 사람마다 가족 간의 다양한 상황이 있겠지만 결국에는 그 '얽힘'을 풀어내는 것은 당사자잖아요. 각자 자리에서 가족 질서를 바로잡는 데 도움이 될

이   가족 질서에 관해 말씀드려 볼게요. 지금은 자녀를 애지중지하는 시대예요. 자녀에 대한 책임이 아주 크고, 자녀에게 평생의 행복을 마련해 주려고 애쓰잖아요. 그런데 그것의 가장 기초는 자녀의 두 다리가 튼튼하게 서있어야 한다는 거예요. 그러기 위해서는 부부가 아이한테 집중하는 것보다 서로에게 집중해야 해요. 그런데 아이에게 주려고 했던 반찬을 남편이 먹으면 "애 먹을 건데 왜 당신이 먹냐!" 하기도 하죠. 어린 것이기 때문에 우리가 그러거든요. 그런데 아이를 마냥 어린 것으로만 볼 게 아니에요. 우리하고 똑같은 영혼의 무게를 가졌어요. 자생적으로 살 수 있는 힘을 다 가지고 있어요. 부모는 다만 그것을 보완해 줄 뿐이죠. 그런데 그것은 부모가 단단하게 엮여있을 때 가능해요. 자녀한테 가장 축복이 되는 말을 아시면 좋겠죠. 눈을 감으시고 자녀가 있는 분이라면 자녀가 내 앞에 있다고 상상하시고, 자녀가 아직 없는 분이라면 부모님이 내 뒤에서 나를 바라보면서 말씀하신다고 상상하세요. 엄마가 하는 말이에요. 아들에게 먼저 할게요. "내 아들아, 너는 네 아빠처럼 되거라." "내 딸아, 너는 네 아빠 같은 남자를 만나거라."

윤   가슴이 정말 뭉클해집니다.

이   예, 그런데 실제로 이 말씀을 드리면 어떤 분들은 걱정하세요. 저 사람의 이러이러한 점은 자녀가 물려받지 않았으면 하잖아요. 그런데 닮지 말라고 하면 정말 닮아요. 우리가 거절하는 것은 아주 밀도 높게 끌려오기 때문이죠. 그런데 "너희 아빠처럼 되거라" 이렇게 하면 아빠의 중요한 생명력을 전해받을 수가 있어요. 그리고 나쁜 습관이 있다 하더라도 그것이 변형됩니다. 예를 들어, 잔소리가 많은 사람인데, 그것을 좋게 보면 아주 세심한 사람이 되고, 닮지 말라고 하면 똑같이 잔소리가 많은 사람이 되거든요. 이게 기본적으로 자녀를 대할 때 하는 태도예요.

윤　　아빠의 경우는 반대로 얘기하면 되겠죠? 한번 해주시면 어떨까요?

이　　네, 아빠도 눈을 감고 자녀를 눈앞에 앉힙니다. 그리고 자녀가 아직 없는 분은 뒤에서 부모님이 내게 말씀해 주시는 것으로 듣습니다. 숨을 크게 들이쉬고 내쉬고요. "내 딸아, 너는 네 엄마처럼 되거라." "내 아들아, 너는 네 엄마와 같은 여자를 만나거라."

윤　　뭔가 정말 확 풀리는 게 있네요. 그런데 솔직히 말해서 이런 말을 실제로 입 밖으로 바로 꺼낼 수 있는 분들이 그렇게 많지 않을 것 같아요. 조금 쑥스럽잖아요.

이　　그렇죠. 그런데 이런 쑥스러운 얘기를 진지하게 할 수도 있지만 일상 속에서 자연스럽게 표현할 수도 있어요. 아이가 잘하는 것을 발견했을 때 "아빠도 잘하는데 너도 그러네?" "엄마도 잘하는데 너도 닮았나 보다" 이렇게 가볍게 하셔도 좋아요.

윤　　그런 말을 하면 아이에게도 정말 좋겠지만 상대 배우자도 정말 기분이 좋겠네요. 표면적으로는 그렇게 생각하지 않더라도, 한

번 그렇게 말을 뱉으면 내가 의식하지 않은 부분이 움직이는 게 있는 것 같아요. 선생님의 말씀을 들으니 평소에 하기 힘들었던 말들을 이제는 할 수 있겠다는 느낌이 드네요.

이　　언어가 정보만 전달하는 게 아니라 의식을 만들어 나가기도 하거든요. 언어가 우릴 끌고 가요.

윤　　얽힘을 풀어내는 말들을 좀 더 의식적으로 사용하다 보면 좋은 작용이 있겠네요.

이　　예, 그리고 이런 말들은 거짓이 아니거든요. 자신이 놓인 상황이 불편하다 보니 짜증이 나고 상대를 원망하게 되는 거죠. 스스로에게 많이 화가 나고 불만족스러울 때 보통 그러잖아요. 그런데 자기의 본성 깊은 곳에서는 대개 그렇지 않아요. 그것을 찾아내는 거죠. 이런 말을 단지 따라하는 것만이 아니에요. 깊은 측면에서 보면 전혀 동의할 수 없는 게 아니죠. 어찌 보면 진실의 언어라고 볼 수 있어요.

윤　　아까 그 말씀을 들었을 때 가슴이 찡하고 움직이는 게 있었어요.

이　　네, 가족세우기의 핵심은 '존재에 대한 존중'이거든요. 아까 예를 들었던 어린 시절 고생했던 분은 사람들이 자신에게 존재에 대한 존중을 보냈을 때 가장 만족스러워한다고 했잖아요. 실제 삶에서도 자녀에 대해서나 부모에 대해서나 배우자에 대해서나 우리가 존재를 존재로서 존중할 때 여러 측면의 풀림이 일어나요. 조

112

금 전에 자녀를 바라보면서 하는 말을 해봤잖아요. 그런데 내가 부모로부터 받은 것이 없다고 여기면 그 말이 힘을 못 받아요. 그래서 그전에 부모님께 드리는 말씀을 먼저 해보는 게 좋아요.

윤   아까 자녀에게 하는 말 이전에 부모님께 하는 말을 많이 해서 우선 부모님과 나의 연결을 자연스럽게 하는 것이 생명의 흐름과 이치에도 맞겠네요. 부모님과의 관계가 먼저 정립되어야지 힘 있는 상태에서 자녀를 대할 수 있을 거고요. 부모님께는 어떤 말씀을 드릴 수 있을까요?

이   자, 다시 눈을 감아주시고요. 숨을 크게 들이쉬고 내쉽니다. 그리고 아버지는 오른쪽 어깨 뒤에 그리고 어머니는 왼쪽 어깨 뒤에 서게 하세요.

윤   제 어머니는 어렸을 때 돌아가셨고, 지금은 새어머니가 계세요. 그러면 어떻게 해야 되나요?

이   아, 돌아가셨어도 부모님은 나를 낳아준 것으로 할 일을 다 하신 거예요. 생명을 주셨잖아요. 그래서 그 이후에 해주시는 것은 보너스예요. 다 받았다는 것을 인식하는 게 꼭 필요해요. 새어머니께 감사드리는 것은 나중에 따로 하기로 하고, 지금은 생모, 생부를 세웁니다.

윤   알겠습니다.

이   그리고 그분들도 부모님이 계시죠. 그 부모님도 그 뒤에다 세우세요. 네 분이 서시죠. 그럼 등에서 밀려오는 힘을 한번 느껴보세요. 혼자 있을 때하고 뒤에 부모님이 계신 것하고 또 할머니 할아버지가 계신 것하고 모두 느낌이 다르다는 것을 아실 거예요.

윤   든든해지는데요.

이   그렇게 뒤에 서신 분들에게서 오는 힘을 느끼면서 숨을 크게 들이쉬고 내쉬세요. 조상님이 숨을 우리에게 주신다고 느끼면서 숨을 쉬세요. 그리고 공손한 태도로 한 걸음 앞으로 나와서 뒤돌아섭니다. 그러면 부모님을 향해 서는 거죠. 그리고 그분들의 눈을 보세요. 돌아가신 분, 살아계신 분 똑같이 눈을 바라봅니다. 그 뒤의 할머니 할아버지도 눈빛을 보내주실 겁니다. 그리고 어머니 아버지를 향해서 말합니다. "어머니, 아버지, 두 분은 주시고 저는 받습니다. 두 분은 크시고 저는 작습니다. 두 분이 만나서 저를 낳으셨습니다. 주신 생명으로 충분히 삽니다. 고맙습니다." 그리고 자신이 할 수 있는 절을 하세요. 사람에 따라 고개를 숙일 수도 있겠고, 허리를 반쯤 굽힐 수도 있겠고, 완전히 엎드릴 수도 있을 거예요. 여기서 '크시다'라는 표현에는 '먼저'라는 의미가 들어있어요. 그리고 또 '주시고 저는 받습니다'는 생명 차원에서만 말하는 거예요. 생명은 그분들이 주셨잖아요. 그래서 "부모님은 주시고 저는 받습니다" "부모님은 크시고 저는 작습니다" 이 말을 자주 하면 정말로 든든해져요.

윤   '당신은 크고 나는 작다'는 말은 부모님에 대한 원망을 갖고 있는 자녀에게는 잘 받아들여지지 않을 수도 있을 것 같아요. 왜 이만큼 안 해줬는지, 왜 그렇게 힘들게 했는지 그런 원망을 많이 가지

114   가슴의 대화

고 있는 분들이라면 반발심이 들 수도 있을 것 같거든요.

이　　맞습니다. 그런 괴로움들이 있을 수 있고, 그것 때문에 여전히 고통을 겪을 수 있어요. 그런 분들한테 갑자기 존중하라고 말씀드리기는 참 어려워요. 그래서 그런 부분은 별개로 다루기도 해요. 그런데 '당신은 크고 나는 작다'의 본질은 생명이 흘러옴을 이야기하는 것이거든요. 어쨌든 그분들을 통해서 내가 있잖아요. 우리가 마시는 음료에도 커피라든지 차라든지 여러 종류가 있지만, 그것의 본질은 물이잖아요. 커피가 없으면 딴 것을 마시면 되지만 물이라는 것이 없다면 어떤 음료도 존재할 수 없죠. 생명은 물처럼 본질적인 거예요. 그것이 지금 내게도 흐르잖아요. 그 생명이 여기 흐르는데 부모님에 대해서 우리가 거부감이나 원망을 나타내는 것은 지금 내 존재를 거부하는 것과 같아요. 그로 인해 내게 병이든 관계 문제든 어떤 문제들이 일어나는 거거든요. 그래서 부모님이 내게 어땠는지는 다 떼어놓고 일단 본질에 대해서 인정하자는 거예요. 그게 내 본질이 살아나는 길이에요. 이것을 받아들이기 어려운 분들도 있을 텐데, 사실 학대라고 얘기하는 것들이 뒤집어 말하면 사랑이 왜곡되어 표현된 거거든요. 아이가 이상 행동을 하는 것도 결국은 부모에 대한 사랑 때문이에요. 아주 근원적으로는 사랑의 움직임밖에 없어요. 그런데 어떤 얽힘에 묶여있어서 그런 행동들을 하는 거예요.

윤　　그 부모님들도 그분들의 부모님들에게 어떤 영향을 받았을 것이고 계속 소급하다 보면 결국 조상님들의 얽힘이 작용하는 것이 겠네요. 그러니까 내게 행한 행위만 놓고 보면 인간적으로는 용서하기 힘든 일이더라도, 고통을 해결한다는 관점, 얽힘을 풀어낸다는 관점을 가지고 좀 더 본질적인 부분에 집중하는 것이 좋을 것 같아요.

이 　　우리의 의식이 확장될수록, 크게 볼수록 지금의 고통이 작아지잖아요. 물론 그렇다고 부모님이 우리를 학대했던 사실이 없어지는 건 아니죠. 그런데 내가 의식을 좀 더 근원에다 두고 보면, 그분들의 행동도 누군가와의 얽힘에서 나온 거거든요. 그것을 이해한다면 그것을 용서하는 차원을 넘어서서 내가 한 인간으로 잘 존재할 수 있게 돼요. 지금의 나를 있게 한 그 모든 것이 내가 되는 과정이었다는 것을 알게 됩니다. 저를 포함해 많은 분이 그런 경험을 하는 것 같아요. 저도 부모님에 대한 원망이 많았거든요.

윤 　　예, 보통 부모님과 갈등이 있는 사람은 사회생활할 때 윗사람과도 갈등이 있었던 것 같아요. 그래서 가족세우기를 통해서 가족 안에서 조화를 찾아가는 과정은 한 인간이 여러 사회적 관계를 맺는 데에도 기초가 되는 것 같아요.

이 　　네, 이게 처음에는 '가족세우기'로 시작했지만 이게 파생돼서 '조직세우기' 같은 걸로 이어지죠. 결국 대부분은 부모님과의 관계가 기초예요. 부모님을 떠올리면 유쾌하지 않은 분들한테는 이런 이야기 자체가 짐이 될 수 있어요. 그래서 상당히 조심스럽긴 한데,

우리가 할 수 있는 것은 단지 우리에게 있었던 일들을 있는 그대로 바라보는 것뿐이에요. 의미를 덧붙일 필요도, 의미를 배제할 필요도 없어요. 있었던 일들은 있었던 거예요. 생명의 흐름에 초점을 맞출 때 내 존재가 든든해지면서 그 밖의 있었던 일들은 그저 부수적으로 남죠.

윤 내 생명의 흐름이 원활하지 않고 막혀있을 때 과거에 있었던 상처들이 더 크게 느껴지는 것 같아요. 그걸 해결하려고 하는 과정이 오히려 자신을 현재에 머무르지 못하고 과거의 상처받은 존재로 인식하게 하고요. 그런 것에 초점을 맞춰서 뭔가를 풀어내려고 하기보다는 자기 안에 생명력을 더 키우고 흐름을 더 만들어내는 데 집중하면 어떨까 싶어요. 그런데 또 어떤 관점에서는 그런 상처들 때문에 뭔가 흐르지 않는다고 얘기할 수도 있잖아요. 아까 언어가 우리 존재를 이끈다는 말씀을 하셨는데, 그건 상처에 연연하지 않고 단도직입적으로 과감하게 조치를 취하는 방법이 아닐까 싶어요.

이 예, 그럼 이 자리에서 우리가 일상에서 할 수 있는 생명력 키우는 방법을 알아볼까요? 먼저 '숨'을 의식하면서 쉬는 거예요. 조금 전에 우리가 연습할 때 숨을 크게 들이쉬고 내쉬는 것을 했잖아요. 숨을 의식하면서 크게 들이쉬고 내쉬고 할 때 내 세포들이 살아나요. 이때 내가 숨을 쉬나요, 숨이 나를 통과하나요?

윤 후자일 것 같습니다.

이 예, 그러니까 숨이라는 것은 내가 있으나 없으나 이 세상에

있죠. 큰 숨이 존재하고 있어요. 나는 그 속에서 함께 영위할 뿐이죠. 의식하면서 숨을 들이쉬고 내쉬고 하는 것은 우리를 아주 존재감 있게 만들어줘요. 그리고 숨을 내가 쉬는 것이 아니라 숨이 나를 통과한다고 의식하면 나의 행동이나 부모님의 행동이 내게 그렇게 절대적으로 작용하지 않아요.

윤 '어떤 커다란 생명의 흐름 속에 있다' 이런 표현으로도 얘기를 할 수 있겠네요.

이 예, 그래서 어찌 보면 부모님도 그중 하나의 역할을 하신 거죠. 그리고 걸을 때 발바닥이 땅에 닿는 것을 의식하면서 걷는 게 중요해요. 발이 계속 땅과 접촉하면 땅의 생명력과 접속되거든요. 그 자체가 생명력과 계속 접촉하는 거예요.

윤　　지금 이 순간의 감각에 깨어있는 거라고 할 수 있겠네요. 제가 며칠 전에 어떤 그림을 보고 느낀 게 있었어요. 손바닥과 발바닥 표면의 각 부위가 우리의 중요한 장부들과 대응되는 그림이었어요. 가만히 보고 있다가 '그래서 걸을 때 발바닥의 느낌에 깨어있게 되면 이성적으로는 어디가 어디에 대응되는지 모르더라도 각각의 중요한 장부들과 연결되는 느낌들이 더 살아나게 되겠구나. 그러면 순환도 좋아지고 더 건강해지지 않을까' 하는 생각을 한 적이 있어요. 걸을 때 감각에 깨어있는 것도 나의 생명력을 더 좋게 만드는, 나의 생명에 집중하게 만드는 일이겠네요.

이　　예, 그렇게 연관시켜 주시니까 더 의미가 생기네요. 스위치를 켜면 불이 켜지잖아요. 부모님이 우리에게 생명을 주신 것은 마치 스위치를 켜준 것과 같다고 할 수 있어요. 그리고 생명력은 계속 공급되죠. 그런데 우리가 그분들의 삶에 대해서 이렇다 저렇다 재단할 때 생명력은 약해져요. 생명력은 그분들을 통과해서 우리한테 흐르고 있는 거거든요. 생명력을 우리가 개인적으로 받는 것은 조금 전에 말씀드린 것처럼, 발바닥으로 땅과 계속 접촉하는 것, 숨을 들이쉬고 내쉬면서 세상과 연결되어 있다고 느끼는 것, 부모님께 "저를 낳아주셔서 고맙습니다" 이렇게 표현하는 거예요. 이런 것들이 내 생명력을 계속 힘차게 만들어줘요.

윤　　솔직히 고백하자면, 저도 어렸을 때 어머니가 돌아가시고 나서 아버지가 고생하시는 모습을 오랫동안 봐왔어요. 한편으로는 아버지에 대해서 감사하는 마음도 갖고 있으면서 또 한편으로는 아버지처럼 살고 싶지 않다는 생각을 많이 했던 것 같아요. 그런 마음 때문에 가정을 꾸리는 것에 두려움도 많았던 것 같고요. 그러다가 점점 아버지와 화해하고 부모님을 받아들이면서 제 마음이 더 편안해진 것 같아요. 사람들을 대하는 데 있어서도요. 말씀해 주신 부분이 많이 정리되네요.

이   결국은 나 자신의 존재에 대해서 집중하는 게 필요해요. 나에게 집중할 수 없는 상황들이 있잖아요. 부모님이 어떻게 살았다든가 하는 평가나 우리 애가 앞으로 어떻게 살았으면 좋겠다든가 하는 바람들이 없어질 수는 없겠지만, 조금 전에 말씀드린 팁들, 잘 걷고 숨 잘 쉬고 부모님께 감사하는 것이야말로 내가 잘 살고 우리 아이가 잘 사는 세상을 만드는 일이에요. 그리고 또 하나 부모님들이나 조상님들한테 얽힘이 있을 때 늘 가족세우기를 해야 되는가에 대해서도 한 말씀 드리고 싶어요. 3대까지만 해도 14명이나 되잖아요. 그러면 5대 이상만 가도 50명이 넘거든요. 그 사람들이 얼마나 많은 사연이 있었겠어요. 어찌 보면 지금 내 앞에 있는 사람처럼 내 조상님도 그렇게 살았을지 몰라요. 그런 인연이 있어서 이 사람을 만났을지 모르거든요. 그리고 덕현 님과 제가 나란히 서서 각자 등 뒤에 조상님들을 쭉 세운다면 어디에선가 교집합이 있을 거예요. 알고 보면 이 집이나 저 집이나 비슷비슷해요. 지금 사는 양상이 상당히 다른 것 같아도 어디선가 통하는 바가 있어요. 그래서 '지금 내 앞에 있는 사람과 내가 인연이 있겠구나' 이런 말은 다시 말하면 '저런 면들이 내게 있겠구나'예요.

윤   결국 상대를 나로서 느끼는 거겠네요. 타인이라고 생각했던 존재를 나의 부분으로요.

이   예, 주변 사람들이 내 어떤 모습들을 발현해 주는 거라고 볼 수 있거든요. 마음에 드는 사람을 만났을 때는 문제될 게 없잖아요. 그런데 소화하기 힘든 사람이 있죠. 그런 사람들을 만났을 때 팁이 하나 있어요. 속으로 '저도 똑같은 사람입니다. 저를 축복해 주세요' 하세요. 우리가 다른 사람한테 축복을 달라고 할 때 상대는 더 커져요. 그렇게 커지면 상대를 해롭게 할 수 없어요. 나한테 못되게 구는 사람한테도 '저도 똑같은 사람입니다. 저를 축복해 주세요' 하세요.

윤   당장의 얽힘이 있는 상태에서는 설령 입 밖에 꺼내기 어렵더라도 속으로라도 많이 되뇌라는 말씀이시군요. 가정을 이루고 있는 부부 사이의 일 말고도 지금 여러 가지 사정으로 인해서 이혼하거나 떨어져서 사는 부부들의 경우에 대해서도 말씀해 주실 수 있으세요?

이   우리 삶의 여정은 만나고 헤어짐의 연속이에요. 부부로 살기로 했다가 헤어지는 경우도 많이 있죠. 만약에 한 분이 돌아가신 경우도 그것과 크게 다르지 않아요. 가족세우기에서는 가족이 현재 내 옆에 있든 없든 상관없어요. 이혼한 엄마라면 아이에게 "너희 아빠가 너를 사랑하셨단다"는 얘기를 종종 해주는 게 필요해요.

윤　배우자에게 앙금이 남아있는 경우라 하더라도 그런 말을 해야 되나요?

이　그건 부부간의 일이잖아요. 우리는 자기 자리를 지켜야 돼요. 남의 권리를 침해하면 안 돼요. 부모가 자녀에게 부부간의 일들을 이야기하면 아이가 월권을 행사하게 돼요. 부모의 삶에 간섭하게 되죠. 그래서 아내는 남편 이야기를, 남편은 아내 이야기를 가급적 자녀에게 하지 않는 게 좋아요.

윤　설령 아이가 목격했을지라도요?

이　목격했을지라도 이건 엄마 일이라고 엄격하게 말할 필요가 있어요. 아이가 "엄마, 왜 이렇게 참고 살아요? 아빠가 너무 심한 것 아니에요?" 이런 말을 엄마한테 할 때 엄마들은 위로를 받아요. 그건 영혼의 그릇이 비어있을 때 그렇게 느껴요.

윤　'누군가 내 아픔을 알고 있구나' '내 딸이 내 편이구나' 이런….

이　그렇죠. 딸이 월권을 행사하게 되면 그 아이는 자기 자리를 못 지키게 돼요. 자기 삶의 행복을 누리고 자유롭게 나가야 할 그 기회를 놓치게 되죠. 이혼할 수밖에 없었던 사정을 아이에게 이해받고 싶잖아요. 그런데 그런 것들이 아이에게 큰 부담을 줘요.

윤　그럼 "엄마, 왜 이렇게 참고 살아요?" 이런 말을 하는 자녀에게 엄마는 어떤 얘기를 해주면 좋을까요?

이　간섭하지 말라고 해야 돼요. 그러니까 "엄마는 엄마대로 사정이 있단다. 엄마와 아빠의 일에 대해 네가 너무 간섭하지 않았으면 좋겠다" 이렇게 조금 엄정하게 말하는 것이 필요해요. 그런 상황에 처한 분들이 가족세우기 장에 오시면 아이와 부모를 마주 세워놓고 부모가 아이를 향해서 이렇게 말하게 해요. "얘야, 이 일은 내 일이다. 이 일은 내게 맡겨두고 너는 네 삶을 살거라. 여기서 너의 도움은 필요 없단다."

윤　　어떻게 보면 그것이 부부의 숙제를 대물림시키지 않는 것일 수도 있겠네요.

이　　그렇죠. 특히 부모가 불행하게 살았다고 판단하고 있는 자녀들이 있잖아요. 그게 가족 안의 어떤 법칙에 의해 자기도 그 삶을 반복하게 돼요. 사실은 부모가 자기의 어려움을 자녀에게 호소하는 것은 '너도 그렇게 살아라' 하는 것과 마찬가지입니다.

윤　　그러니까 자녀에게 신세 한탄을 하거나 배우자의 욕을 하는 것이 결국 자녀를 불행하게 만든다는 말씀이시네요.

이　　그럴 수 있어요. 그래서 자기 자리를 스스로 지키고 살아가는 것이 중요해요. 그러니까 남의 권리도 침해하지 말고, 내 몫을 뺏기지도 말고요. 이것이 자녀가 앞으로 사회에 나가고 배우자를 만나고 하는 데 큰 영향을 줘요. 그리고 부부의 삶에서 성생활에 대해서는 자녀가 자세히 알지 않게 하는 게 좋고요. 부모 또한 자녀의 그런 부분에 대해서는 알려고 하지 않아야 해요. 본인 고유의 문제예요. "이 사람을 사귀어라" "이 사람하고는 헤어져라" 이런 말을 하지 말아야 한다는 게 단지 자녀의 자유의지를 보장하는 차원의 문제만은 아니거든요. 자기 자리에 제대로 서있지 않을 때 사람은 누군가에게 간섭하게 됩니다.

윤   다른 이의 삶에 개입하지 말라는 말씀이시죠?

이   그렇죠. 부모가 자기 자리에 있지 않으면 자녀도 역시 제자리를 지킬 수 없어요. 그래서 엄격하게 자기 삶을 스스로 책임지고 권리를 지키는 것은 가정생활뿐 아니라 사회생활에서도 똑같이 중요해요. 이혼하거나 사별한 부모가 자녀에게 해줄 수 있는 말도 일반적으로 해줄 수 있는 말과 거의 다르지 않아요. "너희 엄마 혹은 아빠가 너를 사랑했단다. 네가 태어났을 때 정말 기뻐했단다."

윤   한번 같이 해볼까요? 이별하셨거나 사별하신 분들이 계시다면 같이 해보시면 좋을 것 같습니다.

이   일단 숨을 크게 들이쉬고 내쉽니다. 내쉴 때는 숨이 입을 통해 나갈 수 있도록 입을 살짝 벌리세요. 그리고 아이의 이름을 부릅니다. "내 아들아, 내 딸아, 너희 엄마는 너를 낳고 정말 기뻐했어. 행복해했단다." 그리고 다시 한 번 숨을 들이쉬고 내쉽니다. "내 딸아, 내 아들아, 너희 아빠는 너를 정말 사랑했단다. 멀리 떨어져 있어도 그 마음은 여전하단다." 숨을 크게 들이쉬고 내쉬세요.

윤   설령 감정적인 앙금이 남아있더라도 이런 말들을 많이 해주면 본인 스스로도 많이 풀리는 게 있겠네요. 그래도 감정이 남아있어서 이런 말이 잘 안 나오거나 하는 분들이 계실 것 같아요.

이   맞아요. 그런데 말이 우리를 이끌고 간다고 말씀드렸잖아요.

정말 안 나오는 말도 한번 해보면 에너지가 바뀌어요. 그리고 "너는 우리의 아들이다, 우리의 딸이다" 이렇게 말하는 것도 필요해요.

윤   다툼과 갈등이 원인이 되어 떨어져 사는 부부가 이런 상황에 대해 "너희 아빠 혹은 엄마가 이러이러해서 우리가 이렇게 헤어져 서 산다"고 자녀에게 이야기하기 쉽잖아요. 그런데 오히려 상대 배 우자를 더 높여주고 존중해 주는 것이 필요하다는 말씀이시군요. 그게 결국 자녀의 행복과 나의 행복을 위한 일이니까요.

이   네, 우리가 상대에 대해 불만을 느낄 때도 있고, 그로 인해 힘 든 일도 겪잖아요. 이럴 때 우리는 소위 넋두리를 하죠. 그런데 우 리의 말과 행동이 아이의 세포를 만들어 나간다고 생각하면 아이에 게 넋두리를 할 수 없죠. 그 넋두리로 아이를 채울 수는 없잖아요. 본질적인 것들을 채워줘야 하거든요. 거짓을 말하자는 얘기가 아니 에요. 겉으로는 거칠고 자녀를 사랑하지 않는 것처럼 보이는 사람 도 내면 깊숙이 들여다보면 자기와 이어진 생명을 정말 귀하게 여 기거든요. 그게 본질이에요. 어떤 상처나 얽힘에 의해서 그렇게 드 러나는 것이지 그 내면에 있는 사랑까지 의심할 수는 없어요.

윤   진정한 변화를 가져오는 힘은 진실의 힘에서 나오는 것 같습 니다.

이   우리는 상대 배우자에게 많은 불만을 가지고 살아요. 그런 분들은 본인이 손해 봤다는 느낌을 가지고 있거든요. 그렇게 내가 손해 봤다는 마음, 피해의식을 본인이 갖고 있는 한 계속 그 상태로 살게 돼요. 그런 경우 자녀한테도 섭섭하다고 표현하죠. 그렇게 주변 사람을 가해자로 만들어버려요. 그건 주고받음의 균형이 안 맞아서 그래요. 여러 가지 얽힘은 결국 주고받음의 균형이 안 맞아서 생기기 때문에 거기로부터 벗어나는 것이 중요해요. 그게 사회생활에서도 똑같이 적용되죠.

윤   그렇군요. 그런데 가족 안에서 학대를 당했다고 했을 때, 그 문제를 가족 안에서는 풀기 어려울 수도 있잖아요. 제도적인 도움을 받아야 할 때, 피해자로서 고소할 필요도 있을 수 있죠.

이   지금은 그런 가정을 구제하는 기관들이 있죠. 그런 경우, 피해자는 피해자대로 또 가해자는 가해자대로 따로 치유와 교육을 받아야 해요. 그런데 가해자를 대상으로 교육을 하다 보면 가해자들은 그동안 자기도 많이 힘들었다고 얘기하거든요.

윤   일방적인 가해자, 일방적인 피해자가 아니라는 말씀이시군요.

이   네, 일방적이라고 말하기는 힘들어요. 가해자도 가족, 피해자도 가족이잖아요. 가족 속에는 피해자와 가해자가 같이 있어요. 피해자 속에 가해자가, 가해자 속에 피해자가 같이 있어요. 어느 쪽이 더 두드러졌느냐의 문제죠. 그런데 거기에서 가장 문제는 '내가 내 자리에 있지 않은 상태'예요. 이것을 이해했다면, 내가 손해 봤다고 생각이 드는 분들은 앞으로 어떻게 하면 내 생각을 관철시키면서 살 것인가를 궁리할 필요가 있고, 나 때문에 다른 사람들이 피해를 봤다고 원성을 듣는 분들은 주변 사람들을 존중할 필요가 있어요. 가해자는 피해자를, 그리고 피해자도 가해자를 서로 존중해야 합니다. 가족세우기에서는 가해자와 피해자가 서로 존중하고 화해하게 함으로써 문제를 해결합니다. 지나치게 화를 많이 낸다거나 가는 데마다 소외를 당한다고 할 때, 거기에는 가해자와 피해자가 대부분 동시에 존재해요. 그럴 때 해결법은 누가 틀리고 누가 맞느냐를 가리는 게 아니에요. 그건 안내자가 시킬 수 없죠. 가족세우기 장에서는 서로의 대역을 맡아봄으로써 저절로 서로를 이해하게 되고 화해의 역동이 일어나요. 그러면서 그분들이 갖고 있는 문제가 풀어지죠. 그럼 그걸 혼자서 할 수 있는 방법을 말씀드릴게요. 예를 들어, 다른 사람들의 비위를 맞추고 산다 하는 분들이 있잖아요. 그런 분들은 이상하게 가는 곳마다 성질 고약한 사람을 만나는 경우가 많다고 하세요. 그런 분들은 한번 해볼까요? 자, 눈을 감고요. 나를 두렵게 하거나 화나게 하는 어떤 대상이 있다면 그분을 앞에 서게 하세요. 부모님일 수도 있고, 직장 상사나 동료일 수도 있겠죠. 그분들을 앞에 세우고 숨을 크게 들이쉬고 내쉽니다. "당신의 사랑을 받습니다." 다시 숨을 크게 들이쉬고 내쉽니다. "그것을 존중합니다. 고맙습니다." 어떻게 나한테 부당하게 하는 사람에게 이런 말을 할 수 있는지 의아하고 얼토당토않다는 생각이 들 거예요. 그런데 사람이 사람을 향해서 하는 행동들은 결국 다 사랑의 변형이에요. "왜 나한테 화를 냅니까" "당신 때문에 기분이 나쁩니다"라고 말하는 것은 자신을 방어적으로 만들어요.

윤   그 사람의 영혼에게 하는 얘기라고 해도 되겠네요.

이   예, 영혼에게 하는 거예요. 그 사람한테 직접 이런 말을 하는 건 이상하겠죠. 그런데 이러한 내면의 태도를 갖고 나면 그 사람의 비합리적인 분노에서 뭔가를 발견하게 돼요.

윤   알겠습니다. 누군가에게 아픔을 겪었다 할 때 그런 접근들을 하다 보면 일단 내 안의 미움부터 우선 풀리겠네요.

이   네, 사실 너무 많은 아픔을 주는 사람, 감당이 안 되는 사람에게 이런 말을 하기는 쉽지 않거든요. 그럴 때는 이야기를 잘 들어줄 수 있는 사람하고 어느 정도 대화라도 하면서 부푼 기운을 뗄 필요가 있어요. 모두가 다 이렇게 하라고 할 수는 없죠.

윤   네, 알겠습니다. 다음 질문으로 넘어가겠습니다. 우리가 가족 체계 안에서 어른이 되고 사회로 나가잖아요. 그리고 이성 친구를 사귀고요. 그런데 우리가 첫사랑과 이별할 때에 비해, 두세 번째 사랑과 헤어질 때 아픔의 강도가 엷어지기도 하는데, 여기에 대해서는 어떻게 생각하세요?

이   그건 내공이 생겨서 그렇다기보다는 점점 무뎌져서 정말 사랑을 덜하게 되는 경우가 상당히 많아요. 뜨거운 열정이나 호기심 같은 것들이 점점 빛을 잃는 거죠. 그런데 이것은 경험의 반복이나 나이가 들어가는 것 때문이 아니에요. 20대나 60대나 사랑은 똑같이 일어난다고 해요. 그건 우리가 지난 사랑에 대해서 처리를 제대로 못했기 때문에 둔감해지는 거예요.

이   표면적으로 말하면 방어기제라고 할 수 있어요. 이별을 제대로 못 하면 정신이 거기에 묶여있게 돼서 지금 내 자리를 지키고 살수 없어요. 사별도 마찬가지예요. 이별을 제대로 못 하면 자기는 다 잊었다고 생각하며 사는데, 사실 영혼은 상당 부분 그쪽에 묶여있기 때문에 이쪽으로 내가 온전하게 오지 못해요. 그것을 해결해 보기로 하죠. 헤어진 애인을 한번 떠올려보세요. 그리고 눈을 감고요. 헤어진 사람을 앞에 세우고, 숨을 크게 들이쉬고 내쉬세요. 짧든 길든 진정 사랑했던 그때를 떠올리세요. 상대의 눈을 보고 말합니다. "우리의 사랑은 변하지 않았습니다. 고맙습니다. 당신을 통해서 성장했습니다. 당신을 만나 행복했습니다." 이 말을 그대로 해야 하는 건 아니고, 개개인에게 맞게, 가슴에서 올라오는 말을 하면 돼요. 그리고 "우리의 사랑은 변하지 않았습니다"라는 말은 여전히 그 사람을 사랑한다는 뜻이 아니라 그때 사랑했던 흔적이 지구 안에 남아있다는 뜻이에요. 우리가 했던 말과 행동은 어떤 흔적으로 다 남아있거든요. 그것은 우리가 지워버릴 수 없어요. 그 사랑을 그대로 존중하는 거죠. 그렇게 하면 새 사람을 얼마든지 더 충분히 사랑할 수 있게 돼요. 우리는 지나간 사랑에 대해서 존중하는 마음을 가지면 지금 사랑에 충실하지 못할까봐 두려워하거든요. 두려워하지 마세요. 그때의 것을 온전하게 지니고 있어야 새 사랑에 충실할 수 있어요.

윤   아주 신선한 접근인 것 같아요. 그럼 앞으로 좋은 이성을 만나고 싶은 분들에게는 어떤 조언을 해주시겠어요?

이   좋은 배우자를 만나려면 그 사람이 그 사람의 이성 부모와 맺고 있는 관계를 살펴봐야 해요. 아빠가 지나치게 좋아하는 딸이나 엄마가 지나치게 좋아하는 아들은 애인으로서는 좋은데, 결혼 배우자로는 좀 문제가 있어요. 엄마의 집착 속에 있는 아들, 아빠의 집착 속에 있는 딸의 경우는 부부가 온전하게 짝으로 있지 못한 상황이에요. 그럴 때 이성 자녀에게 지나친 관심을 보이게 되죠. 그러면 동성 부모가 들어올 수 있는 자리는 없어요. 본인의 상황이 그렇다면 먼저 내가 동성 부모를 존경해야 돼요.

윤   아들이면 아빠와 더 연결이 강해져야 하고, 딸이면 엄마와 더 연결이 강해져야 한다는 말씀이신가요?

이   네, "네 엄마처럼 되어라, 네 아빠처럼 되어라" 이게 자녀를 축복하는 말이었잖아요. 자녀 스스로도 딸이라면 엄마의 좋은 점을, 아들이라면 아빠의 좋은 점을 찾으세요. 아들한테 험하게 하는 아빠들이 많죠. 아빠 노릇을 어떻게 해야 하는지 모르고 또 젊었을 때는 사회에서 성공하는 것을 우선으로 하다 보니 가족의 소중함 같은 것을 못 느끼고 사신 분이 많거든요. 그래서 많은 아들이 아빠하고 사이가 소원해요. 그런데 우리가 사회에서 적응하고 살아내느라고 애썼던 사람들을 이해하는 것은 중요해요. 사회의 일원이 되어가는 입장에서 '부모님이 이 사회에서 우리를 키우며 사느라고 얼마나 애쓰셨을까' 이해하면서 접근하는 것이 필요한 것 같아요.

그리고 정말 돈 한 번도 못 벌어본 아빠들도 많이 있죠. 그분들 역시 사회생활을 열심히 하려고 했지만 실패한 경우거든요. 사실은 잘된 사람보다 더 애썼다고 봐야 해요. 성과가 있는 사람은 박수받기가 쉽잖아요. 그런데 그러지 못한 사람은 박수는커녕 질타만 받으니까 위축돼 왔어요. 사실 마음속으로는 애를 더 썼는데 말이죠. 그런 것들을 알아주는 게 필요해요.

윤   너그럽게 부모님의 노고를 알아주는 것이 필요하다는 말씀이시죠?

이   예, 다른 것은 따지지 말고 나를 낳아주셨다는 것에만 초점을 맞춰서 부모님께 할 수 있는 말을 한번 해볼까요?

윤   예, 좋은 이성을 만나기 바라는 분들을 위한 조언을 부탁드

렸는데, 결국 또 부모님에 대한 부분으로 흘러왔습니다. 하하. 같이
한번 해보시죠.

이   딸이면 어머니께 말합니다. "당신은 저를 낳으셨기에 훌륭합
니다. 저를 낳아주신 것으로 충분합니다." 아들이면 아버지께 말합
니다. "당신은 언제나 옳습니다. 고맙습니다." 좋은 상대를 만나는
조건과 능력을 갖추는 본바탕이 바로 헤어진 연인을 존중하고 동성
부모를 존중하는 거예요. 그러면 저절로 좋은 여자, 좋은 남자를 만
나게 돼요. 더 중요한 것은 그 사람에게 내가 좋은 여자, 좋은 남자
가 되는 거겠죠. 사실 첫째가 그거잖아요. 그러면 저절로 좋은 사람
이 와요. 우리는 늘 서로 맞물리면서 사니까요.

윤   부모님의 좋지 않은 모습들을 싫어하는 마음으로 살다가 그
와 비슷한 모습을 가진 배우자를 만나서 사는 경우들을 제가 많이
봤어요. 내가 싫어하던 모습을 가진 배우자를 만나는 것에 대해선
어떻게 생각하세요?

이   결국 반복되는 건데요. 가족세우기에서 말하는 핵심 요소가
바로 '소속'과 '양심'이에요. 여기서 '양심'이라는 것은 착한 마음이
아니라 내가 소속한 자리에서 편하게 있을 수 있는 마음이에요. 목
욕탕에 옷을 입고 들어가면 편치 않겠죠. 거리에서 비키니를 입고
다니면 편치 않을 거예요. 내가 있는 자리의 사람들과 비슷하게 있
어야지 우리는 편안함을 느껴요. 우리한테 가장 가까운 사람들이
가족이라고 했잖아요. 가족들이 살던 모습을 그대로 따라 하는 게

우리의 양심이거든요. 부모님이나 조상님들이 살았던 삶을 반복하는 게 자손이에요. 그래서 특별한 조치를 취해야 해요. 부모님을 우리가 존중하면 연결만 잘 되는 게 아니라 연결되고 나서 쉽게 끊을 수도 있어요. 개별적인 삶이 가능해지죠. 연결되어 있으되 우리는 개인의 삶을 자유롭게 살 수 있어요. 그런데 연결 자체를 우리가 거부하면 얽히게 돼요.

윤   오히려 자신으로 바로 서기가 어렵다는 말씀이신가요?

이   그렇죠. 과일도 익을 때 따면 똑 따지잖아요. 익지 않은 걸 잡아 뜯으면 열매도 온전치 않게 되죠. 그분들의 삶을 진정으로 존중하면 그분들 품에 안겨있다가 자연스럽게 떨어지면서 자유롭게 살 수 있는데, 발버둥 치면 안겨있지도 못하고 내 삶도 없게 돼요.

윤   예, 그래서 좋은 이성을 만나기 위해서 부모님, 특히 동성 부모님을 더 받아들이고 인정하는 것이 중요하다는 말씀이시군요.

이   예, 부모님한테 효도하자는 뜻이라기보다는 미래로 나아가기 위함이에요. 앞에 있는 걸림돌을 잘 이용하면 디딤돌로 만들 수 있어요. 윗분들이나 주변 분들에 대한 불만이나 미움 같은 것들은 걸림돌이 돼요. 우리가 거기에 존중을 표하면, 세워놓으면 걸림돌이었던 게 뉘어놓으면 디딤돌이 되는 것처럼, 변화하는 거죠.

윤   알겠습니다. 아까 말씀하신 이성 부모로부터의 애착에 대해 더 여쭙고 싶은데요. 이를테면 딸의 입장에서 아빠에게 애착을 많이 받고 있는 경우에 엄마와의 관계는 어떨까요? 그게 맞물리는 것 같은데, 엄마의 자리에 자기가 무의식적으로 들어가 있는 걸까요?

이   그런 경우가 많아요. 부부 사이가 좋으면서 아빠가 딸을, 엄마가 아들을 아주 예뻐하는 건 상관없어요. 자녀를 예뻐하지 말라는 게 아니에요. 그런데 부부 사이가 그리 좋지 않으면서면서 자식한테 집착하는 건, 분명 그 부모한테 배우자 자리가 비어있어서 그래요. 남편과 어쩔 수 없이 살면서 아들한테는 무척 정성들이는 어머니를 주위에서 쉽게 볼 수 있잖아요. 그러면 자녀가 정서적으로 어머니를 홀어머니처럼 대하게 됩니다. 실제로 그 사람이 살아있느냐 죽어있느냐보다 더 중요한 것은 이 사람이 정서적으로 어떤 관계를 맺고 있느냐예요. 배우자 중 한 분이 돌아가신 경우라도 돌아가신 분과 관계가 좋고 그분한테 충분히 사랑받았다고 느끼는 분들은 자녀한테 그렇게 집착하지 않습니다.

윤   예, 그럼 아까 한쪽 이성 부모에게 많은 애착을 받으며 살아온 애인을 내가 만난다면 어떻게 하는 게 좋을까요?

이   일단 부부 이야기를 먼저 할게요. 아내가 자기 아버지하고 얽혀있다고 가정해 보죠. 여기서 '얽혀있다'는 것은 앞서 말씀드린 지나친 집착을 얘기하는 거예요. 그러면 남편은 아내가 부부관계에 충실하지 않은 것 같은 느낌을 받아요. 그러면 남편은 아내한테 그러지 말라는 신호를 보내죠. 그 신호는 화를 내는 방식으로 드러나요. 이것은 상대를 도망가게 만들죠. 그럴 땐 이렇게 해보세요. 아내를 향해서 눈을 감으시고 숨을 크게 들이쉬고 내쉽니다. "장모님,

장인어른 두 분의 운명을 존중합니다. 이렇게 좋은 딸을 낳아 기르시고 제게 보내주셔서 감사합니다." 다시 한 번 숨을 크게 들이쉬고 내쉬고요. 그다음 아내에게 말합니다. "당신의 운명은 제가 대신할 수 없습니다. 당신을 당신 운명에 두고 저는 한 발 물러납니다." 이걸 서서 하신다면 정말 한 발 뒤로 물러나세요. 사랑한다는 건 간섭하는 게 아니에요. 그건 월권이에요. 자신의 부모님뿐만 아니라 배우자의 부모님이나 자기 집안의 구성원들을 존중하게 되면 저절로 상대를 적당히 사랑할 수 있어요. 그 적당이라는 건 필요한 사랑을 주고받는 거예요. 폭력이 있는 집에는 사랑이 없는 게 아니라 정말 지긋지긋한 사랑만 있는 거거든요. 내 자리에서 할 행동인지 아닌지 모르면서 하는 거예요. 그런데 사실 연인 관계에서 이걸 알아보는 건 굉장히 어려워요.

윤   부부관계보다 더 어렵다는 말씀이세요? 가족세우기 안에서도 잘 안 나타나나요?

이   솔직히 말하면 알아볼 눈이 없죠. 상대가 그렇게 얽힌 사람이면 자기도 그렇게 얽혀있을 확률이 꽤 높거든요. 그래서 그걸 알아볼 수 없는 거예요. 그래서 우선 자기부터 부모와 관계를 잘 정립하면서 자신이 먼저 풀리는 게 필요해요. 그러기도 전에 상대방의 어떤 부분을 고쳐주고 싶어 한다거나 바꾸고자 한다면 월권을 행사하기 쉬워요.

윤   자기 자신을 먼저 돌아봐야겠군요.

이　　사랑을 두려움 없이 했으면 좋겠어요. 요새는 '나만 손해 보는 건 아닐까' 하는 걱정도 많이 하더라고요. 그래도 사랑은 하면 할수록 풍성해지는 거라고 믿었으면 해요. 손해를 본다한들 무슨 손해를 어떻게 보겠어요. 막연하게 걱정하기보다는 정말 나쁜 일이 있다면 어떤 일이 얼마큼 벌어질 것인가 구체적으로 생각하면서 그것들이 정말 현실적으로 일어날 일인지 하나씩 지워보는 것도 필요한 것 같아요. 그리고 사랑은 영원한 거라든가 사랑은 변하는 거라든가 많은 이야기가 세상에 흘러 다니잖아요. 너무 그런 데에다 내 삶을 맞추지 마세요. 삶은 정말 개별적이고 고유한 것이거든요. 특히 사랑하는 사람과는 드물게 만난 인연인 거예요. 그러니까 두려워하거나 세상에 떠도는 많은 말 때문에 상심하지 마시고 그저 충분하게 사랑하시길 바랍니다. 서로 맞지 않아서 헤어지기도 하는데, 그래도 사랑했던 경험 자체는 귀하게 남기고 존중하면서 헤어졌으면 하고요.

윤　　예, 알겠습니다. 좋은 이성을 만나길 바라는 분들이 앞으로 만날 상대에게 이야기를 건넨다면 어떤 말을 할 수 있을까요?

이　　만나지 않은 상태라도 "나는 좋은 여자, 좋은 남자를 만날 것입니다"라고 하기보다는, 그냥 "당신은 좋은 여자, 좋은 남자입니다"라고 하는 게 훨씬 더 힘이 있어요.

윤　　네, 힘 있는 말이네요. 그러니까 "나는 누구를 만나고 싶어요"라고 하는 게 아니라 "당신은 좋은 여자입니다" "당신은 좋은 남자입니다"라고 하는 게 더 좋은 것 같아요. 이것도 한번 해볼까요?

이   현재 배우자가 있는 분도 그렇게 하면 할수록 상대가 좋은 사람이 돼요. 자, 눈을 감고 숨을 크게 들이쉬고 내쉬세요. "나는 좋은 남자입니다. 당신은 좋은 여자입니다." 다시 숨을 크게 들이쉬고 내쉬고요. "나는 좋은 여자입니다. 당신은 좋은 남자입니다." 그리고 평소에 사람들 많이 만나잖아요. 그중 한 사람을 한 30초에서 1, 2분 정도 바라보면서 저 사람한테 내가 무엇을 배울 것인가를 느껴보세요. 그리고 헤어지면서도 이 사람에게 무엇을 배웠는지 챙겨보세요. 상대방한테는 굳이 말할 필요가 없어요. 계속 상대의 좋은 점들을 찾으세요. 그러면 점점 내가 그것들을 갖게 돼요.

윤   그런데 상대방의 안 좋은 점을 찾아 계속 험담하고 다니는 경우도 많은 것 같아요.

이   그런 얘기는 듣지 마세요. 그런 얘기를 하는 사람은 가까이 하지도 마세요. 다른 사람 때문에 내가 피해를 봤다고 얘기하는 사람들은 주변 사람들을 가해자로 만들어요. 본인이 그런 얘기를 해왔다면 가능한 멈추시고, 주변 사람들이 그런 얘기를 한다면 슬금슬금 다른 화제로 돌리세요. 그렇다고 가르치려고 한다거나 들어보니 이렇다더라 그런 얘기는 하지 마시고요. 그리고 그런 사람이 마음에 두고 있는 사람이라면 사귀는 것에 신중하셔야 해요.

윤   알겠습니다. 어떤 한 가지 사연이 있어서 소개해 드릴게요. "중학생 아이의 마음에 준 상처를 풀어주고 싶습니다. 그동안 아이를 온전히 존중하기보단 제 욕심을 앞세워 아이를 많이 닦달했어요. 아이가 짜증이 많아지고 화도 많아졌어요. 이젠 저와 대화를 안 하려고 해요. 제가 어떤 마음을 가져야 할런지요?"

이 　그런 고민을 가지신 분이 정말 많아요. 엄마에게는 행복하지 않은 내면의 아이가 있을 거예요. 그 아이를 감싸주고 안아주는 것부터 시작하셔야 해요. 어렸을 때 기억나는 힘들었던 일이 있으면 "그때 내가 보호가 필요했었는데" 아니면 "그때 누군가가 나를 안아주기를 바랐어" 아니면 "나도 행복한 환경 속에 있기를 바랐어" 이렇게 자기가 원했던 것을 스스로에게 얘기해 주세요. 그러면 자기 안의 상처받았던 아이가 위로받을 거예요. 내면의 아이가 편안해지고 따뜻해지면 저절로 내 아이한테 친절하게 돼요. 주변에 이야기가 잘 통하는 사람이 있다면, 그 사람과 이야기를 나누면서 서로 위로도 주고받으면 좋겠어요.

윤 　그러면 이분이 가족세우기 장에 서있다고 한다면, 선생님께서는 이분에게 어떤 말을 하도록 하시겠어요?

이 　자, 눈을 감으시고, 숨을 크게 들이쉬고 내쉬면서 그 아이가 처음 태어났을 때를 상상하세요. 몰캉몰캉하고 보드라운 손이랑 젖 먹일 때의 촉감을 떠올리시면서 이렇게 말씀하세요. "아가야, 너는 나의 생명이다. 내가 이 세상에서 가장 잘한 것은 너를 낳은 거야. 내 아이로 와줘서 고맙다." 그리고 다시 숨을 크게 들이쉬고 내쉬고요. 이건 혼자서 하시는 거예요. 그런데 사과하고 싶은 일이 있다면 아이에게 직접 하는 게 더 좋습니다.

윤   어떤 구체적인 기억이 있다면 그 얘기를 하는 것이죠?

이   예, "그때 엄마가 네게 소리 질러서 정말 미안해" 이렇게 얘기하는 게 필요해요. 그런데 가능하면 미안하다는 말은 반복하지 마세요. 우리가 미안하다고 말할 때 대개 진짜 할 말을 미안하다는 말 뒤에 숨길 때가 많거든요. 진심을 담아 한 번 제대로 하세요. 그리고 아이가 "그래도 엄마 어떻게 그럴 수 있어?"라고 한다면 변명 같은 건 하지 마세요. "상황이 그때 그랬잖아. 엄마가 그때 너무 힘들었어." 이런 말은 필요 없어요. 그런 말은 그냥 안으로 삼키시고, 그저 아이의 말에 귀를 기울이세요. 그리고 안아주세요. 근데 중학생쯤 되면 아이들은 갑자기 안아주는 걸 불편해할 수 있어요. 그렇다면 아이가 밤에 잠들 때나 아침에 일어날 때 손가락이나 발가락을 살짝 주물러주세요. 그때 가만히 있으면 괜찮다는 뜻이거든요. 만약 움츠리거나 피한다면 그냥 이불만 살짝 덮어주세요. 그렇게 조금씩 몸으로 접근해 보세요. 아이에게도 배우자에게도 몸으로 접근하는 게 가장 좋아요.

윤   예, 어느 정도 답이 되지 않았을까 생각이 드네요. 선생님의 말씀대로 한번 자녀분과 대화를 많이 나눠보시면 좋겠네요.

이   네, 상황을 자세하게는 모르겠지만, 아이가 엄마와 대화를 안 하려고 하는 것은 엄마와의 대화가 좋은 기억으로 남아있지 않기 때문이에요. 그래서 아이와 이야기할 때 바로 본론으로 들어가지 마시고, 아이가 좋아하는 음식을 사주거나 아이가 좋아하는 반찬을 아이 쪽으로 밀어주면서 '우리 엄마가 내 생각하네' 이런 게 전해지도록 해보세요. 관심이 있다는 걸 조금씩 변속을 올려가면서 계속 전해주세요. "비 오는데 어떻게 왔어?"라든가 "오늘 되게 더웠지?" 그런 일상적인 얘기를 하면서 "선생님 때문에 힘들다더니 요새는 좀 어때?" 이런 개인적인 얘기들을 덧붙이세요. 그러면 아이도 대답하기가 점점 쉬워져요. 처음부터 대화하자고 하면 힘들죠.

윤   알겠습니다. 아이와 관계를 푸는 유용한 팁들을 말씀해 주셨네요. 그런데 아이를 닦달하고 아이에게 상처 주는 말을 하는 건 배우자와 소통이 잘 안 되거나 배우자에 대한 원망이 많이 남아있을 때 그걸 자녀들에게 투사하는 경우가 많지 않나요?

이   예, 그래서 부부 얘기를 한 번 더 하고 싶었어요. 부부 역시 발가락 손가락을 만지면서 그리고 그 사람이 좋아하는 음식을 해주거나 사주면서, 그 사람이 좋아하는 것을 선물하면서 가까워지는 게 필요해요. 그리고 평소 사이가 좋은데 갑자기 사소한 갈등이 생길 수도 있잖아요. 그런 분들은 상대가 누워있을 때 상대방 배에 귀를 대고 가만히 있어보세요. 대화 백 마디 하는 것보다 훨씬 많은 것이 통할 수 있어요.

윤   알겠습니다. 많은 분이 본인이 갖고 있는 꿈들이 있을 텐데, 자신이 원하는 바를 성취하는 데 가족세우기의 지혜가 어떤 도움을 줄 수 있을지 여쭤보고 싶습니다. 결국에는 가족이나 부모님과의 관계도 작용하긴 하겠지만 그래도 자신의 꿈과 성취에 대해 좀 더 초점을 맞춰 말씀해 주신다면요?

이 　　예, 미래는 우리가 상상할 수 없을 만큼 넓고 이미 준비되어 있다고 해요. 그러니 우리가 굳이 그것을 알려고 하기보다는, 지금 이 삶에서의 사랑과 질서를 제대로 아는 것이 더 중요해요. 그럴 때 준비된 미래가 우리에게 다가옵니다. 그래서 미래를 준비하기 위해 애쓰는 것보다는 과거를 잘 정리하고 지금 내 앞에 있는 사람과 호흡을 맞추고 존중하는 게 필요해요. 그것이 바로 내가 나를 존중하는 겁니다. 내가 나를 충분히 존중하면 이미 준비되어 있는 밝은 미래가 비로소 우리한테 다가오거든요. 문이 열리는 거죠. 그런데 상당수 사람들이 거꾸로 가려고 해요. 그리고 버트 헬링거 선생님의 책을 보면, "사람들은 행복해지는 것을 두려워한다. 행복하기보다 고통받기를 더 좋아한다"는 말이 있어요. 사실 우리가 갖고 있는 많은 생각이 망상인 경우가 많아요. 우리가 참된 소리를 들을 힘이 없어서 그래요. 영혼이 숨 쉬는, 영혼 그대로 살 수 있는 환경을 우리 스스로 막는 데 익숙해져 있어서 그래요. 사실 그냥 두면 잘 살거든요. 부모는 어린 자녀에게, 다 큰 자녀라면 부모에게 이래라저래라 하지 않아야 해요. 그래야 자기 삶을 잘 살게 돼요.

윤 　　알겠습니다. 사람마다 자라온 환경이 다 다르고 그로 인해 꿈도 다 다를 텐데, 결국에는 자기 자신으로 바로 서고 주위 사람들과 조화로운 관계를 유지하다 보면 자연스럽게 이뤄진다는 말씀인 것 같네요. 그리고 또 그렇게 풀어지는 과정에서 내가 예전에 간절히 바라던 것들이 달라지는 경우도 있는 것 같아요. 결핍의 상태에서 갈구했던 목표를 자기 상태가 달라지면서 더 이상 갈구하지 않게 되는 경우도 있을 것 같고요.

이   그래요. 그러니까 꿈 자체도 고정돼 있는 게 아니라 움직이는 거예요. 그런데 우리는 타인의 공로를, 타인이 얼마나 중요한 존재인지를 잘 모르고 살아요. 그런 것들에 우리가 관심을 갖고 살아갈 때 그만큼 나의 공로를 알아주는 사람들이 생겨요. 그로 인해 나를 이길 수 있는 힘이 생기고 재능이 펼쳐지는 기회가 생겨요. 재능은 특별한 게 아니에요. 사는 것 자체가 재능이거든요. 한 사람 한 사람 독특하지 않은 사람 없다고 하잖아요. 주변 사람을 떠올려보면 비슷한 사람이 있나요? 모두가 다 비범하거든요. 그리고 동시에 비범한 사람들이 자기 스스로 평범하다는 것도 알아야 돼요. 많은 사람이 모두 내가 비범하다고 내세우면 우리는 함께 살아갈 수 없어요. 비범하되 그 자체가 평범한 거예요. 그래서 백 명이 모이든 열 명이 모이든 그 사람들이 모여 조직을 이루면 그 조직 자체가 비범한 일을 해내는 생명체가 돼요. 한 사람 한 사람이 나의 비범함을 드러내려고 하면 오히려 전체가 평균 이하로 떨어집니다.

윤   알겠습니다, 선생님. 이제 마무리하려고 하는데 마지막으로 전하고 싶은 말씀이 있으신가요? 자신의 삶을 변화시키는 데 도움이 될 수 있는 말씀 부탁드리겠습니다.

가족세우기를 안내하고 있는 이혜영 님

이   예, 어떤 사람하고 갈등이 있을 때가 있잖아요. 가족뿐만 아
니라 회사나 학교 같은 조직에서도요. 갈등 관계에 있는 그분을 상
상해 보세요. 지금 한번 해볼까요? 눈을 감으시고요. 불편한 사람 떠
올리시고 그 앞에 그 사람의 어머니를 떠올리세요. 그 사람이 자신의
어머니의 눈을 바라보다가 어머니를 향해 한 발 한 발 다가갑니다.

윤   그러니까 제 앞에 나를 힘들게 하는 사람과 그 어머니, 이렇
게 두 사람을 세우고 그 사람이 어머니를 향해 걸어가는 모습을 상
상하라는 말씀이시죠?

이   네, 그 사람이 걸어가서 어머니 품에 안기는 것까지 상상하

세요. 갈등이 있다는 것은 내가 그 사람한테 뭔가 바람이 있다는 뜻이거든요. 그 사람한테 무엇을 바라거나 그 사람을 고쳐줄 사람은 그 어머니밖에 없어요. 그래서 그 사람을 어머니한테 맡기고 나는 내 삶을 삽니다. 그리고 그분께 말씀하세요. "당신은 당신 어머니의 자녀입니다. 나는 내 어머니의 자녀입니다. 그것은 똑같습니다."

윤　갈등 관계에 있는 사람이 그의 어머니와 포옹하는 모습을 보면서 자기 어머니의 존재감을 함께 느끼는 것이겠네요. 마지막으로 이 시간이 어떠셨는지요?

이　가족세우기를 이루는 기본 사상은 단순한데 이걸 우리 다양한 삶에 적용해서 설명하려면 상당히 복잡해져요. 그래서 얼마만큼 전달됐을지 우려가 됩니다. 그리고 어머니나 아버지에게 감사하자는 얘기가 어떤 분한테는 부담이 될 수도 있었을 것 같아요. 지금 현재 많이 아파하는 분들에게는 위로가 필요할 텐데, 오히려 고개를 숙여야 한다는 말씀을 드려서 죄송했어요.

윤　그래도 많은 분이 도움을 받으셨지 않았을까 생각이 드네요. 해주신 말씀들 저도 다시금 잘 받아서 제 삶을 더 잘 살아가는 데 도움이 되는 밑거름으로 삼겠습니다.

이　고맙습니다.

▶ YouTube　가슴의 대화 이혜영　　| Q　1편 ▶▶ / 2편 ▶▶

오른쪽 QR코드를 촬영하시면 해당 인터뷰 영상을 보실 수 있습니다.

Book 존재의 존중Acknowledging What Is: Conversations With Bert Hellinger

버트 헬링거 지음 | 박이호 옮김 | 고요아침 | 2013

가족세우기를 계발한 버트 헬링거 선생님을 인터뷰한 책이에 요. 가족세우기가 만들어지게 된 배경과 실제 가족세우기의 과정, 그 안에 담겨있는 철학과 사상을 만나실 수 있어요. 이 책에도 나와 있듯이 가족세우기는 문제를 해결하는 기술이 아니에요. 가족세우기는 자신의 현실을 똑바로 보게 하여 자 신에게 얽혀있는 관계를 풀 수 있는 기회, 자신의 영혼이 보 다 강하게 거듭날 수 있는 기회를 제공해 줍니다. 이 책을 다 읽고 나면, 세상을 좀 더 관대하고 너그러운 시선으로 바라볼 수 있게 되실 거예요.

Book 삶의 얽힘을 푸는 가족세우기The Roots of Love

스바기토 R. 리버마이스터 지음 | 박선영, 김서미진 옮김 | 동연 | 2009

가족세우기에 대한 기본적인 안내서예요. 15개국 이상에서 가족세우기 세션에서 만난 다양한 사례를 통해 가족세우기란 무엇인지, 가족 체계가 각자의 삶에 어떻게 작용하는지, 이 치유법의 작용 원리는 무엇인지 간단명료하고 친절하게 설명 하고 있어요. 그리고 가족세우기 세션을 진행하고자 할 때 고 려해야 하는 사항과 명상과 접목하는 방법이 정말 잘 정리되 어 있습니다. 이 책은 가족 관계 안에서 스스로를 들여다볼 수 있는 기회가 될 거예요. 그것이야 말로 진정한 행복으로 가는 길이죠.

5

죽음은
또 다른 세상을 향한 문입니다

서울의대 소화기내과 교수 정현채

정현채

대한소화기학회 이사장을 지냈고 현재 한국죽음학회 이사 및
한국인의 웰다잉 가이드라인 제정위원으로 활동하고 있다.
부모님과 환자들의 죽음을 목격하며 현대의학이 가르쳐주지
않는 죽음 이후의 삶에 대해 관심을 갖기 시작했다. 많은 강연
과 저술 활동을 통해 사람들이 죽음을 제대로 직면해서 좋은
죽음을 맞이할 수 있도록 돕고 있다. 단독 저서로《우리는 왜
죽음을 두려워할 필요 없는가》(비아북, 2018)가 있으며, 공동 저
서로는《한국인의 웰다잉 가이드라인》(대화문화아카데미, 2010),
《삶과 죽음의 인문학》(석탑출판, 2012),《죽음맞이》(모시는사람들,
2013),《의사들, 죽음을 말하다》(북성재, 2014) 등이 있다.

hyunchae@snu.ac.kr
죽음학 강좌 나눔 공간 인터넷카페 cafe.naver.com/death2newbirth

윤　죽음학 전도사라는 별명이 있으세요. 소개 부탁드립니다.

정　네, 그렇게 자칭한 건 아니고 남들이 그렇게 부르더군요. 저는 서울대학교 의과대학 내과 교수였고, 전공 분야는 소화기 질환입니다. 위장 질환 쪽 진료를 하면서 교육 연구를 주로 해왔죠. 한 10여 년 전부터 죽음에 대한 강의를 해오고 있습니다.

윤　생명을 살리는 의사로서 죽음에 대한 이야기를 많이 하시는 이유는 무엇인가요?

정　죽음을 좋게 바라볼 사람은 없죠. 본능적으로 다 싫어하는데, 사실 생각해 보면 죽음이라는 게 그렇게 고통스럽고 끔찍한 게 아니라, 삶의 일부분이고 마지막 성장의 기회이기도 합니다. 그리고 죽음과 관련해서 일어나는 여러 가지 영적인 현상, 즉 근사체험近死體驗이나 삶의 종말체험* 같은 현상을 잘 들여다보면 죽음이 존재의 끝이 아니라는 걸 알 수 있어요. 물론 우리 육신은 썩고 소멸해서 자연으로 돌아가겠지만, 우리 육체를 움직였던 영혼은 죽

◆　삶의 종말체험Deathbed Vision은 세상을 떠나기 전에 어떤 환영vision을 보는 현상을 말한다. 종말체험에서는 대체로 먼저 세상을 떠난 가족이나 친지 또는 친구가 임종자를 마중 나오는데, 임종하는 사람과 가족들 모두에게 편안한 느낌을 주기 때문에 '마지막 선물final gift'이라고도 부른다.

지 않는다는 거죠. 즉 다른 차원으로의 이동이라는 관점에서 보면, 꼭 죽음이 끔찍하거나 회피할 문제가 아니라고 볼 수 있습니다. 삶과 죽음이 동전의 앞뒷면 같은 것이기 때문에 우리가 제대로 된 삶을 살기 위해서라도 죽음을 직시하고 성찰할 필요가 있습니다.

윤 　아무래도 현대 의학에서는 죽음을 바라보는 시선이 많이 부정적인 것 같아요.

정 　네, 그렇죠. 의료계만이 그런 게 아니고 사회 전반적인 분위기가 그렇습니다. 윌리엄 유진 스미스*라는 미국 사진작가가 1951년에 찍은 〈장례식 전야〉라는 사진에는 스페인의 한 마을에 사는 노인이 임종을 맞고 있는 실제 장면이 담겨있습니다. 노인이 가족들과 마을 사람들이 지켜보는 가운데 임종을 맞이하고 있는데, 어느 누구도 대성통곡하거나 오열하지 않아요. 그저 담담한 표정으로 노인을 바라보고 있죠. 그게 60여 년 전이니까 그러한 모습은 스페인뿐만 아니라 우리나라를 비롯해서 전 세계에서 볼 수 있었을 겁니다. 그땐 대부분 한 집에서 태어나서 그 집에서 죽음을 맞이했죠. 그때가 삶의 마지막 시기를 가족 구성원 모두와 함께 보내는 분위기였다면 요새는 그렇지 않아요. 병원에서 쓸쓸하게 죽음을 맞이하는 경우가 많아졌어요. 또 의학이 죽음 이전만을 다루다 보니, 죽

◆ 　윌리엄 유진 스미스William Eugene Smith, 1918~1978는 미국의 사진가로, 제2차 세계대전 때 《라이프》지에서 종군사진기자로 활약하여 국제적 명성을 떨쳤다. 오키나와, 이오지마, 괌, 사이판 등 태평양 전쟁의 주요 전장을 돌아다니며 미국 해병대와 일본군 포로들의 모습을 카메라에 담았다. 그의 작품은 개성인인 표현으로 휴머니즘을 추구했다.

음을 삶을 마무리하고 다음 과정으로 가는 것으로 보는 게 아니라 치료의 실패, 의료의 패배로 인식하게 된 경향도 많아진 것 같습니다. 무리한 연명 치료가 많아지고 있는 현상도 그러한 인식과도 맞물려 있는 것 같아요.

윤 선생님은 언제부터 죽음에 대해서 관심이 많으셨어요?

정 20년 동안 내과의사로서 많은 환자를 보는 과정에서 심폐소생술도 하고 사망선언도 내려봤는데, 제가 50을 바라보는 나이에 어느 날 갑자기 내가 죽으면 어떻게 될지 궁금해졌어요. 그런데 그 해답을 어디서도 찾을 수 없는 겁니다. 제가 공부하고 배웠던 게 다 생물학적 죽음까지였으니까요. 그 생물학적 죽음을 넘어서는 죽음 뒤의 일들에 대해 전혀 알 길이 없었죠. 저는 그저 죽음 뒤에 어떤 일들이 일어날지 궁금해했었는데, 그 무렵 제 아내가 엘리자베스 퀴블러 로스* 박사의 책을 읽고 있었어요. 로스 박사는 정신과 의사로서 많은 환자의 임종을 지켜본 분인데, 죽음에 관해서 강의도 많이 하고 책도 내서서 죽음학의 효시라고도 불리죠. 그분이 쓴《사후생》**이라는 책을 봤더니 거기에는 근사체험이나 삶의 종말체험과

---

* 엘리자베스 퀴블러 로스Elisabeth Kübler-Ross, 1926~2004는 스위스 출신의 미국의 정신과 의사로, 임종 연구 분야의 개척자이다. 2007년 미국 국립 여성 명예의 전당American National Women's Hall of Fame에 이름을 올렸고, 미국 시사 주간지《타임》이 선정한 '20세기 100대 사상가' 중 한 명이기도 하다.《죽음과 죽어감On Death and Dying》(1969),《사후생On Life After Death》(1991),《생의 수레바퀴The Wheel of Life》(1997),《인생수업Life Lessons》(2001),《상실수업On Grief and Grieving》(2005) 등 다수의 저서가 있다.

** 원서 제목은 On life after death로., 최초 발행일은 1991년이다. 국내에는 2009년 대화문화아카데미에서《사후생: 죽음 이후의 삶의 이야기》(최준식 옮김)로 출간되었다.

같은 죽음과 관련해서 일어나는 현상들이 많이 적혀 있었어요. 그걸 통해서 궁금했던 게 많이 해소되었고 그때부터 죽음의 문제에 천착하게 됐습니다.

윤   육체적인 죽음에 이르렀다가 다시 살아나는 임사체험 사례들이 의학계에 많이 보고되고 있는 것으로 알고 있습니다. 임사체험자들은 보통 어떤 경험들을 하게 되나요?

정   임사체험과 연관된 여러 사례가 있어요. 체외 이탈을 하거나 밝은 빛을 보고 터널을 통과하거나 죽은 가족을 만나거나 또 빛과 교신하거나 자신의 생을 회고해 보는 등 여러 가지 체험이 다 각기 다른 비율로 나타나요. 누구나 똑같은 체험을 하는 것은 아닙니다.

윤   알고 계신 임사체험 사례가 있으시다면 말씀 부탁드립니다.

정   우리 의과대학을 졸업하고 미국에 건너가서 마취과 의사로 활동하던 분이 계셨는데, 이분이 심장 수술 마취를 전공했다고 합니다. 근데 이분과 같이 일하는 심장외과 의사가 동양인을 비하하는 성숙하진 못한 면이 있어서 이 한국인 마취과 의사를 평소에 무시했다고 해요. 그런데 어느 날 이 외과 의사의 심장이 멎는 응급사태가 발생한 거예요. 의료진들이 달려들어서 심폐소생술을 했는데 30분이 지나도 돌아올 기미가 안 보이더래요. 그래서 그만 포기하자는 쪽으로 결론을 내리려고 했는데, 마침 한국인 마취과 의사가 자기가 좀 더 해보겠다고 나선 거죠. 혼자 혼신의 힘을 다해 심장 마사지를 했고, 결국 50분 정도 흐르고 나서 극적으로 외과 의사의 심장이 뛰기 시작했다고 합니다. 그런데 이 외과 의사가 깨어나서 하는 말이, 심장이 멎었을 당시 자신이 공중에 붕 떠있으면서 모든 상황을 쭉 지켜봤다고 해요. 봤더니 자기 친구들인 미국 의료진들은 심폐소생술을 해도 성의 없이 그저 흉내만 내고 있는 것처럼 보였는데, 자기가 평소에 늘 무시했던 한국인 마취과 의사는 혼자서 온몸에 비지땀을 뻘뻘 흘리면서 심장 마사지를 하더라는 거죠. 그래서 극적으로 살아나서는 한국인 마취과 의사를 보면서 당신이 날 살렸다고 얘기했대요. 그리고 그 후 그를 대하는 태도가 180도 바뀌었다고 합니다.

윤   그럼 임사체험이라는 게 죽음 이후의 세계에 대한 하나의 증거가 될 수 있을까요?

정   사실 그 자체가 죽음 이후의 삶을 정확히 알려주진 않습니다. 그러나 우리가 죽은 뒤의 세계를 사후세계라고 한다면 그 입구까지 안내해 주는 체험은 될 수 있습니다. 사실 사후세계를 이야기하면 정신이 이상한 사람으로 보는 경향이 있는데, 프로이트Sigmund Freud, 1856~1939와 함께 정신의학 분야의 양대 산맥이라고 할수 있는 융Carl Gustav Jung, 1875~1961도 사후세계에 대해 많은 관심을 가진 바 있어요. 살면서 사후세계에 대한 자기 나름의 관점을 가지도록 노력해야 하고 그렇지 않으면 아주 큰 손실이라고 말하기도 했고요. 그리고 죽을 때 벌어지는 일들은 말할 수 없이 위대하기 때문에 우리의 일반적인 상상이나 감정으로는 제대로 파악하기조차 어렵다고 말하기도 했죠.

윤 '임사체험은 개인의 주관적인 환상체험이다' 이렇게 얘기하는 사람도 있는데 그런 견해에 대해서는 어떻게 생각하세요?

정 대개 과학자나 의사들이 그렇게 이야기해요. 뇌의 일정한 부위, 측두엽側頭葉에 전기자극을 주면 환자가 빛 같은 것을 보는데, 그것 때문이라거나 뇌가 착각하는 거라고 많이들 얘기하죠. 그러나 근사체험을 오랫동안 연구한 학자들에 의하면 그렇지 않아요. 약물이나 전기적 자극이 있는 경우에는 기억이 조각나 있어 일정치 않고 정리가 안 돼있다는 거예요. 삶을 회고하는 건 불가능하다는 거죠. 반면에 근사체험을 한 후에는 삶에 아주 신비한 변화가 오게 됩니다. 돈만 알고 살았던 수전노가 베푸는 삶을 살게 된다든가 하는 식으로 삶의 변화가 오는데, 약물이나 전기적 자극만으로는 그런 변화가 오지 않는다는 거죠. 빛을 보는 건 물론이고 빛과 교신하기도 하는데, 이때 빛이 살아있을 때 다른 사람을 얼마나 배려하고 사랑하고 지혜를 평소에 쌓아놨는가 이런 걸 물어본다고 해요. 그걸 체험자들이 이구동성으로 얘기를 한다는 거죠. 그리고 서양의 사례나 우리의 사례에서 공통적으로 나타나는 건, 죽게 되면 먼저 죽은 가족이나 친척이 나타나서 아직 올 때가 아니니까 돌아가라는 얘기를 한다고 해요.

윤　임사체험을 하고 나서 사람들이 긍정적인 삶의 변화를 겪게 되는 이유가 뭘까요?

정　눈에 보이는 게 다인 줄 알고 살다가 그게 아니라는 걸 알게 되면서 겪는 변화겠죠. 그런 걸 알면 하루하루를 허투루 살아갈 수 없을 겁니다. 오늘이 마지막 날일지도 모르니까 지루하다든가 권태롭다는 생각이 들 수 없을 거예요. 또 누군가를 미워하고 싸울 시간이 없을 겁니다. 〈이키루〉*라는 일본 영화를 보면, 한 공무원이 위암으로 시한부 선고를 받고 나서 삶을 의미 있게 마무리하고 싶어 해요. 그래서 자기가 죽기 전에 어떤 일이든 해보려고 찾아봅니다. 그러다가 그동안 마을 주민들이 공원으로 만들어달라고 했던 버려진 공터를 생각해 내요. 비가 많이 오면 그곳에 깊은 물웅덩이가 생기곤 해서 사람들이 그곳을 공원으로 만들어달라고 한 거였는데, 진

◆ 〈이키루生きる〉는 1952년에 제작된 일본의 세계적인 감독 구로사와 아키라의 영화로, 국내에는 2004년 〈살다〉라는 제목으로 상영되었다.

행이 잘 안 됐었죠. 7개가 되는 부서가 관여를 하다 보니까 자꾸 책임을 타부서로 돌리는 겁니다. 그래서 주인공이 직접 나서서 담당 과장이 결제 도장을 찍어주기 전까지는 자리에서 일어나지 않는 방법으로 도장을 하나씩 받아갑니다. 그런 과정에서 여러 사람에게 푸대접도 받고 하는데, 어느 날 한 직원이 그런 사람들이 밉지도 않냐고 물어요. 주인공은 "나는 누굴 미워할 시간이 없다"고 대답합니다. 자기에게 시간이 얼마 남지 않았다는 걸 너무나 잘 알기 때문에 그런 거죠.

윤　사후세계에서 대략 어떤 일들이 일어나는지 궁금해하시는 분이 많을 것 같아요. 물론 문화권이나 여러 가지 조건에 따라서 다른 체험들을 한다는 건 알지만요.

정　여러 자료를 보면, 육신을 벗어난 의식체라든가 영혼이라는 것은 하나의 에너지라고 할 수 있어요. 에너지는 소멸하는 게 아니고 형태만 다르게 바뀌는 거예요. 그래서 우리가 죽게 되면 소멸하는 게 아니고 다른 차원에 있는 사후세계 혹은 영계라고도 하는 곳으로, 본인 스스로 자기 진동수에 맞는 영혼 그룹에 가게 된다고 합니다. 그러니까 평소 남에게 배려심 많았던 영혼들은 그런 영혼들끼리 모이는 곳으로 가고, 평소 남을 많이 헐뜯었던 영혼은 그런 영혼들끼리 모이는 곳으로 간다는 거예요. 또 바로 직전의 자신의 삶을 되돌아보는 과정도 있게 되고, 조금 지나서는 수많은 삶을 살아온 여정이 통합되는 과정을 겪게 된다고 해요. 우리는 한 번만 사는 게 아니고 무수한 삶을 살아가거든요. 그런 것을 통해 이번 생을 살아오면서 뭘 배웠고 뭘 배우지 못했는지 평가하는 과정을 거치게 된다고 합니다. 그런데 늘 그런 똑같은 과정이 반복되는 게 아니라 이런 성장을 계속 반복하면서 결국 그런 과정이 필요 없는 경지까지 가게 됩니다. 영계에서도 영적인 성장을 위한 일들이 있게 되죠. 거기에는 고도로 진화한 수많은 영적 존재spiritual entity가 있습니다. 브라이언 와이스* 박사는 그걸 '마스터master'라고 했는데, 남을 돕고 싶어서 안달이 난 존재들이라고 해요. 남을 돕는 것을 통해서 자신들도 성장을 한다고 합니다. 재밌는 것은 계속해서 다시 태어날 필요가 없는데도 구태여 환생을 택하는 존재들도 있다고 합니다. 그 이유는 단지 남을 돕기 위해서죠. 그런 존재들이 우리 주변에 아주 평범한 인물로 살아가는데, 영계에서도 마찬가지로 그런 영적인 존재가 존재한다는 겁니다.

윤   새로운 몸을 받고 다시 생을 부여받았을 때 거의 망각된 상태에서 시작하게 되는데, 그 이유는 뭘까요?

정   너무 많은 기억을 갖고 있으면 오히려 체험에 방해가 된다는 거죠. 어떤 사람을 만났는데 "네가 수백 년 전에 내 머리를 때리

---

* 브라이언 와이스Brian L. Weiss, 1944~ 는 미국의 저명한 정신분석의로, 최면 치료 과정에서 전생을 체험한 뒤 증상이 호전되는 환자를 보면서 삶과 죽음에 대한 기존의 가치관에서 벗어나 새로운 세계에 대해 탐구하기 시작했다. 전생요법을 통해 다양한 증상을 가진 수많은 환자를 치료하는 데 성공했으며, 전 세계에서 다양한 세미나와 워크숍 및 전문가를 위한 교육 과정을 운영하고 있다.《나는 환생을 믿지 않았다Many Lives, Many Masters》(1988),《전생요법Through Time Into Healing》(1993),《기억 Only Love is Real》(1997),《파워 오브 러브Messages from the Masters》(2001) 등 다수의 저서가 있다.

지 않았느냐?" 하면 어떻게 될까요? 너무 많은 걸 기억하고 있으면 새로운 체험을 계속해 나가는 데 방해가 될 수 있어요. 폭력을 행사하면 내가 벌을 받는다는 예전 기억을 가지고 있으면 물론 폭력을 쓰지는 않겠죠. 하지만 그보다 더 깊은 자각을 위해서, 폭력이 정말 나쁘다는 것을 절실하게 깨닫기 위해서 기억이 완전히 없어진 상태로 온다고 할 수 있습니다. 그러나 잠재의식 속에는 그 기억들이 다 있죠. 우리가 일반적으로 접근하지 못할 뿐이죠.

윤   우리 생이 계속 이어지는 흐름 속에서 죽음의 의미는 뭘까요?

정   육신을 벗는 거죠. 물론 육신을 잘 써야 됩니다. 닦고 조이고 기름 치고 하듯이, 건강 관리를 잘 하면서 육신을 쓰다가, 자기 수명이 다하면 자연스럽게 육신을 벗어나는 거죠. 죽음은 사라지는 게 아니라, 더 이상 갈 수 없는 막힌 벽이 아니라 다른 차원으로 이동하는 하나의 통로라는 것을 확실하게 안다면 죽음에 대한 두려움과 공포가 많이 사라질 겁니다.

윤   현실의 고단함으로 인해서 삶을 그만두고 싶은 분들에게, 그래도 살아야 하는 이유를 말씀해 주신다면요?

정   우리가 육신을 갖고 태어났다는 것 자체가 대단한 일이고, 우리에게는 이 육신을 가지고 해야 할 소명들이 다 있습니다. 그건 자기 스스로 찾아가야 하는 과업이죠. 삶을 학교로 비유한다면, 수업이 들기 싫다고 몰래 담 넘어서 딴 데로 가버리면 어떻게 되겠습니까? 결국 다시 돌아와야 되죠. 돌아와서 구구단을 계속 반복하며 외워야 하는 것입니다. 인수분해도 배우고 미적분도 배우고 해서 쭉 성장해 나가야 되는데, 중간에 포기하면 계속 구구단만 외우고 있어야 해요. 그것처럼 끔찍한 일이 어디 있겠어요. 아무리 힘들더라도 성장해 나가야죠.

윤   마지막으로 전하고 싶으신 말씀이 있으시면 부탁드립니다.

정   오늘이 내 마지막 날일지도 모른다는 생각으로 사시면 좋겠습니다. 삶은 유한하고 죽음은 예측불허죠. 사실 오늘 갈지 내일 갈지 알 수 없거든요. 친구가 떠올랐는데 연락을 해야겠다면 미룰 게 아니라 바로 그 자리에서 연락하시고, 옛날에 잘못한 일이 있으면 바로 용서를 구하고, 내가 용서할 일이 있으면 빨리 용서하시는 게

죽음학 강의를 하고 있는 정현채 님

좋습니다. 그런 것들은 뒤로 미루지 말고 생각날 때 바로 해야 합니다. 그리고 나 자신이 눈에 보이는 육체가 다가 아니고 영적인 존재라면 이웃집 사람도, 식당에서 음식을 가져다주는 종업원도 다 고귀한 영적인 존재겠죠. 그걸 안다면 갑질을 할 수 없는 거죠. 작은 것부터 해나가는 게 중요하다고 생각합니다. 저는 아침에 샤워할 때마다 늘 생각하는 게 있어요. '심 봉사의 눈 뜬 기적, 두 눈을 뜨고 두 귀로 들을 수 있는 기적을 내가 누리고 있다. 오늘 하루도 이 선물을 받았으니까 대단히 감사할 일이다.' 대단한 기적이죠.

윤   살아있다는 게.

정   예, 살아있다는 게.

▶ YouTube 가슴의 대화 정현채 | Q

오른쪽 QR코드를 촬영하시면 해당 인터뷰 영상을 보실 수 있습니다.

Book 사후생: 죽음 이후의 삶의 이야기On Life after Death

엘리자베스 퀴블러 로스 지음 | 최준식 옮김 | 대화문화아카데미 | 2009

스위스 출신의 정신과 의사였던 엘리자베스 퀴블러 로스 박사가 지은 죽음에 관한 첫 번째 책입니다. 로스 박사는 《인생수업》《상실수업》《생의 수레바퀴》 등을 통해 이미 국내에 알려졌었죠. 이 책은 주로 어린 임종 환자를 지키면서 관찰한 현상들과 그 외에 여러 환자의 근사체험의 사례들을 연구하여 죽음의 실체, 죽음의 진실에 접근하고자 했습니다. 이 책을 통해 죽음에 대한 새로운 시각, 즉 죽음은 삶을 성장시키는 기회이며 삶을 완성시키는 단계라는 것을 알게 되실 겁니다.

Book 윤회의 본질: 환생의 증거와 의미, 카르마와 생명망에 대한 통합적 접근Lifecycles: Reincarnation and the Web of Life

크리스토퍼 M. 베이치 지음 | 김우종 옮김 | 정신세계사 | 2014

죽음이라는 것은 끝이 아니라 다른 차원으로의 이동입니다. 우리가 살고 있는 이 물질 우주의 바탕에는 더 큰 영적 우주가 존재하는데, 죽음이라는 통로를 통해 우리는 이 영적 우주로 이동하게 되고 다시 삶을 부여받아 이 물질 우주로 들어오게 됩니다. 우리는 반복되는 삶과 죽음을 통해 물질적인 우주와 영적인 우주를 오가며 지구에 온 목적을 완성할 때까지 길고 긴 여정을 계속해 나가게 돼요. 이러한 윤회는 다른 사람에 대한 이해와 배려 그리고 사랑을 통해 우리에게 내재된 신성을 구현해 나가도록 이끕니다. 이 책은 특정한 종교의 관점이 아니라 많은 데이터를 바탕으로 환생에 대해 상세하게 풀어나가고 있습니다.

Site 죽음, 또 하나의 시작

2014년 11회에 걸쳐 네이버캐스트에 연재했던 칼럼으로, 죽음과 관련해 일어나는 영적인 현상에 관한 의과학 논문과 관련 자료들을 광범위하게 다루고 있습니다. 예술작품에 나타난 죽음에 대한 시각과 의료기술 발달과 그에 따라 변화된 죽음관, 근사체험, 삶의 종말체험, 안락사, 자살, 사후세계 등 죽음과 관련된 다양한 주제를 만나보실 수 있습니다.

6

몸과 마음을 깨우는
알아차림 식사법

현미밥카페 대표 곽노태

곽노태

건강식품으로 체중 관리 사업을 15년간 해오다가 그 폐해를
깨닫고 2006년부터 현미 보급 사업을 해오고 있으며, 현미 채
식과 40분 동안 식사하기 운동을 통해 지속가능한 삶 만들기
에 매진하고 있다. 이를 위해 현재 고혈압 환자, 당뇨 환자들
에게 식사를 제공하고 약을 먹지 않고 식생활 방식 개선만으
로 병세가 좋아지는 식습관을 지도하는 식당인 '현미밥카페'
를 운영하고 있다. 이곳에서 매주 수요일 고혈압, 당뇨, 비만
환자를 위한 무료 강좌를 열고 있으며, 5세 이하의 아동을 둔
맞벌이부부 회원들에게 퇴근 시간에 맞춰 아이들 간식을 무
료로 나눠주고 있다.

chamdiet@naver.com
현미밥카페 블로그 blog.daum.net/charmdiet

윤　매일 이렇게 요리하시는 거 힘들지 않으세요?

곽　힘들긴요. 기쁨이죠. 음식을 만드는 사람은 어떤 다른 직업을 가진 사람보다 행복한 것 같아요. 음식은 하루가 지나면 그 효과가 바로 드러나니까요. 제가 만드는 치유식을 드시러 찾아오시는 분들 중에는 몸의 문제를 갖고 계신 분들도 많아요. 그중 당뇨를 앓고 있는 분의 경우, 일반식을 했을 때와 현미식을 했을 때의 혈당 차이가 크게 나타납니다. 그런 결과를 보면서 '내가 그래도 사람들에게 건강과 만족을 주는 사람이구나' 싶어 기쁘고 보람을 느껴요. 제가 지금 6년째 밥을 하고 있는데, 가까운 친구가 세상을 떠난 날, 그날 딱 하루 쉬었어요. 이게 힘든 일이었다면 이리저리 피하고 싶어 했을 텐데 기쁜 일이라 계속하게 되는 것 같습니다.

윤　치유식이라고 하셨는데, 음식으로 치유하는 일을 하시는 건가요?

곽　우리 몸은 아주 복잡해 보이지만 사실 그렇게 복잡하지 않아요. 입부터 항문까지는 하나의 관에 불과합니다. 각 위치에 따라서 하는 역할이 다를 뿐이죠. 보통 입이 헐면 항생제를 투여하죠. 그런데 항생제를 투여하면 입안은 나아지지만 대장은 굉장히 안 좋아져요. 대장 안의 유익균이 많이 몰살당합니다. 대장의 상태는 유익균과 유해균 사이의 균형에 의해서 좌우되는데, 그러면 당연히 장 상태가 많이 안 좋아지겠죠. 입은 좋아지더라도 대장은 안 좋아지니 몸 전체로 보면 제대로 된 치료라고 할 수 없죠. 온전한 치유를 위해서는 몸을 하나로 보는 시각이 필요합니다. 병을 고치는 건 자신 내부의 면역 시스템과 외부에 있는 유용한 물질이에요. 자기 안의 시스템이 제대로 발현이 될 수 있게 내부 여건을 잘 조성해 주고, 그다음에 기능성이 있는 여타의 물질들, 파이토케미컬*이라고 하는 것들을 섭취하여 왜곡 없이 흡수할 수 있도록 하는 게 치유의 가장 빠른 길이죠.

윤 요리를 하실 때 중요하게 생각하시는 게 있으세요?

곽 저희 할머니가 음식을 할 때 특별한 재료를 쓴 건 아니었는데 진짜 맛있었어요. 아마 직접 농사지은 식자재로 음식을 만들었기 때문이었던 것 같아요. 신선함 자체가 주는 맛이랄까요? 양념을 많이 하지 않아도 고유의 맛이 살아있었어요. 그래서 지금 제 요리 철학은 고유의 맛 살리기입니다. 식재료가 가진 고유의 맛을 사람들에게 그대로 전달하는 것, 그게 가장 중요합니다.

◆ 파이토케미컬Phytochemical 식물성을 뜻하는 '파이토phyto'와 화학을 뜻하는 '케미컬chemical'의 합성어로, 식물에 들어있는 천연 생체 활성화합물질을 말한다. 파이토케미컬은 경쟁 식물의 생장을 방해하거나 각종 병원균, 해충 등으로부터 자신을 보호하며, 식물이 가지고 있는 고유의 맛과 향, 색을 부여한다. 사람의 몸에 들어가면 항산화 작용을 증진시키고, 면역 기능과 해독 작용의 향상, 호르몬 조절, 세포 손상 억제, 암세포 성장 속도 감소, 고혈압·백내장·골다공증 발병 감소 등 건강에 유익한 작용을 한다.

윤 현미밥을 맛있게 하는 비결이 있다면요?

곽 맛있는 밥을 짓는 방법은 간단해요. 우선 갓 도정한 쌀로 지으면 밥이 맛있습니다. 저희 식당에선 도정한 지 7일 이내의 햅쌀을 씁니다. 그다음 물의 비율이 정말 중요해요. 질면 단맛이 떨어지고, 되면 밥맛이 텁텁해져요. 물의 비율이 밥맛을 좌우하는 아주 결정적인 요인이죠. 그렇게 매일 밥을 지어서 고객들과 나누고 있습니다.

윤 '현미밥카페'라고 이름도 지으셨는데, 왜 현미가 중요한가요?

곽 현미는 완전 식품입니다. 과피를 벗겨낸 백미와 영양 면에서 큰 차이가 있습니다. 가장 큰 차이는 식이섬유예요. 현미에는 식이섬유가 풍부하게 들어있죠. 식이섬유는 몸에 있는 독소를 배출시켜줍니다. 살찌게 하고 혈당을 높이는 당이나 지방 등을 흡착해서 배출시키기 때문에 고혈당, 고지혈, 비만 등을 예방할 수 있어요. 당연히 백미가 가지고 있는 영양도 고스란히 가지고 있겠죠. 길에 천 원짜리 지폐가 두 장 떨어져 있다고 해보죠. 한 장만 주울 건가요? 둘 다 주울 거잖아요. 알맹이뿐만 아니라 식이섬유가 풍부한 과피도 함께 먹는 게 몸에 더 유익하겠죠.

윤   현미밥을 먹을 때 강조하시는 부분이 있다면요?

곽   현미밥을 오랫동안 씹어 먹으면 현미 안에 들어있는 충분한 영양분을 다 흡수할 수 있어요. 그런데 대충 씹어 삼키면 좋은 성분들이 흡수되지 않고 변으로 많이 빠져버립니다. 현미 알 하나와 나를 1:1로 대응되는 생명체라고 여겨보세요. 그 안에 있는 영양소를 나에게 집어넣으려면 벽을 없애야 할 게 아닙니까? 그 벽을 없애는 일이 씹는 일이에요. 한 끼 현미식을 할 때 오랫동안 씹어서 40분 정도의 식사 시간을 갖는다면, 그 벽을 충분히 없앨 수 있고 그 안에 들어있는 많은 유용한 영양소를 온전히 흡수하실 수 있습니다. 그래서 저는 여기 처음 오시는 고객님들에게 40분 이상 식사 시간을 가지시라고 말씀드립니다. 그러면 다들 "빨리 먹고 나가야 식당 회전율이 좋지 않나요?" 하세요. 하하. 저에게는 식당의 회전율보다 고객의 건강이 더 중요합니다.

윤   처음 오시는 분들은 40분 동안 식사하는 게 적응하기가 쉽지 않으실 것 같아요.

곽   처음에는 습관대로 밥을 대충 씹고 빨리 삼켜버리세요. 그런데 맛을 하나하나 음미하면서 드시면 40분도 모자랍니다. 사람이 뭔가에 몰입하면 다른 생각이 안 나요. 그런데 밥을 대충 씹고 빨리 삼키는 경우는 대부분 현재에 몰입하지 못하고 생각이 이리저리 떠돌아다니는 상태예요. 몸은 여기 있는데 생각은 다른 데 가 있는, 몸과 마음이 분리된 상태인 거죠. 많은 사람이 그런 상태에서 식사하고 있어요. 저는 이곳을 찾으시는 고객님들이 음식을 천천히 오랫동안 씹으시도록 도와드리고 있어요. 현재에 몰입할 수 있게 "손님은 지금 식사를 하고 계신 겁니다"라고 계속 말씀드리죠. 그러면 5분, 10분 만에 드셨던 분이 15분, 20분 동안 드시게 돼요. 그러다 보면 점차 늘어나게 되고 나중에는 40분까지도 거뜬히 식사하시게 됩니다.

윤 그런데 여기서 손님들에게 제공되는 현미밥의 양은 그렇게 많지 않더라고요.

곽 네. 포만감과 적정 섭취량의 불균형으로 많은 사람이 건강을 잃고 있어요. 음식이 우리 몸 안에 들어왔을 때 포만감을 느끼기까지는 시간이 좀 걸려요. 당연히 밥을 빨리 먹으면 아무래도 과식을 하게 되겠죠. 과식하면 일단 위가 늘어납니다. 그러면 위벽이 얇아지겠죠. 그러면 또 위의 연동운동력이 약해지니까 소화력이 떨어집니다. 소화가 느려져요. 그다음 식사를 할 땐 늘어난 위만큼을 음식물로 채워야 포만감을 느끼게 되니 그 악순환이 계속되는 거죠. 밥을 충분히 씹으면 밥에 든 전분이 침 안에 있는 효소와 결합해서 맥아당이 만들어집니다. 맥아당 상태로 만들어서 삼키기만 해도 혈당이 금방 채워져요. 혈당이 채워지면 만복감 상태가 만들어지죠. 다시 말해 천천히 드시면 포만중추가 자극돼서 밥을 많이 먹지 않더라도 포만감을 느끼게 돼요. 그러면 자기 몸에 맞게 식사하실 수 있어요. 그뿐만이 아니에요. 음식을 먹을 때 우리는 치아의 저작운동을 통해 음식을 잘게 부숩니다. 그다음 분비된 효소가 그것을 우리 몸에 흡수될 정도로 분해하죠. 이때 효소가 제대로 기능하려면 충분히 씹어서 잘게 부숴놔야 해요. 그러지 않고 대충 씹어 먹으면 음식물이 효소와 잘 섞이지 못해 우리 몸속에서 부패되기 쉬워요. 하지만 충분히 씹어 음식을 잘게 부수고, 효소가 제대로 기능해서 분해가 잘 일어나면 부패가 아닌 발효가 진행됩니다. 식곤증은 바로 이 부패 때문에 발생합니다. 부패로 인해 가스가 발생되고, 이로 인해 산소가 뇌로 잘 못 가기 때문에 나른해지고 졸리는 거죠. 충분히 씹어 먹으면 식곤증이 사라져요. 음식은 반드시 충분히 씹어 드셔야 해요.

윤   특히 현미를 먹을 때는 더 잘 씹어야 하겠군요.

곽   그렇죠. 현미식을 하기 전에는 제가 안경을 자주 썼어요. 지금은 공부할 때랑 운전할 때 빼고는 안경을 안 써요. 현미식을 하면 피가 맑아지고 혈액순환이 잘 되기 때문에 눈이 정말 좋아져요. 그런데 충분히 씹지 않으면 현미식도 효과가 없어요. 식이섬유가 제대로 역할을 못 하기 때문이죠. 식이섬유를 혈관을 닦는 걸레라고 생각하시면 좋을 것 같아요. 그게 쫙 퍼져있어야 혈관 안의 노폐물들을 흡착해서 끌고 나가는데, 충분히 씹지 않으면 그 역할을 못 하게 되죠. 그런데 덕현 님, 지금 굉장히 빨리 드시는 거예요. 이제 그만 젓가락을 놓으세요. 하하. 봐요. 음식을 빨리 먹는다는 건 주객이 전도된 삶을 사는 거예요. 우리가 잘 먹기 위해 일하는 건데 음식을 빨리 먹는다는 건 일하기 위해서 먹는 게 되죠. 음식을 꼭꼭 씹어 먹다 보면 진짜로 음식의 고마움을 알게 돼요. 그것으로 허기를 달랬고 그걸로 내 병이 나았으니까요. 그런데 많은 사람이 음식의 고마움을 몰라요. 빨리 먹어서 그래요.

윤　　천천히 먹으니까 명상하는 것 같아요. 이렇게 천천히 먹으면서 음식의 맛에 깨어있는 식사법을 '알아차림 식사법'으로 이름을 지으셨던데요. 여기에 대해서도 설명해 주세요.

곽　　이게 사실은 명상 식사법이에요. 자기 머릿속을 명쾌하게 만드는 게 명상일까요? 아니에요. 그저 아는 거예요. 자기가 앉아있는 걸 아는 거고, 숨을 쉬고 있다는 걸 아는 거죠. 즉 자기가 지금 어떤 상황에서 어떤 느낌으로 뭘 하고 있는지, 즉 자기의 행위 자체를 제대로 아는 거예요. 여기선 밥 먹는 걸 아는 것이 명상인 거예요. 음식의 빛깔이나 향, 맛을 알아차리고 그 미세한 차이들을 자기 감각으로 느껴서, '이건 이런 향이구나' '이건 이런 맛이구나' 하는 것을 아는 거죠. 영상이라는 것도 보면 개별적인 스틸 이미지로 이뤄지잖아요. 그걸 빨리 돌리면 연속된 하나의 움직임으로 보이는 것이고요. 똑같아요. 감각을 깨우면 순간순간이 다르다는 걸 알아요. 처음 음식을 먹었을 때의 맛과 그걸 씹어서 좀 부서진 후에 침하고 섞였을 때의 맛은 달라요. 그러면 다른 스틸이 만들어진 거예요. 지금 씹고 있는 느낌, 혀에 닿는 느낌이 어떤지 느껴보세요. 그리고 '이거는 이런 맛이네'라는 느낌을 뇌에다 보내세요. 계속 씹으세요. 그리고 방금 그것과 비교해서 지금의 맛을 또 느껴보세요. 그러면 또 다른 스틸 이미지가 만들어진 거예요. 이런 식으로 계속 느껴보세요. 그러면 그 사이에 두 가지 느낌만 있는 게 아니라는 걸 알 수 있어요. 애초에 접했던 맛은 점점 달라지죠. 감각이 발달할수록 더 많은 스틸이 만들어지고, 스틸이 많을수록 뇌는 지루해하지 않아요. 뇌에 계속 새로운 자극이 들어오니까요. 그냥 대충 씹고 넘기려고만 하면 같은 동작이 반복되는 거라서 뇌가 금방 피곤해져요. 그런데 똑같은 동작을 하더라도 순간순간을 알아차리려고 하면 실제 거기에서 와닿는 느낌은 다 다르죠. 그 다름 자체를 '나는 이렇게 느꼈어요' 하면서 계속 뇌에다 보내보세요.

윤   그렇게 하면 어떤 좋은 게 있나요?

곽   세로토닌serotonin 분비량이 늘어요. 세로토닌은 행복 호르몬이라고도 하죠. 세로토닌 분비량이 많아지면 행복해집니다. 그걸 얻으려고 우리가 좋은 일하면서 기쁘게 살려고 하는 거죠. 우리가 여행을 왜 갈까요?

윤   새로운 자극을 위해서?

곽　그렇죠. 새로운 자극 때문이죠. 그럼 이제 음식 먹는 게 새로운 자극이 되겠죠. 맛이 다르니까요. 여행 가서 새로운 세상을 느끼는 것과 음식 먹으면서 새로운 맛을 느끼는 것을 두뇌에서 처리하는 방식은 동일해요. 그러니까 여행 갔다 오면 충전이 되고 기분전환이 되는데, 그걸 식사할 때도 경험할 수 있다는 거죠. 몸과 마음이 깨어있으면 미세한 부분까지도 느낄 수 있게 돼요. 순간순간의 느낌을 감지하는 훈련을 하면 바람이 그다지 불지 않는 곳에서도 남들이 잘 느끼지 못하는 미세한 바람의 움직임을 느낄 수 있어요. 음식을 먹을 때도 순간순간 감지하는 훈련을 하면 일상에서도 감각에 깨어있을 수 있어요. 그게 명상 식사법이에요. 누구나 할 수 있어요.

윤　일반적인 명상 수행에서도 매 순간 모든 감각과 느낌에 깨어있으면서 그걸 알아차리는 연습을 하게 되는데, 처음 명상을 시작할 때는 그 대상이 명확하지 않아 어려움을 겪기도 하죠. 그런데 명상 식사법에서는 음식이라는 생생한 대상이 있어서 좋네요.

곽　알아차림이라는 건 자기 밖에 있는 다른 사물과 접촉하는 순간에 일어나는 일을 대상으로 해요. 어찌 보면 나와 우주와의 만남이라고 얘기할 수 있겠죠. 그런데 처음 명상을 하게 되면, 그 대상을 막연하게 인식하기도 하고 자기가 갖고 있던 생각에 휘둘려서 인지하기도 해요. 실제 바람이 일지 않았는데 바람이 이는 것처럼 느낄 수도 있고 자신이 상상한 헛된 감각을 느끼는 경우도 있죠. 그런데 음식 명상은 대상이 분명해요. 자기에게 직접 와닿는 대상을 그대로 느끼기 때문에 일상의 알아차림을 위한 좋은 계기가 될 수 있어요.

윤 　수행의 연장선상에 있고 또 건강에도 효과가 있으니까 여러모로 좋겠네요. 그렇게 천천히 알아차리면서 먹으면 음식이 더 소중하게 느껴질 것 같아요.

곽 　자기 가슴이 꽉 채워집니다. 먹는다는 건 나와 다른 개체가 하나가 되는 거잖아요. 당장 한번 밥 한 숟갈 가지고 해보세요. 채워짐이 뭔지 알 수 있을 거예요.

윤 　그전에 먹던 똑같은 음식이 좀 다르게 느껴지겠네요. 습관적으로 빨리 먹는 음식은 내 안에서 부패되었지만, 이제는 충분히 씹으면서 알아차리며 먹으니까 내 안에서 굉장히 좋게 작용하게 되겠군요.

곽 　맞습니다. 음식을 빨리 먹으면 불쾌감이나 졸림이 뒤따르는데, 음식을 천천히 씹어 먹으면서 고유의 맛을 느끼다 보면 몸이 편안해지고 마음도 평온해지죠.

윤 　마지막으로 음식과 온전하게 만나는 식사법을 위해서 해주실 말씀이 있으세요?

곽 　몰입감이 중요해요. 예를 들어, 갑돌이와 갑순이가 사랑을 해요. 그런데 갑돌이가 갑순이의 손을 잡고 "사랑해"라고 하면서 머릿속으로는 카드값 걱정을 하면 마음이 제대로 전달되지 않겠죠. 음식을 먹으면서 다른 생각을 하는 것도 마찬가지예요. 갑순이하고

'현미밥카페' 주방에서 현미밥을 준비하고 있는 곽노태 님

사랑할 때는 갑순이한테 몰입해야 해요. 그러면 갑순이 생각밖에 안 나요. 음식 먹을 때도 마찬가지예요. 오직 음식의 맛과 향, 빛깔 등을 느끼면서 음식에 몰입해야 하죠. 갑돌이가 갑순이한테 몰입했을 때 갑돌이만 기쁠까요? 갑순이도 기쁘겠죠. 똑같아요. 음식을 몰입해서 먹으면 음식도 기쁘고 나도 기쁘게 돼요.

윤 음식을 통해서 행복해지면 삶이 어떻게 달라질까요?

곽 음식을 통해서 행복해졌는데 누구를 만나더라도 그런 일이 안 생기겠어요? 훨씬 더 깊이 공감하는 좋은 관계를 얼마든지 만들어낼 수 있죠.

윤 음식과 관계를 잘 맺으면 인간관계도 좋아진다는 말씀이시군요.

곽   그렇죠. 내가 식사할 때 음식에 몰입해서 음식과 내가 하나가 된다면 음식도 기쁘고 나도 기쁩니다. 그러면 이제 이걸 사람한테도 그대로 적용하는 거예요. 내가 이 사람과 좋은 관계를 만들려면 마찬가지로 그 사람에게 몰입해야 해요. 그 사람에게 몰입하다 보면 다른 생각이 안 나요. 집착하라는 게 아니에요. 집착은 내가 다른 곳에 가 있어도 여기에 머물러있는 것이죠. 여기 있을 때는 최선을 다해서 이 사람과 의미 있는 대화를 나누고 공감하면 돼요. 그러면 둘 다 기쁘겠죠. 나무한테도 돌한테도 그대로 적용할 수 있어요. 자기가 놓여있는 상황마다 순간순간 몰입하는 거죠. 운전할 때도 몰입할 수 있어요. '내가 이만큼 밟았더니 바퀴가 이만큼 굴러가네?' 이런 몰입이 생활이 된다면 어디에 차를 들이받겠어요? 그럴 일은 없겠죠. 그런 생활이 만들어지는 겁니다. 그래서 음식을 잘 씹어 먹는다는 건 내 삶이 바뀌는 혁명적인 일이에요.

▶ YouTube   가슴의 대화 곽노태 | Q

오른쪽 QR코드를 촬영하시면 해당 인터뷰 영상을 보실 수 있습니다.

Book 법륜스님의 금강경 강의 법륜 지음 | 정토출판 | 2012

저는 이 책을 읽기 전과 읽고 난 후의 삶이 완전 달라요. 예전에는 고정적인 틀을 가지고 살았어요. 그 틀에 맞춰 누군가에게 당위를 요구했었죠. 자식에게도 내 머릿속에 있는, 자식으로서 지녀야 할 자세와 태도를 요구하다 보니 사사건건 부딪치는 일이 많았어요. 하지만 이 책을 읽고 내 머릿속에 있는 틀을 없애버릴 수 있었어요. 그러고 나니 주위의 삶을 있는 그대로 놔두게 되었죠. 또 마찰이 없어지니 괴로움이 사라져 버리고 마음이 편안해졌고요. 내가 옳다는 것을 앞세워 타인과 마찰이 많은 삶을 살고 계신다면 이 책을 꼭 한번 읽어보시길!

Book 화: 화가 풀리면 인생도 풀린다

Anger: Wisdom for Cooling the Flames 틱낫한 지음 | 최수민 옮김 | 명진출판 | 2002

누군가에게 크게 소리를 지르건 혼자 속으로 분을 삭이건, 그 표현 방식은 다르지만 대부분의 사람은 화를 내면서 살아가요. 화를 낸다는 것은 웃고 우는 것처럼 자연스러운 감정 표현이죠. 그렇다고 화를 내면서 살아가기는 참 힘들어요. 그래서 우리는 화를 컨트롤하려고 하는데 쉽진 않죠. 이 책은 장기를 우리 몸에서 떼어낼 수 없는 것처럼 화도 우리의 일부이므로 억지로 참거나 제거하려고 애쓸 필요가 없다고 가르침을 줍니다. 오히려 화를 울고 있는 아기라고 생각하고 보듬고 달래라고 충고하죠. 운전할 때 조금만 끼어들어도 화를 내는 사람이라면 반드시 읽어야 할 책이에요.

Book **선재 스님의 사찰음식** 선재 지음 | 김수경 감수 | 디자인하우스 | 2000

삶을 잘 살기 위해서는 무엇을 먹을 것인가 그리고 어떻게 먹을 것인가에 대한 고민이 기본 중의 기본이라고 생각합니다. 요즘 TV에서 먹방을 쉽게 볼 수 있는데, 제 눈에는 독으로 보여요. 바른 먹거리에 대한 건강한 정보를 알려주기보다는 그저 연예인들이 나와서 맛있게 먹는 모습에 포커스를 맞추죠. 그러다 보니 잘못된 정보들도 넘쳐나요. 이 책에는 제철 재료만을 써서 고집스레 만든 건강식에 대한 정보가 담겨있어요. 그뿐 아니라 레시피에 담겨진 선재 스님의 음식에 대한 옹골진 철학도 엿볼 수 있죠. 이 책을 통해 주위 사람들과 음식으로 소통하는 기회를 한번 가져보세요.

7

생명의 빛, 오라 에너지

차의과대학 통합의학대학원 교수 이영좌

이영좌

'(주)에너지 사이언스' 대표를 맡아 20년 이상 매진해 온 생체
전자기장 오라aura 연구를 기반으로, 아이들을 위한 1대1 맞
춤 창의인성 연구 및 창의인성 검사 도구 개발에 연구원으로
참여했고, 어르신들을 위한 헬스테인먼트 연구도 진행하는
등 다양한 연구 개발을 하고 있다. 현재 차의과학대학원과 서
울장신대학원에 출강하고 있으며, 국내뿐 아니라 미국, 호주,
일본, 대만, 중국, 베트남 등 국외에서도 많은 강의를 진행하
고 있다. 또한 '국제힐링라이프코칭협회'를 통해 컬러테라피,
오감테라피, 인적성 검사 전문가, 치매 예방 전문가 및 오라
분석 전문가를 양성하고 있다.

greenarrr@hanmail.net
에너지 사이언스 블로그 blog.naver.com/energyscience

윤　사람들이 보통 눈에 보이는 것만 진실이라고 믿고 사는 경우가 많은데, 에너지 세계에서는 눈에 보이지 않는 어떤 일들이 일어나고 있다고 하잖아요. 그런 에너지들이 정말 있나요?

이　지금도 선생님 주변에 너무나 밝은 빛들이 보이는데요. 이건 자연스러운 거예요. 저도 전자를 이해하고 양자물리학을 공부하면서 이게 정말 자연스러운 생명의 활동이고, 생명의 활동에 맞춰 심장이 박동하듯, 생명의 리듬을 타고 전자나 미립자들이 자연스럽게 밖으로 나왔다 들어갔다를 반복한다는 것을 알게 됐어요. 민감한 사람은 이러한 사이클, 주파수, 파동을 색으로 감지해서 생명 에너지가 환하고 높은지 또는 어둡고 낮은지를 알 수 있어요. 이건 과학적인 것이거든요. 그런데 많은 분이 이 에너지를 자신과 멀리 떨어진 것, 그저 신비한 것으로만 여기시는 것 같아서 정말 안타까워요.

윤　생명체에서 나오는 빛을 직접 볼 수 있다는 게 신기하네요.

이　관심을 갖고 훈련을 하면 누구든지 오라aura를 볼 수 있어요. 실제로 조금만 연습해도 사람 몸에서 나오는 빛의 세기 정도는 금세 알아볼 수 있죠. 그동안 오라를 보는 능력을 가진 사람들을 많이 만나봤어요. 어떤 사람을 보면 왠지 기운이 좀 어둡고 칙칙한 걸 느끼신 적 있으시죠? 또 어떤 사람에게선 환하고 밝은 느낌을 느껴보셨을 거예요. 오라는 눈으로만 보는 게 아니라 기운으로 느낄 수 있고 감지할 수 있거든요. 눈으로만 보는 게 전부가 아니에요.

윤 일반적으로는 보이지 않는 생명의 빛을 장비를 통해 볼 수 있다는 것도 놀랍더라고요.

이 러시아의 키를리안이라는 사람이 식물의 생체전기를 담는 특수한 사진기를 만들었는데,* 그걸로 자신이 키우는 화초를 관찰하던 게 시작이었어요. 건강하던 화초에서는 아주 밝은 빛이 나왔는데, 키를리안이 그 잎사귀를 면도칼로 사악 그어봤더니, 갑자기 그 빛이 죽은 피 같은 검붉은 색으로 바뀌었어요. 그걸 보고 '도대체 이게 뭐지? 나뭇잎도 보이지 않는 피를 흘리나? 아프다고 비명을 지른 걸까?' 고민하기 시작했죠. 그건 스트레스를 받으면 나오는 호르몬 때문에 잎사귀에서 방출되는 색이 바뀐 거였죠. 사람도 스트레스를 많이 받으면 오라 에너지를 찍었을 때 검붉은 색이 상당히 많이 나와요. 검붉은 에너지를 갖고 있는 분들이 우리 사회에 너무 많습니다. 누군가에게 면도칼로 베인 것처럼, 스트레스를 많이 받은 에너지장을 볼 때마다 안타깝고 슬프죠.

◆ 키를리안 사진은 1939년 러시아의 전기공 세묜 키를리안Semyon Davidovich Kirlian, 1900~1980이 우연히 발견한 것으로, 고전압의 전기를 피사체에 가했을 때 피사체 주변으로 희미한 발광 현상이 촬영되는 것을 말한다. 이러한 발광 현상은 절연체로 분리된 두 전극 사이에 특정 크기의 전압이 걸렸을 때 나타나는 코로나 방전으로 인해 나타나는 것이다.

자연산 버섯   재배 버섯

윤　이건 어떤 사진인가요?

이　이건 코로나 방전을 시켜서 강한 전압을 걸고 특수한 장비로 찍은 버섯의 오라 사진이에요. 왼쪽은 뭔가가 힘차게 뿜어지고 있죠? 아주 험난한 자연 환경에서 스스로 살아남기 위해서 애쓰고 노력해 온 힘찬 버섯이에요. 한쪽은 인공적으로 재배해서 생명력이 그다지 강인하지 않은 버섯이에요. 이 버섯들을 육안으로 봤을 때 그 차이가 보이지 않죠. 사실 영양학적으로도 그다지 크게 차이나지 않아요. 그냥 비슷한 버섯인 거죠. 그럼 어떤 차이가 있을까요? 사실 오라장은 생명의 모든 정보를 담고 있는 저장고라고 할 수 있어요. 자연산 버섯에는 비바람, 천둥번개, 이슬, 새벽녘의 찬 기운, 태양의 뜨거운 기운, 땅에서 올라오는 기운이 모두 담겨있기 때문에, 우리가 이 버섯을 먹게 되면 그 버섯 속에 있는 생명 에너지와 그 버섯이 생존하기 위해 겪었던 많은 정보를 섭취하게 돼요. 당연히 우리 몸에 좋은 영향을 끼치겠죠.

윤   그러니까 기왕이면 기운이 좋은 것들을 섭취하는 게 좋겠네요. 그럼 재배하는 농부의 마음이나 요리하는 사람의 상태 등에 따라서도 음식이 달라질 수가 있는 거죠?

이   네, 정말 중요합니다. 재배할 때의 마음이 정보장에 남기 마련이거든요. 또 그 재료가 아무리 좋은 에너지장을 갖고 있어도 사랑의 마음을 담아서 요리하지 않으면, 분노와 미움 등 좋지 않은 에너지의 손길로 식재료를 만지면 그 에너지장은 상쇄될 거예요. 그래서 에너지장, 오라를 아는 건 우리 삶에서 아주 중요해요.

윤   그럼 오라를 통해서 어떤 것들을 또 알 수 있나요?

이   우선 몸의 정보를 알 수 있어요. 일기예보랑 비슷해요. 비 내리기 전 하늘엔 먹구름이 잔뜩 끼잖아요. 오라도 우리의 생명 전기들이 모여서 이루는 전자기장의 구름이라고 할 수 있어요. 몸 안팎으로 뻗어가는 전자입자들이 만드는 구름이죠. 건강하지 못한 사람의 오라는 비 내리기 전 하늘처럼 거무튀튀해요. 그런 게 지속되면 건강에는 상당한 적신호가 오겠죠. 오라 에너지의 정보는 몸의 건강 상태를 알려준다고 할 수 있어요.

윤   그럼 육체적인 질병이 발생하기 전에 오라에서 그런 정보들이 드러난다는 말씀이세요?

이   네, 먹구름이 가득한 하늘을 보면 '오늘 우산이 필요하겠구나' 하잖아요. 그런데 일반적으로 사람들은 자기의 에너지장을 잘 보지 못하고 잘 느끼지 못하죠. 사실은 관심이 없어서 느끼는 법을 잊은 거지만요. 그러다 보니 우리 몸은 분명 신호를 주고 있는데 그 신호를 알아채지 못하죠. 그걸 알아챌 수 있다면 내가 몸 관리를 어떻게 해나갈지 예방 차원의 정보들을 알 수 있겠죠. 그리고 오라를 통해 마음 상태를 알 수 있어요. 오라는 마음에 따라서 크게 변하거든요. 자신의 마음을 제어하기가 어렵다고들 하잖아요. 마치 거울을 보면서 표정 연습을 하고 옷도 고르는 것처럼, 내 마음의 상태를 볼 수 있으면 내 마음을 좀 더 좋은 상태로 유지할 수 있겠죠. 이 오라 에너지가 마음을 그대로 비춰볼 수 있는 거울이 돼줘요. 쌓이고 쌓인 마음들이 임계점에 다다르면 몸의 변화를 불러오게 되는데, 사전에 오라 상태를 보고 나의 건강 상태를 점검할 수 있습니다. 대부분 마음의 병이 먼저 와요. 그래서 어떻게 마음을 먹는가가 중요하죠. 나쁜 것들이 내 안에 들어왔을 때 마음의 균형이 좋으면 바로 면역력을 극대화시켜 빨리 회복할 수 있는데, 마음의 균형이 깨지면 세포 차원에서 미립자 주파수에 교란이 일어나고 부조화가 나타나요. 분노, 슬픔, 미움, 증오 이런 것들이 바로 해로운 바이러스나 세균들이 좋아하는 주파수예요. 그런 조화롭지 못한 파동들이 우리의 세포를 망가뜨리고 오장육부에 문제들을 가져옵니다. 그렇게 되면 우리가 경험하는 게 몸의 부조화, 질병이죠. 세포 간의 통신이 잘 됐을 때와 안 됐을 때가 오라에 그대로 나타나거든요. 세포들끼리 서로 원활하게 신호를 주고받게 되면, 세균 침입, 암 발생과 같은 문제가 생겼을 때 그 주변의 면역 세포들이 면역 물질을 빨리 만들어내서 회복을 도울 수 있어요. 하지만 세포 통신이 끊기면 그런 문제에 바로 대응하지 못하거나 비정상적인 신호가 생겨서 도리어 정상 세포를 적으로 알고 공격하기도 해요.

세포들이 건강하게 활동할 때의 모습

이 사진을 보면 세포의 모습들이 보이는데, 세포들이 건강하게 활동할 때는 활발하게 딸세포를 만들면서 밝은 황금색을 뿜어냅니다. 이 강력한 빛에 의해 세포 속의 독소나 불순물, 노폐물들이 제거되면서 세포가 맑고 깨끗해져요. 열심히 일하는 세포들을 보니 경건해지지 않나요? 저는 지쳤을 때 이 사진을 보면 힘이 나요. '내 60조 개의 세포들은 이렇게 열심히 일을 하는데 나도 힘을 내야지' 해요.

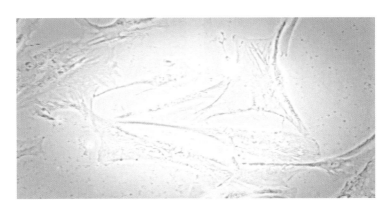

노화된 세포의 모습

그런데 이 사진에 나타난 세포의 모습은 참 슬프게도 빛을 만들어 내지 못하고 있는데, 이건 노화된 거예요. 자세히 보시면 이 안과 밖이 상당히 까맣죠. 이 까만 게 독소예요. 세포는 전기 공장과 같아요. 생명 전기를 만드는 60조 개의 공장을 우리가 가지고 있는 건데, 이런 건강하지 못한 세포가 되지 않도록 우리가 노력해야겠죠. 이렇게 세포의 빛들이 만들어내는 오라를 가지고 몸 상태를 보는 거울로 활용할 수 있는 거예요. 그리고 말씀드린 대로 마음 상태가 참 중요해요. 현대인들이 겪는 대부분의 병이 마음의 균형을 잃어 버리고 회복 능력이 약해져서 오는 거거든요. 마음 상태에 따라서 우리 몸은 바로 반응을 하는데, 마음과 몸을 연결해 주는 게 바로 호르몬이에요. 호르몬이 바뀌면 즉각적으로 세포의 상태가 바뀌어요. 즉 마음이 힘들어지면 호르몬 물질에 변화가 생기고, 이것이 즉

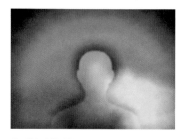
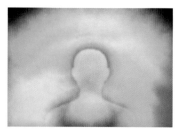

숲 체험 전 촬영한 오라의 상태　　　　　숲 체험 후 촬영한 오라의 상태

각 세포에 전달되면 생명 전자기장의 방출에 변화가 생기죠. 결국 전체 오라가 바뀌어요. 산림청에서 마음이 힘든 아이들을 대상으로 실험을 했었어요. 부모에게 돌봄을 제대로 받지 못해 오라 에너지가 늘 긴장된 상태에 있는 아이들이었는데, 숲에서 즐거운 시간을 보내게 하고 나서 다시 촬영을 해보니, 오라의 에너지가 편안한 상태로 바뀐 것을 볼 수 있었어요.

윤　　그동안 사람들의 오라를 많이 보셨잖아요. 그 경험들 좀 말씀해 주세요.

이　　도움이 필요한 오라들이 보일 때가 많아서 안타까워요. 그분들에게 어떻게 살고 있는지 여쭤봐요. 생활 습관, 평소 즐겨먹는 음식 이런 것들이 오라에 중요한 영향을 미치거든요. 요즘 사람들은 일상생활에서 샴푸, 치약, 화장품 등 화학제품을 너무 많이 사용하고 있어요. 이러한 화학제품 안에 든 독소들이 이미 체내에 들어온 중금속하고 합쳐져서 우리 세포 안에 쌓여요. 그러면 세포 자체가 상당히 망가지는 거죠. 세포에는 유전자 정보가 다 담기는데, 그 유전자 정보가 우리의 오라장을 이루는 근간이에요. 그런데 세포가 망가졌으니 당연히 생명의 에너지가 상당히 약해질 수밖에 없는 거죠. 20년 전에 측정했던 사람들의 오라 에너지보다 지금 사람들의 오라 에너지가 훨씬 더 건강하지 못해요. 많이 어두워졌어요. 저는 그것을 생명의 룩스lux가 약해졌다고 표현해요. 이를 회복하기 위해서는 환경호르몬 물질, 인스턴트식품의 화학첨가물을 포함한 유해 화학물질을 경계해야 해요. 무엇보다 화장품이 문제예요. 요즘 아이들은 빠르면 초등학생 때부터 화장을 시작해요. 아직 검증도 되지 않은 화장품을 아이들이 바르는 걸 보면 너무 걱정돼요. 그렇다고 무조건 안 된다고 하는 건 별로 효과가 없을 것 같아요. 이런 것들이 아이들에게 어떤 영향을 주는지 정보를 충분히 제공하고 스스로 자제할 수 있게 하는 교육이 정말 절실하다고 봐요. 그리고 생명 전자기장인 오라 에너지장을 직접 공격하고 파괴하는 게 전자파예요. 요즘은 늦은 시간까지 스마트폰이나 컴퓨터를 하는 아이들이 많잖아요. 이 아이들의 오라도 너무 안 좋아요. 스마트폰에 중독된 아이들의 뇌를 PET*로 찍어보면, 새까만 부분이 상당히 많이

◆ PET는 Positron Emission Tomography의 약자로, 양전자 단층촬영을 말한다. PET는 양전자를 방출하는 방사성 의약품을 이용하여 인체의 생리 화학적 영상을 3차원으로 나타낼 수 있는 핵의학 검사 방법 중 하나이다. 현재 각종 암을 진단하는 데 주로 활용되고 있으며 암에 대한 감별 진단, 병기 설정, 재발 평가, 치료 효과 판정 등에 유용한 검사로 알려져 있다. 이 외에도 심장 질환, 뇌 질환 및 뇌 기능 평가를 위한 수용체 영상이나 대사 영상도 얻을 수 있다.

나타나요. 그건 뇌 부분이 많이 손상된 거거든요. 뇌에는 보상회로라고 하는 부위가 있는데, 건강한 아이들의 경우 "잘했어" "수고했어" 이런 칭찬을 해주고 상을 주면 이 부분이 활성화되면서 반응을 일으켜요. 그런데 유해전자파에 많이 노출된 아이들은 보상 중추들이 많이 손상이 돼버려서 칭찬이나 상에 관심이 없죠. 오직 자기에게 더 큰 쾌락과 자극을 주는 것들에만 반응해요. 행복이란 서로 칭찬해 주고 격려해 주고 지지해 주는 자연스러운 관계에서 오는 건데, 더 이상 그게 가능하지 않은 거죠. 이건 아주 무서운 얘기거든요. 운동을 통해 근육을 키우는 것처럼, 우리가 소소한 일상에서 행복을 느끼는 기능도 성장이 필요해요. 그런데 그게 어릴 적에 일단 파괴되고 나면 회복되기 어렵죠.

윤　말씀 듣고 보니 참 걱정되네요. 그럼 아이들을 이런 상태에서 벗어나게 하기 위해 무엇이 필요할까요?

이　무엇보다 예방이 중요해요. 뇌세포는 한 번 손상되면 회복이 정말 어려워요. 뇌의 핵심 센터들이 손상되기 전에 예방해야 해요. 그래서 결국은 교육이 필요한 거고요. 이런 중독이 우리에게 어떤 결과를 끼치는지 아이들뿐만 아니라 부모와 교사들도 명확하게 알아야 해요.

윤　예방을 위한 교육이 가장 중요하다는 말씀이시네요. 아이들의 빛을 밝히는 데 도움이 될 만한 말씀을 좀 더 해주신다면요?

이　네, 아이들을 처음 키워내는 곳이 양수잖아요. 10개월 동안

새 생명이 엄마의 뱃속에서 생활하기 때문에 많은 사람이 양수를 가장 순결하고 깨끗한 장소로 생각해요. 그런데 미국 적십자에서 탯줄 혈액 검사와 양수 검사를 진행했는데, 혈액에서는 280가지 이상의 다양한 산업 화학물질이, 양수에서는 각종 중금속들이 검출되었어요. 정말 충격적인 결과죠. 이런 상태가 되는 건 우리가 물질 위주로, 편리 위주로 생활해서 그래요. 저렴하고 편리한 화학제품들이 가지고 있는 독소를 보지 못하는 거죠. 이런 것들을 사용하지 않아야 체내에 존재하는 재생 기능과 면역 기능을 잘 보존하고 아이에게 잘 전달해 줄 수 있는데, 이미 뱃속에서부터 망가져버린 거예요. 그래서 이러한 기능이 파괴된 상태로 아이들이 태어나는 겁니다. 그러면 아이들은 아토피 같은 여러 가지 자가면역질환을 앓고 과잉행동이나 집중력 저하를 비롯해 성장에도 문제를 보이게 돼요. 물론 겉으로만 보면 옛날 사람들에 비해서 키도 커지고 체격도 너무 좋지만, 안을 들여다보면 생명의 룩스가 약하죠. 우리 미래가 정말 염려되더라고요. 아이들의 에너지는 곧 우리의 미래잖아요. 아이들이 가지고 있는 생명의 에너지, 생명의 룩스가 우리의 미래를 밝히는 근원이거든요. 저는 건강한 오라를 만들기 위해서 어떻게 조언을 해야 할까 고민을 많이 해오고 있어요.

윤   좋은 먹거리를 선택하는 것에 대해 조언해 주실 말씀이 있으세요?

이   네, 생명 에너지에 도움이 되는 먹거리를 찾기 위해서는 우선 유기농 농법으로 재배된 것들이 좋은데, 그게 우리 몸에만 좋은 게 아니에요. 유기농 농법을 한다는 건 지구를 지키는 것이기도 해요. 유기농 재배를 할 때는 농약이라든가 화학 비료를 아무래도 덜 쓰게 되니까요. 지구가 건강하게 살아나면 건강한 먹거리를 우리에게 되돌려주니까 우리가 또 건강해질 것이고요. 그리고 음식을 가공하면 할수록 에너지장이 많이 손상돼요. 가열하거나 썰거나 다지기보다는 가급적이면 그 자체 그대로 섭취하는 게 좋아요. 상추만 보더라도 날것 그대로 상추를 먹을 때와 칼질한 상추를 먹을 때 섭취하는 에너지가 다르거든요. 그래도 잘라야 한다면 손으로 찢어서 먹는 게 좋아요. 우리가 음식을 섭취하는 것은 영양분뿐 아니라 생명 에너지도 받아들이는 거예요. 우리 몸이 물질로만 돼있는 존재가 아니라 빛으로 돼있는 존재이기 때문에 우리는 물질만 공급받아서는 살아갈 수가 없어요. 그러니까 생명 에너지 그 자체를 그저 감사하는 마음으로 고스란히 받아들일 수 있는 방법을 찾는 게 중요합니다.

윤   담배 피우는 사람, 술을 자주 마시는 사람, 파장이 낮은 음식을 먹은 사람들은 어떤가요?

이   생명 에너지가 굉장히 낮아요. 세포가 아직 완성되기 전인 성장기 아이들이 흡연이나 음주를 하면 왜 안 되는지를 에너지 차원에서도 설명해 줄 수 있거든요. 흡연하는 아이들의 오라를 찍어 보면 오라 에너지장이 정말 어둡게 나와요. 일찍부터 음주를 시작한 아이들도 여지가 없죠. 그리고 파장이 낮은 음식을 먹으면 실제로 자신의 생명 에너지를 덜어서 그걸 대사해야 돼요. 섭취한 음식을 태워서 내 세포의 에너지 성분으로 흡수하기 위해서는 상당히 많은 과정을 거치게 되는데, 그 과정에서 수분과 미네랄과 많은 양의 에너지가 필요해요. 강한 에너지를 가지고 있는 음식들은 그걸 자신이 가지고 있는 에너지로 충분히 해내기 때문에 우리의 에너지장을 손상시키거나 소모시키지 않아요. 반면 에너지장이 낮은 음식이 들어가면 내 몸에 있는 생명 에너지를 사용하면서 그걸 대사해 내야 하죠. 에너지 차원에서 좋은 에너지와 나쁜 에너지에 대해 좀 더 구체적으로 설명드릴게요. 신선한 채소와 과일은 좋은 에너지장을 갖고 있어요. 그런데 우리가 흔히 마시는 가공된 주스들은 대부분 살균 과정을 거치는데, 살균하는 순간 에너지장이 손상돼요. 더 나쁜 것은 과자류예요. 그건 흰 설탕과 밀가루 때문이죠. 원래 사탕무나 밀은 에너지장이 좋아요. 그런데 이게 가공 과정에서 정제되고 나면 에너지장이 아주 낮아져요. 이런 가공 설탕과 가공 밀가루가 버무려져 기름에 튀겨서 나오는 게 과자다 보니까 에너지장이 엄청 낮을 수밖에 없는 거죠.

'감사합니다'를 들려줬을 때의 물의 결정   '죽여버릴 거야'를 들려줬을 때의 물의 결정

이 사진들은 좋은 정보에 노출됐을 때의 물과 좋지 않은 정보에 노출됐을 때의 물을 얼려서 그 물의 입자 상태를 찍은 거예요. 말이라는 것은 내 오라장에 그대로 저장이 돼요. 내가 평소에 쓰는 말, 아무도 없을 때 내뱉은 말, 심지어 생각까지도 다 저장이 돼요. 평생 자신이 했던 말들은 몸이 떠날지언정 그대로 남아있어요. 아름다운 말을 하는 건 내 에너지장에 스스로 주는 선물이에요. 그리고 그걸 듣고 있는 사람들에게도 참 좋은 영향을 줘요. 결국 "감사합니다" "사랑합니다" 이런 말들은 좋은 변화를 주죠. 그런데 그와 반대로

나쁜 말을 전해주면 에너지장이 정말 나빠집니다. 장난으로라도 나쁜 말들을 서로 주고받으면 즉각 그 말을 한 당사자가 제일 나빠지고 옆에 있는 사람들도 또한 비슷한 영향을 받게 되죠.

위드드로올 바운더리 컨테인먼트 히스테리아 사일런트 어비어스 브루딩
Withdrawal Boundary Containment Hysteria Silent Obvious Brooding

윤　이건 오라를 보는 분들이 실제로 보는 장면인가요?

이　네, 형태뿐 아니라 색깔까지 보여요. 장비로 측정해도 마찬가지예요. 이건(위드드로올) 앉아서 딴생각하는 사람의 오라인데, 에너지장이 집중되지 못하고 다른 곳으로 넘어가고 있죠. 자기가 있는 곳에 집중하고 의식을 선명하게 갖고 있어야 하는데 그러지 못한 거예요. 이건(바운더리 컨테인먼트) 자폐 증세가 있는 사람에게 나타나요. 요즘은 이런 자폐적인 모습, 히스테릭한 모습(히스테리아), 자기 세계에 갇혀있는 에너지장의 모습(사일런트 어비어스 브루딩)이 많이 보여요.

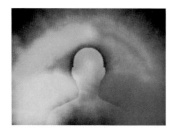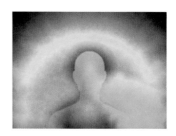

관계 테라피 전 촬영한 오라 　　　　　　　관계 테라피 후 촬영한 오라

이건 두 사람이 함께 손을 잡고 측정한 거예요. 두 사람이 손을 잡고 생명의 에너지가 잘 흐르는지 전자기장이 원활한지를 보는 건데, 테라피 전에는 딱 막혀 있죠. 서로 소통이 어렵고 에너지장으로 섞이지 못하는 관계라는 것을 알 수 있어요. 그런데 서로를 깊게 이해하려고 노력하는 시간을 갖고 나서 다시 손을 잡고 오라를 찍어봤더니 아주 놀라울 정도로 에너지 소통이 잘 일어나는 걸 확인할 수 있어요. 서로 안 맞는 사람들이라 하더라도 상대를 좀 더 존중하고 이해하고 그대로 받아들이려고 하는 마음만 가져도 좋아질 수 있다는 사실을 알 수 있는 거죠. 실제로 자신의 오라가 어떤 모습인지 보고 싶어서 찾아오시는 분들이 주변 사람들의 에너지장에 영향을 받아서 자신의 오라가 바뀌는 것을 보면서, 또 자신의 에너지장으로 인해서 내 주변에 있는 사람의 오라가 바뀌는 것을 보면서 감동을 받으세요. 대화가 잘 통하는 경우엔 내 에너지장이 저 사람에게 나타나는 경험을 하기도 하거든요. 두려움이란 감정은 생명 에너지장의 가장 어두운 부분을 차지하고 있는데, 그 두려움을 만드

는 건 분리감, 나는 모든 것으로부터 떨어진 존재라는 인식이에요. 그런데 내 에너지가 다른 사람의 에너지와 섞이고 서로 영향을 줘서 다른 색으로 바뀌는 걸 보면서 '내가 분리된 존재가 아니구나. 우리는 하나의 큰 필드로 연결돼서 함께하는 존재구나' 하는 걸 경험하게 되죠.

윤   깊이 있는 대화를 나누는 것만으로도 서로의 에너지가 섞이고 교류가 된다는 말씀이시죠?

이   네, 그리고 오라가 정보장이잖아요. 생명 정보장이다 보니 텔레파시라고 하는 것, 이심전심으로 '그 사람이 나를 생각하는구나' 하는 정보를 주고받는 것도 바로 오라 에너지가 넓게 펼쳐지면 가능한 거죠. 초능력으로 보일지도 모르지만 에너지 세계에서는 당연한 거예요. 오라 에너지를 좋게 하고 강화하기 위해서 좋은 음식을 먹고, 좋은 생활 습관을 갖고, 좋은 언어를 사용하는 것 그리고 화학 물질과 전자파를 멀리하는 것이 중요해요. 그뿐만 아니라 자신의 심장 소리를 듣는 연습을 많이 하는 것을 권해드려요.

윤   가슴의 소리!

이   네, 심장에서 나오는 에너지가 오라 에너지를 가장 멀리까지 펼쳐줘요. 그래서 심장의 소리를, 가슴의 소리를 자꾸 듣는 연습을 할 때 내게서 강한 에너지장이 펼쳐지면서 주변에 있는 많은 정보를 가져오고 알게 해줘요. 다른 사람의 마음을 알게 하고요. 타심통이라고 하죠. 그래서 가슴의 소리를 많이 듣는 훈련을 한 사람들은

오라 에너지에 대해 강연하고 있는 이영좌 님

저 멀리에서 나와 관계돼 있는 사람의 진동수를 느끼고 그들이 어떤 감정 상태인지 느낄 수 있어요. 가령 그쪽에서 슬픔의 파동이 내게로 전달되는 경우엔 무슨 일이 있는지 전화를 하게 되죠. 오라는 시공간을 초월해서 연결돼 있어요.

윤   우리가 누군가를 대할 때 가슴을 열고 가슴과 가슴으로 소통하는 게 정말 중요하겠네요.

이   네, 가슴이 열리지 않고 가슴으로 대화하지 않을 때 그 사람하고는 전혀 친해질 수 없어요. 우리는 주로 심장 파동을 통해 미리 '저 사람은 마음을 닫고 있구나' '저 사람은 움츠리고 있구나' '저 사람은 경계하고 있구나' 하는 것을 알 수 있죠. 가슴이 말하는 소리에 귀를 기울이고 그 정보를 잘 판별하는 능력을 가진 사람들을 탁월한 직감 능력자라고 해요. 이 직감 능력이 발달한 사람들은 정보를 받아들일 때 머리로 받아들이지 않고 가슴으로 받아들여요. 그래서 머리로는 전혀 이상이 없는 정보인데도 가슴에서 아니라는 울림이 오면 그걸 받아들이지 않죠. 그런 분들은 어떤 사람을 마주했을 때 본능적으로 그 사람이 사용하는 에너지장의 형태를 느껴요.

윤　　오랫동안 오라를 연구해 오셨는데 이 오라 현상이 주는 교훈이랄까요, 우리가 이런 것들을 어떻게 인식하고 살면 좋을까요?

이　　네, 오라 에너지를 20년 동안 경험하고 연구하면서 '우리는 물질로만 이뤄진 존재가 아니라 빛으로 이뤄진 존재고, 우리가 가지고 있는 생명 에너지, 사랑 에너지를 세상에 나눠주기 위해서 왔구나' 하는 것을 알겠더라고요. 정말 삶을 바꿀 수 있는 힘을 자기 안에 다 가지고 있거든요. 그걸 우리는 흔히 마음의 힘이라고도 하는데, 마음의 힘을 바꾸는 순간 오라 에너지의 주파수나 빛의 색깔이 확 바뀌어요. 마음 하나로 나를 바꿀 수 있다는 것을 사람들에게 눈으로 확인시켜 주고 경험시켜 준 것이 제게는 참 기쁜 일이었어요. 그리고 그동안 '삶은 왜 이렇게 나를 힘들게 할까' 하고 원망했었는데, 알고 보니 나 자신이 이미 가지고 있는 이 빛을 사용하지 않았을 뿐이었더라고요. 그게 오라 에너지를 연구하면서 얻게 된 가장 귀한 깨달음입니다.

추 천 콘 텐 츠

Book 왓칭 김상운 지음 | 정신세계사 | 2011

마음이나 의식처럼 보이지 않는 힘이 개인의 삶은 물론 세상
을 바꿀 수 있다는 사실을 과학적이고 구체적인 사례를 들어
쉽고 명료하게 알려주는 책입니다. 세상 모든 것이 사람의 생
각을 읽고 변화하는 미립자로 구성되어 있다는 양자물리학의
관찰자 효과를 토대로, 보는 관점에 따라 삶을 변화시킬 수 있
음을, 우리 안에 무한한 가능성이 있음을 알려주죠. 양자물리
학에 관심은 많지만 너무 복잡하고 어려워 부담스러워하는 분
들에게 적극 추천합니다. 지적 충만을 넘어 더 큰 삶의 지혜를 얻으실 수 있을 거예요.

Book 양자의학, 새로운 의학의 탄생 강길전, 홍달수 지음 | 돋을새김 | 2013

양자의학은 양자물리학 이론과 의학을 융합하여 현대의학의
한계를 뛰어넘는 새로운 차원의 의학이에요. 몸의 질병 원인
을 몸에서뿐만 아니라 마음에서 찾아 치료하죠. 강길전 교수
님은 국내에 양자의학이 자리 잡도록 주춧돌 역할을 해오셨
는데, 저는 이 책이 그분의 생각이 집대성된 것이라고 생각해
요. 대학원에서 에너지의학을 강의할 때 가장 일순위로 추천
하고 있고 실제로 많은 분이 이 책을 통해 양자의학을 이해하

는 데 큰 도움을 받고 있습니다. 특히 마음의 중요성을 양자의학의 핵심으로 다루고 있

어서 이 책을 읽는 내내 마음이 따뜻해집니다.

Book 식물의 정신세계The Secret Life of Plants

피터 톰킨스, 크리스토퍼 버드 지음 | 황금용, 황정민 옮김 | 정신세계사 | 1993

누구나 인생에 남을 만한 만남이 있으실 거예요. 제게는 이
책이 그랬죠. 첫 장부터 마지막 장까지 눈을 뗄 수도 없을 정
도로 몰입했어요. 제가 나무의 목소리를 듣고 나무의 생명 에
너지를 느껴본 적이 있어서 그럴 수도 있습니다. 이 책은 식
물의 감각세계, 더 나아가서 정신세계를 다양한 과학적인 연
구 사례를 통해 보여줘요. 지구에 있는 모든 생명체가 살아갈
수 있도록 생명장을 펼치고 있는 영적 존재로서의 식물들을
만나보시길 바랍니다. 우리 주변의 식물이 새롭게 다가올 거예요.

8 지금 이 순간을 살게 하는
   호흡 명상

명상힐링 게스트하우스 '아하' 대표 나마스테

나마스테

'자연과 우리는 이미 그 자체로 온전한 것이 아닐까' 하는 내 면의 느낌을 쫓다 우연히 무주 산골에 오게 됐고, 현재 그곳에 머물면서 누구나 홀가분하게 오갈 수 있는 여유의 공간인 명 상힐링 게스트하우스 '아하'를 운영하고 있다. '아하'를 운영 하고 두 자녀를 키우면서 삶과 수행이 하나임을 몸소 체험하 며 실천하고 있다. '아하'를 찾는 많은 사람이 삶의 주인으로 서의 힘을 회복할 수 있도록 고요명상, 이미 온전함 명상, 잘 자고 잘 먹기, 아무것도 하지 않기, 하고 싶은 것 하기, 숲속 음 악회, 숲속 캠프, 아하스테이, 개인 상담 및 단체 강연 등의 여 러 프로그램을 진행하고 있다.

mujuaha@naver.com
무주 게스트하우스 아하 블로그 blog.naver.com/mujuaha

윤　　선생님, 소개 부탁드릴게요.

나　　안녕하세요. 저는 여기 무주에서 살고 있는 나마스테라고 합니다. '나마스테namaste'는 인도 인사말이에요. 많은 분이 인도나 네팔에 가면 안녕하세요의 의미로 '나마스테, 나마스테' 하시는데, 사실 그 안에는 더 깊은 뜻이 있어요. '내 안에 있는 신성이 당신 안에 있는 신성을 진심으로 경배합니다'라는 의미가 있습니다.

윤　　정말 좋은 뜻이네요. '아하'라는 명상힐링 게스트하우스를 운영하고 계시죠? 근데 왜 '아하'예요?

나　　예, 말 그대로 '아하'예요. 우리가 머리로 하는 생각으로 넘어가기 직전의 '아하!'

윤　　통찰? 자각?

나　　맞아요. 어떤 순간의 통찰, 자각이죠. 이게 만국 공용어더라고요. 그래서 이름을 '아하'라고 지었어요. 제가 여기 숲속에 들어오기 전부터 제게는 저 자신과 만나고 싶은 갈망이 계속 있었어요. 진리, 자유, 어디에도 걸림이 없는 상태에 대한 갈망이 아주 강했죠. 그러던 중에 친구를 만나러 처음 무주에 왔는데, 여기가 너무 아름다운 거예요. 그래서 바로 이사 왔어요.

윤   과감하시네요.

나   네, 여기 들어와서는 일부러 책을 안 읽었어요. 제 안의 소리
에 집중하자는 의미로 독서 대신 명상을 했죠. 자연 속에 있다 보니
까 어느 순간 '와! 내가 이런 걸 못 봤던 거야?' 하는 순간이 많았어
요. 그리고 그동안 옳다고 느꼈고 진리라고 생각했던 것들이 참이
아닌 게 정말 많다는 걸 알게 됐죠. 그게 제게는 '아하'였어요.

윤   여기가 일반적인 게스트하우스와 다른 점은 명상힐링의 요
소가 있다는 건데, 명상힐링이 어떤 것이라고 생각하시나요?

나   지금 이 순간 선택하는 거죠. 연역적으로 가는 거예요. 밑에
서부터 차근차근 올라가는 게 아니라 '나는 이미 충분해' '내 존재
자체가 이미 헌신이고 사랑이야' 이런 마음가짐으로 탐험해 가는
거죠. 저는 이게 출발이라고 봐요.

윤   '난 부족하고 상처받은 존재야'라고 전제하는 게 아니군요.

나   내가 있기에 꽃을 꽃이라 불러줄 수 있듯이, 부족함이라든지
상처, 기쁨, 또 나무라든지 우주, 지구 이런 모든 것을 불러줄 수 있
는 건 바로 내가 있기 때문이잖아요. 내가 사라지면 그것들은 아무
의미 없어요. 내가 존재하는 것만으로도 이미 그 자체로 할 일을 다
한 거죠. 이걸 인정을 하고 가는 거예요. 이게 출발이라고 보는 거죠.

윤   그런데 많은 분이 내가 뭔가를 더 해야지 행복하고 충만할
수 있다고 생각하시잖아요.

나   그렇죠. 태어나서 여태까지 우리는 계속 뭔가를 해야 하는

것에 맞춰 살았어요. 그리고 계속 계획했고 생각했죠. 그런데 문제는 행복한 사람이 드문 거예요. 우리가 선택했던 방식, '무엇을 하면 행복할거야'는 잘 이뤄지지 않았던 거죠.

윤   오히려 사람들을 행복하지 않게 만드는 경우도 많죠.

나   정말 비효율적인 거예요. 그럼 작동 잘 되게 바꿔야겠죠. 그건 나 자신을 나 스스로 인정하는 것부터 시작해야 해요.

윤   나 자신을 인정한다는 게 어떤 거죠?

나   나 자신과 만나는 거예요. 밖에서 느껴지는 것과 내 안에서 느껴지는 것이 하나가 되는 거죠. 나 자신을 인정한다는 것이 뭔지 골몰하면 생각의 영역으로 빠지기 쉬운데, 생각은 생각일 뿐이에요. 그건 '아하' 하고서 딱 맞아 떨어지는 합일이 아니거든요. 가슴에서부터 일치돼야 비로소 온전한 '나'가 돼요. 그냥 세포가 되고 하나가 되는 체험의 순간이 중요해요. 저는 이제 의심하지 않아요. 그전에는 이게 이해였다면 이제는 앎이 되었어요. 이해와 앎은 에너지가 달라요. 내 앞에 펼쳐진 이 모든 것은 나의 창조물이라는 것을 알아요. 이것에 대해 의심하지 않아요. 의식에 반영이 되면 의심이 들지 않거든요.

윤   명상을 어렵게 생각하시는 분들에게는 어떤 말씀을 해주시겠어요?

나   명상을 하는 이유는 행복이지 않을까요? 명상이라고 하면 눈을 지그시 감은 상태에서 가부좌를 틀고 앉아있는 모습을 떠올리

기 쉬운데, 명상을 하는 이유가 행복이라는 걸 생각해 보면 명상이 되게 가깝게 느껴지실 거예요. 그냥 행복할 수 있는 하나의 도구면서 동시에 행복한 상태, 그게 명상이에요. 명상은 어렵지 않아요. 그냥 가만히 호흡하는 것도, 잠자기 전에 편안하게 이완하는 것도, 음식을 먹거나 차를 마시다가 잠깐 멈추는 것도 명상이 될 수 있어요. 모든 게 다 명상이 될 수 있어요. 특히 호흡 명상이 좋은 건 우리 뇌와 몸속에 산소를 가득 넣어줄 수 있다는 거예요. 언제 어디서든 깊게 호흡에 집중하시기만 하면 됩니다. 가장 쉽게 하실 수 있는 명상 하나 알려드릴게요. 주무시기 전에 누우셔서 양손을 벌리시거나 가슴에 올려놓으시고, 발을 쭉 편 상태에서 내가 가장 행복한 상태, 가장 홀가분한 상태, 풀밭에 누워서 햇살을 맞고 있는 상태에 나를 온전히 놓는 거예요. 힘을 쭉 빼면서요. 그러다가 그냥 호흡을 잠시 관찰해 보는 거예요. 깊게 들이쉬고 내쉬면서 나를 더 편안하게 해주는 거죠. 거기서 조금 더 들어가서 상상을 더해보세요. 상상이 들어가면 더 재밌어요. 호흡을 느끼는 상태에서 내 세포 하나하나가 가벼워진다고 생각하면서 세포 속으로, 분자 원자 속까지 들어가보는 거예요. 홀가분해짐을 느끼고 나서는 어느 순간 잠들어버리죠. 이것도 명상이에요.

윤　　그런데 자기 전에 생각이 많잖아요. 오늘 하루 동안 있었던 일, 내일 해야 할 일, 걱정거리 등등 별별 생각이 떠오르기 쉬운데, 그때 명상에 들어가는 게 쉬운 분들도 계시겠지만 그렇지 않은 분들도 계실 것 같아요. 그때 호흡에 집중하라는 말씀이신가요?

나　　호흡에 집중하다 보면 생각이 자꾸 올라와요. 생각이 올라오면 '안 돼, 저리 가!' 하면서 생각을 거부하지 마시고, '아, 생각이 떠올랐구나' 하면서 그저 알아차리고 다시 호흡에 집중하세요. 그렇게 단순하게 하는 거예요. 여기에 판단을 넣지 마세요. 아인슈타인 박사는 "당신이 진정 변화를 원한다면 지금 차원에서 다른 차원으로 이동해야 한다"고 말했어요. 우리는 일과 동안 계속 일정한 시스템 안에서 생각하고 계획하고 행동하면서 살아가잖아요. 진정한 변화를 원한다면 그것이 끊겨있는 다른 차원으로 들어가야 해요. 일상의 틀에서 벗어나 전혀 다른 틀로 들어가야 하는 거예요. 그러면 정말 신기하게도 아이디어들이 많이 떠올라요. 이런 경험 있으실 거예요. 꼭 풀어야 되는 문제들이 있는데, 그것에 대해 집중했을 땐 전혀 안 풀리다가 다른 일을 하고 돌아왔는데 갑자기 딱 떠오르는 경우요. 문제를 해결하고 싶으면 문제 밖에서 문제를 바라보라는 말도 있죠. 문제 안에만 있으면 절대 거기서 빠져나오지 못해요. 문제 밖으로 나오는 것, 그게 바로 명상이 될 수 있어요.

윤   명상이 치유, 내면의 정화, 평온함 이런 것뿐만이 아니라 일상에서 발생한 문제를 해결하는 데에도 도움을 많이 줄 수 있다는 말씀이시군요.

나   네, 아이디어가 떠오르지 않는다면 문제를 푸는 데 필요한 공간이 턱없이 부족한 상태인 거예요. 명상은 그러한 상태를 해결해 주죠. 호흡에 집중하고 내가 가장 편한 상태에 있다고 상상하다 보면 내 몸과 마음이 이완이 돼요. 그럼 공간이 생기죠. 뭐든지 들어올 수 있는 텅 빈 공간이요. 그전에는 목표와 계획을 세우고 그것에 맞춰 살아가느라 내 삶을 머릿속 생각들로 가득 채웠었죠. 그런데 명상이 깊어지고 홀가분해지면서 그동안 '나'라고 설정했던 것이 사라지더라고요.

윤   '나'의 의미가 확장되셨나 봐요.

나   네, 그동안은 생각이, 몸이, 감각이 나였는데 거기에서 한층 더 확장되는 거예요. 그러면서 내 삶이 목표와 계획들로 채워지는 게 아니라 에너지로 채워지게 되더라고요. 이 에너지는 전체와 연결돼 있어요. 그동안 인생이 맞추기 어려운 퍼즐처럼 느껴졌어요. 그런데 전체와 하나 되는 그 주파수대에 연결돼 있으면 인생이 정말 딱딱 들어맞는 퍼즐처럼 느껴져요. 그것이 바로 조화이고 기쁨이라는 걸 요즘 체험하고 있어요.

윤   그럼 잠깐이라도 명상의 상태, 명상의 순간으로 이끌어주실 수 있으세요?

나   네, 그럼 간단하게 한번 해볼게요. 명상은 나를 행복하게 하는 거예요. 가장 쉽게 할 수 있는 게 바로 호흡 명상이고요. 일단 자세도 되게 중요해요. 먼저 입가에 미소를 지어주세요. 행복한 사람이 웃을까요, 웃는 사람이 행복할까요? 둘 다 거든요. 행복해서 웃기도 하지만 내가 입꼬리를 올림으로 인해서 행복이 나한테 오기도 해요. 내 행복과 기쁨을 위해서 의도적으로, 의식적으로 입가에 미소를 지어보세요. 그냥 입꼬리만 올려도 지금 이 순간 행복해져요. 이게 바로 '지금 이 순간'입니다. 생각이 사라진 상태, 웃음과 하나가 된 상태, 이게 바로 '지금 이 순간'이에요.

윤   온전하게 느끼는 것이 중요하겠네요.

나   그렇죠. 모든 것이 다 존재한다는 걸 느껴보는 거예요. 그러고 나서 호흡으로 들어가실 때는 내 몸속의 이미지를 떠올리면 좋아요. 코를 통해 들어온 공기가 목구멍을 통해 들어올 때 그 호흡의 흐름을 따라가시면 돼요. 그 흐름을 이미지로 상상하고 그것을 따라가시는 거예요. 충분히 따라가시고 끝났으면 다시 내쉬세요. 지금 이 순간은 그저 호흡하면서 오직 호흡의 흐름을 따라가기만 하면 돼요. 그렇게 온전하게 호흡에 집중하다 보면 에너지가 나와요.

그걸 또 따라가시면 돼요. 호흡을 따라가다 보면 내면과 만나게 되고, 내면과 만나면 내면이 움직이기 시작해요. 이 내면의 에너지 흐름을 따라가다 보면 지복의 상태가 되기도 하고 다른 차원의 앎들과도 만나게 돼요. 단지 호흡을 따라갔을 뿐인데 진정한 나를 만나게 되는 거죠.

윤 생각에 빠져있는 의식을 더 큰 차원으로 연결시켜 주는 다리 역할을 하겠네요. 생각에 빠져있을 때는 있는 그대로를 잘 못 보게 되는 것 같아요. 그런데 생각에서 벗어나면 생생하고 있는 그대로를 느끼게 되는 것 같습니다.

나 여기서 내가 할 일은 그저 힘을 빼는 거예요. 힘을 빼고 모든 것이 온전하게 존재할 수 있도록 그냥 공간이 돼주는 거예요. 뭐든지 다 들어올 수 있고 창조될 수 있는 공간이요. 우리는 무한해서 고갈이라는 게 없어요. 우리가 고갈이라는 개념을 이미 설정해두었기 때문에 고갈된다고 느끼는 거거든요. 사회생활을 하다 보면 에너지를 빼앗기는 경험을 많이 하잖아요. 그럴 때 우리는 보통 내 에너지를 빼앗기지 않기 위해 방어막을 치죠. 그보다는 '갖고 가고 싶은 에너지 다 가져가요' 하는 마음으로 그 사람에게 에너지를 계속 주세요. 그래도 에너지는 마르지 않는 샘물처럼 계속 채워지거든요. 사실 에너지라는 건 생기고 사라지는 게 아니라 여기서 저기로 흐르는 거예요. 에고든 생각이든 나를 힘들게 하는 모든 것은 내가 그것과 하나가 됐을 때 힘을 발휘해요. 거기서 벗어나는 가장 효과적이고 강력한 방법은 그것을 잡지 않고 그저 알아차리는 거예요. 그것이 그냥 흘러갈 수 있도록 그저 열려있으면 됩니다. 그저 힘을 빼고 있으면 되는 거예요. 그러면 삶이 편해지고 기뻐집니다.

윤   생각과 관념으로 가득 차있으면 에너지가 잘 흐르지 않는 것 같아요.

나   네, 맞습니다. 그래서 생각으로 빠지기 쉬운 시비분별로부터 자유로워지는 무의 상태가 되어야 해요. 그런 방법이 바로 침묵이죠. 침묵은 말을 안 하는 것만을 의미하지 않아요. 말해도 되고 노래 불러도 돼요. 중요한 건 내면의 침묵이에요. 내면의 침묵과 하나가 되면 말을 하고 노래를 하고 어떠한 행동을 하더라도 그건 침묵인 거예요. 중요한 건 내면에 흐르는 고요함과 만나는 겁니다. 침묵은 그동안 나를 덮고 있었던 생각들을 빠르게 소멸시켜 줘요. 생각은 계속 꼬리에 꼬리를 물고 이어져서 나를 덮어버리거든요. 근데 내가 침묵 상태가 되면 생각은 갈 길을 못 찾고 계속 그 자리를 맴돌다가 사라져버려요. 저는 힘을 빼는 것도 침묵이라고 생각해요. 힘을 빼면 물 흐르듯이 모든 게 자기 자리로 돌아가게 돼요. 그러면서 내 본연의 모습이 드러나게 되죠. 그러면 내 에너지 자체가 달라져요. 아주 명료해지고 홀가분해지죠. 덕현 님은 어떤 상태에 있을 때가 가장 좋으세요?

윤   자연에 있을 때 제일 기분이 좋죠.

나   네, 그렇게 내가 비워진 느낌으로 있을 때는 무거운 주파수대와는 다른 주파수대에 계신 거예요. 에너지 진동수는 각각 다른 차원에 걸쳐 존재하고 있어요. 여기서 중요한 건 우리가 어떻게 하느냐에 따라 다른 주파수대로 이동할 수 있다는 거예요. 나를 온전히 비우면 새로운 주파수와 연결될 수 있어요. 그리고 그때 만나게 되는 앎들은 우리의 상상을 뛰어넘는 다양한 삶의 가능성을 열어주죠. 그런데 어떻게 침묵과 만날까요? 아무것도 할 필요가 없는 상태가 있어요. 모든 것이 내게 있고 내가 무한하게 느껴지는 상태 속에서 감지되는 에너지, 그게 바로 내면의 침묵이에요. 아무것도 할 필요가 없어요. 잘 할 것도, 못 할 것도 없죠. 고민, 고통, 생각도 버릴 필요가 없어요. 모든 것이 있는 그대로 자기 자리에 있을 수 있도록 그저 흘러가게만 해주면, 그때 비로소 '지금 이 순간'이 나타나요. 그러면 그동안 보이지 않았던 것들이 보이고 들리지 않았던 것들이 들리면서 더 생명력 있게 살아있게 되고, '아하!' 하고 가슴 뛰는 순간들과 만나게 되죠.

윤   네, 알겠습니다. 마지막으로 전하고 싶은 말씀 있으시면 부탁드릴게요.

나   내가 힘들 때는 나를 힘들게 하는 것과 하나가 되어있어요. 김소연 우주 비행사가 우주에서 지구를 보고 나서 지금까지와는 다른 삶의 관점을 갖게 됐다고 하죠. 그런 것처럼 내가 나를 힘들게 하는 것과 조금 떨어져서 그것을 바라볼 수 있는 여유를 가지면 그 문제가 생각보다 크지 않다는 것을 알 수 있을 거예요. 내가 어떻게

명상힐링 게스트하우스 '아하'에서 딸과 함께한 나마스테 님

바라보느냐에 따라 삶은 진행이 됩니다.

윤   관찰자 효과라고 할 수 있겠네요.

나   네, 그렇죠. 곰곰이 돌이켜보면, 어쩔 수 없었다고, 별 수 없
었다고 생각했던 그 순간마다 나는 매번 나한테 가장 이로운 쪽으

로 선택해 왔다는 것을 발견하실 수 있을 거예요. 모두 내 선택이었어요. 그런데 우리는 걱정과 두려움에 기반을 둔 선택을 해왔어요. 그런데 어땠나요? 행복하셨나요? 이제는 매 순간 내게 기쁨이 되는 쪽으로 한번 선택해 보세요. 용기를 내서 지금까지와는 다른 선택을 해보자고요.

윤   이제는 내가 원하는 삶을 살겠다!

나   네, 매 순간 다른 걸 선택해 보는 거죠. 다른 가능성들을 다 펼쳐보는 거예요. 이제 가슴에서 열쇠를 꺼내서 문을 여는 거예요. 그동안 닫아놨던 내 안의 문을 완전히 다 열어놓으시겠어요?

▶YouTube 가슴의 대화 나마스테 | Q
오른쪽 QR코드를 촬영하시면 해당 인터뷰 영상을 보실 수 있습니다.

Movie 인턴 The Intern 낸시 마이어스 감독 | 앤 해서웨이, 로버트 드 니로 주연 | 2015

70대 인턴 직원과 30대 젊은 여성 CEO의 이야기를 다루고 있어요. 직장에서 은퇴하여 무료한 삶을 보내고 있던 70대 노인은 1년 반 만에 급성장한, 30대 젊은 여성이 운영하고 있는 스타트업 회사에 인턴 직원으로 들어가게 됩니다. 갑작스러운 회사의 성장 때문에 힘겨워하고 불안해하는 젊은 여성을 70대 노인이 곁에서 살뜰히 챙기며 다독이죠. 물론 나이가 반드시 지혜를 보장한다고 할 수 없겠지만, 이 노인 캐릭터의 오랜 연륜에서 나오는 삶의 깊이와 여유, 느긋함은 우리의 마음을 참 편하게 만들죠. 정말 착하고 따뜻한 힐링영화입니다.

Music Everything I Am 아샤나 | 《The Infinite Heart》 | 2011

우연히 지인의 벨소리를 듣고 너무 좋아 찾아보게 된 음악이에요. 아샤나Ashana는 자신의 크리스털 싱잉볼 연주 위에 피아노, 첼로, 기타의 선율 그리고 신비하고 영롱한 자신의 목소리를 얹어놓죠. 이 음악을 듣고 있노라면 가슴이 저절로 열리면서 내 안에 있는 본래의 신성이 깨어나는 것 같습니다. 그리고 마음이 정말 편안해지고 부드러워지죠. 마음이 복잡하신 분들은 눈을 감고 이 음악을 들어보세요. 번다한 마음에서 벗어나 내 안에 있는 아름다움으로 끌려가게 될 거예요.

9 생명의 밥상을 위하여

글 쓰는 농부 전희식

전희식

글 쓰는 농부, 생태영성 운동가. 도시에서 청장년기를 보내다
가 1994년부터 농사짓고 살고 있다. 현재 생명평화 단체, 영
성 공동체, 채식과 명상 단체에서 활동하며 '알아차리기-치유
의 글쓰기' 지도와 '살아보기 상담'을 하고 있다. 저서로 치매
어머니를 모신 이야기를 담은《똥꽃》(그물코, 2008, 공저),《엄마
하고 나하고》(한국농어민신문, 2010, 공저)와, 농사 생활의 생태
적 각성과 농업 문제에 대한 통찰을 담은《시골집 고쳐 살기》
(들녘, 2011),《아름다운 후퇴》(자리, 2012),《소농은 혁명이다》
(모시는사람들, 2016),《삶을 일깨우는 시골살이》(한살림, 2016),
《옛 농사 이야기》(들녘, 2017) 등이 있다.

nongju@naver.com
(천지)부모를 모시(려)는 사람들 인터넷카페 cafe.naver.com/moboo

윤 선생님, 밥 잘 먹었습니다. 너무 맛있었어요. 조금 배부르게 먹어도 불편하지 않고 편한 것 같아요.

전 그렇죠, 속이 편하죠? 아마 여기 있는 흙, 여기 있는 햇빛, 여기 있는 바람으로 자란 식재료로 요리한 음식이라서 더 그럴 거예요.

윤 '글 쓰는 농부' '농부 철학자'로 알려져 있으신데, 소개 부탁드립니다.

전 네, 저는 시골에서 25년 넘게 농사짓고 있는 농부이면서 농사와 관련된 여러 일을 하고 있습니다.

윤 밥을 드실 때 '감사'를 정말 중요하게 생각하신다는 글을 읽은 적이 있어요. '감사식'이라고도 표현하셨던데요.

전 우선 밥은 남이 해주면 맛있죠. 하하. 제가 접했던 감사식에 대한 글 중에서 가장 잘 정리돼 있는 게 틱낫한* 스님의 '감사 게송'과 천도교 경전에 나오는 해월 선생**의 식고食告에 관한 설명입니다.

* 틱낫한Thich Nhat Hanh, 1926~은 베트남의 승려이자 시인이자 평화운동가로, 달라이 라마와 함께 생불生佛로 꼽히는 세계적인 영적 스승이다. 그는 불교 사상의 사회적 실천을 강조하면서 '모든 불교는 삶에 참여한다'는 참여불교 운동을 주창하고, 민중의 고통을 덜어주는 실천적 사회운동을 펼쳤다.

** 해월海月 선생은 동학의 2대 교주 최시형崔時亨, 1827~1898의 호다. 그의 신관은 범신론적이고 내재적 경향을 띠는데, 신을 인간, 나아가 만물과 동일시하기 때문에 '인간이 음식을 먹는 것'은 '하느님이 하느님을 먹는 것以天食天'으로 파악한다.

함께 식사 중인 전희식 님과 윤덕현 님

윤   혹시 외우신 것 있으세요?

전   제가 다 외우진 못하고 제 나름대로 응용한 게 있어요. "오늘 제가 음식을 앞에 두고 앉아있습니다. 이 음식을 먹고 이 음식이 저 자신이 되는 순간을 맞았습니다. 이 귀한 음식 받기에 부끄러운 존재지만 이 음식을 감사히 먹고 음식의 고마움을 말과 행동으로 보답하도록 노력하겠습니다."

윤   밥상을 앞에 놓고 올리는 성스러운 의식 같은 느낌이 드네요. 이런 마음가짐으로 음식을 먹으면 뭔가 다를 것 같아요.

전   음식을 앞에 놓고 감사한다는 것은 음식의 귀중함을 알고, 음식에 대한 공손한 마음을 내는 거예요. 그러면 그 음식이 내 몸에 들어와서 최선의 작용을 하게 되죠. 자연식이나 유기농을 아무리 강

가슴의 대화

조해도 정작 음식을 먹을 때 긴장돼 있거나, 초조해하거나, TV나 스마트폰을 보는 그런 딴짓을 하면 아무리 좋은 재료라 하더라도 우리 몸에서 제대로 작용하지 못해요. 고마운 사람을 맞이할 때와 어렵고 불편한 사람을 만났을 때의 내 상태가 다른 것처럼, 음식에 대한 고마움이 지극할 때 그 음식이 최대한 자기 역량을 발휘해서 우리 몸을 편안하고 건강하고 행복하게 해줄 거라고 봅니다.

윤 그리고 보면 음식이야말로 최고의 약이라는 말도 있죠, '식약동원'*이란 말도 있고요. 우리가 일상적으로 먹는 음식이 우리가 생각하는 것보다 중요하겠네요.

전 음식으로 고칠 수 없는 병은 약으로도 고칠 수 없다고도 하죠. 평소에 먹는 음식을 온전하게 받아들이면 음식이 몸 안에서 영양분으로 작용할 뿐 아니라 영양 외적인 면, 즉 여러 기운과 심성에까지도 좋은 작용을 한다는 겁니다.

윤 그렇게 음식이 우리에게 중요한데 지금 현대인들의 밥상을 보면 아쉬운 점이 많이 보이는 것 같아요. 어떻게 생각하세요?

전 그렇죠. 지금 우리가 일상에서 접하는 밥상들은 본래 음식의 소중한 요소들이 많이 빠져있다고 할 수 있어요. 다른 말로 하면 많이 오염돼 있다고 할 수 있죠.

윤 오염돼 있다는 게 무슨 뜻인가요?

◆ 식약동원 食藥同源은 '음식과 약의 근원은 같다'는 뜻이다.

전　다음 이야기를 잘 이어주는 질문을 아주 잘 해주시네요. 하하. 우선 식재료 자체의 오염이 있고, 그다음에 그 식재료가 밥상 위까지 오게 되는 과정, 즉 보관과 이동 과정에서의 오염이 있을 수 있어요. 그리고 너무 현대화됐다고 표현할 수 있을 텐데, 지나치게 경제성·효율성을 따지다 보니 생산성 중심의 농사가 진행된 거죠. 빨리 만들어내는 속성 재배, 크게 만들어내는 비대 생산을 위해 화학 비료나 농약 등의 화학물질을 다량으로 투입해서 많은 오염이 이루어진다고 할 수 있어요.

윤　'생산자와 소비자가 심리적으로나 물리적으로나 멀어지고 있다' 이런 말도 있잖아요.

전　아주 중요한 말씀을 해주셨어요. 식재료의 오염은 생산자와 소비자와의 거리가 멀어지고 익명화된 것이 가장 큰 원인이라고 할 수 있어요. 누가 먹는지 모르고 돈만 많이 받으면 되니까 오염에 대해 주의를 기울이지 않는 거죠.

윤   수입 농산물은 오랫동안 썩지 않더라고요.

전   네, 장시간 보관과 이동을 위해 농산물을 상하지 않게 하는 여러 수작이 반드시 있게 되죠. 그게 음식물을 오염시키고요.

윤   우리 농민들도 값싼 수입 농산물들과 경쟁하기 위해서 또 뭔가 인위적인 방법들을 쓰게 되는 악순환이 있는 것 같아요.

전   예, 그렇죠. 값싼 수입 농산물이 들어오면 우리 농부들은 '어떻게 하면 단가를 내릴까' '어떻게 하면 경쟁할 수 있을까' 하는 심리적인 압박을 많이 받게 되죠. 그러면 농사짓는 과정에서 여러 가지 편법이나 요령을 동원할 수밖에 없겠죠.

윤   그럼 어떤 것들이 좋은 식재료들인가요?

전   우선 자기가 먹을 것은 조금이라도 직접 생산하는 게 좋아요.

윤   요즘에 도시 농업도 많이 이뤄지고 있죠.

전   네, 베란다 농업, 옥상 농업 그런 것들 요즘 많이 하시죠. 그걸 통해서 음식의 소중함을 알게 되고, 또 오염되지 않은 음식을 체험하는 과정도 되니까 양의 많고 적음을 떠나서 직접 한번 가꿔보는 것이 좋습니다. 그리고 믿을 만한 생산자가 재배한 농산물을 구할 수 있으면 좋겠죠.

윤   누가 생산했는지를 아는 거래겠군요.

전   자기가 믿을 수 있는 사람이겠죠. 가까운 사람 중에 없으면 우리가 선택할 수 있는 것은 생협* 조합원이 되는 겁니다. 생협 조합원이 되면 스스로가 결정권자가 되고 주체적인 구성원이 되는 거니까요. 그러면 좀 더 안전하게 농산물을 구입할 수 있겠죠.

윤 　 그런데 생협 제품들이 좋다는 건 알겠는데 구하기도 어렵고 가격도 좀 더 비싼 것 같아서 어려워하시는 분들도 계신 것 같아요.

전 　 구하기가 상대적으로 쉽지 않다는 건 사실입니다. 우선은 조합원으로 가입을 해야 하니까요. 일반 마트는 문 밖에만 나가면 여기저기서 소비자를 기다리고 있는데, 생협 매장은 많지 않아서 발품을 팔아 직접 거길 찾아가야 하죠. 그런데 그걸 음식에 대한 최소한의 내 노력과 정성이라고 생각하면 좋을 것 같아요. 우리가 귀한 손님이 오면 버선발로 대문까지 나가 맞잖아요. 마찬가지로 내 발로 그곳까지 걸어가서 두 손으로 이 귀한 음식을 공손히 받는다는 마음가짐으로 음식을 구하면 어떨까요? 그런데 최근에는 비교적 구입하기가 쉬워진 것 같아요. 인터넷으로 구매하면 또 집까지 정해진 날짜에 배달도 해주고요.

윤 　 직접 농사짓기 어려우면 믿을 만한 분이나 생협을 통해서 구매하는 게 아까 말씀 나눈 생산자와 소비자의 거리를 좁히는 일이겠군요. 우리의 생명과 건강을 좋게 하는 밥상을 위해서 여러 좋

---

* 생협은 생활협동조합의 약어로, 생활필수품을 직접 사들여 조합원들에게 저렴하게 제공하는 조합이다. 생산자와 소비자가 직거래를 하는 방식으로 운영되기 때문에 중간 마진이 없고, 미리 공급량과 가격을 결정하므로 판매 가격이 비교적 안정적이다.

은 말씀을 해주시고 계신데, 일단 우리 밥상이 어떻게 되어가고 있는지에 대한 진단이 필요할 것 같아요. 아까 오염에 대해 말씀하시긴 했지만 좀 더 구체적인 몇 가지 사례에 대해 여쭤보고 싶어요.

전　여러 메뉴를 내걸고 있는 식당들에는 똑같은 게 있어요. 모든 음식에 고기가 들어간다는 거예요. 나물을 무치는 과정에 들어가는 동물성 식자재들, 또 된장찌개를 만들 때 육수를 내는 과정도 그렇죠. 그렇게 모든 음식에 다 고기가 들어간다는 점에서 저는 획일화되고 강요된 메뉴라고 생각해요.

윤　고기가 왜 문제라고 생각하세요?

전　옛날 고기와 지금 고기가 전혀 다르기 때문이에요. 요즘은 공장식 축산으로 생산하기 때문에 고기의 오염 문제가 아주 심각합니다. 공장식 축산물에는 동물 학대로 인해 발생하는 코르티솔*이라고 하는 스트레스 호르몬이 그대로 남아있죠. 또 화학첨가물들도요. 생명 경시도 밀집 축산의 가장 큰 문제라고 할 수 있죠.

윤　예전에 살충제 달걀 사건이 크게 문제가 돼서 많은 국민이 경각심을 갖게 되었는데, 그 사건에 대해서 어떻게 생각하세요?

전　대개 이런 사건이 일어나게 되는 패턴이 있어요. '어떻게 하면 납품 날짜를 맞출까'에서 시작하죠. 제때에 공장으로 물품을 배달

◆　코르티솔cortisol은 콩팥의 부신 피질에서 분비되는 스트레스 호르몬으로, 코르티솔의 혈중농도가 높아지면 식욕이 증가하게 되어 지방의 축적을 가져오고, 혈압이 올라 고혈압의 위험이 증가하며, 근조직의 손상도 야기될 수 있다. 또한 불안과 초조 상태가 이어질 수 있고, 만성피로, 만성두통, 불면증 등의 증상이 나타날 수 있으며, 면역 기능이 약화되어 바이러스성 질환에 쉽게 노출될 우려도 있다.

해야 하는 것처럼, 농축산물도 납품 날짜를 맞춰야 해요. 그런데 만일 닭장에 갔더니 닭이 한두 마리 비틀비틀하다가 날갯죽지를 꺾고 죽어있다면 농부가 덜컥 놀라겠죠. 그러면 어떻게 해요? 수천, 수만 마리가 있는 닭장 안에서 바로 할 수 있는 것은 약 치는 거뿐이에요. 다른 닭 죽으면 안 되니까요. 그런데 약을 칠 때는 살포 기준치가 있어요. 그런데 약이라는 게 치고 나면 쓰러진 닭이 바로 일어나는 게 아니잖아요. 마음이 불안하면 '이 정도야' 하면서 한 번 더 쳐요. 그게 치명적이 되는 거죠. 고약한 심보로 살충제를 치는 게 아니라 이 시스템이 농부를 시장형 인간으로 만드는 거예요. 이런 문제가 워낙 심각하다 보니까 "유기 축산을 해야 한다" "닭장에 사용하는 약을 위험하지 않은 것으로 바꿔야 한다" "약 살포량을 더 제한해야 한다" 이런 얘기가 많이 나오는 거예요.

윤   그게 현실적인 대안이라고 생각하시나요?

전   근본적인 차원이 변하지 않는 대안은 임시방편일 뿐입니다. 우리나라 인구가 지금 5천만이 넘어요.* 5천만 명이 넘는 우리 국민이 작년에 닭을 몇 마리나 먹었을까요?

윤   굉장히 많이 먹었을 것 같아요.

전   통계**를 봤더니 7억 3천만 마리를 먹었어요. 그럼 갓난아기랑 환자, 노인들 빼면 얼마나 더 많이 먹었겠어요? '나 같이 건강한

◆   2016년 통계청 통계자료에 의하면, 우리나라 전체 인구수는 약 5,125만 명이다.
◆◆ 2016년 농림축산식품부 통계자료 참고.

청년도 이렇게는 안 먹었는데' 할지 모르지만, 닭고기가 통닭으로만 내 밥상에 오르는 것이 아니에요. 온갖 가공된 형태로, 닭의 모습을 취하지 않고 오르는 거예요. 계란은 1년 동안 우리 국민 1인당 286개나 먹었어요.* 평균 그렇다는 거예요. 왜냐하면 계란 또한 삶은 계란, 계란후라이의 모습이 아닌 가공된 채로 올라가서 내가 모르는 거예요. 계란이 빵, 과자, 라면, 이유식 등 안 들어간 데가 없어요. 이런 엄청난 양의 달걀을 안전한 친환경 먹거리로 생산하려면 대한민국 땅 덩어리 전부를 다 생태 양계장으로 바꿔야 해요. 그러면 지금 나오는 대책들이 답이 아니라는 건 명백해지죠. 그러니 밀집 축산을 할 수밖에 없어요.

윤   이 엄청난 수요를 맞추려면요?

전   예, 그렇죠. 우리나라 양계장의 60~70%가 계열 축산화돼 있어요. 양계장 주인 대부분은 양계와 관련된 결정을 자율적으로 하지 못해요. 어떤 병아리를 선택할 건지, 어떤 사료를 먹일 건지를 농부가 직접 결정하지 않아요. 대자본이 다 결정합니다. 대기업이 양계 농가를 다 장악하고 있는 거예요. 농민들은 열악한 수익 구조를 맞추느라 하루 종일 밀폐된 사육장에서 악취 나는 분뇨와 날리는 먼지 속에 살아야 합니다. 이런 현실이 언제까지 계속돼야 할까요? 대부분의 축산이 산업화되다 보니까 모든 과정이 분리되고 단

◆ 2016년 농림축산식품부 통계자료에 의하면, 대한민국 연간 계란 소비량은 135억 5천 6백만 개에 달한다.

절돼서 소비자는 밥상에 고기가 오르기까지 그게 어떤 과정을 거쳤는지 제대로 알 수 없게 됐어요. 가림막으로 가려진 상태라고 할 수 있죠. 그래서 미국의 환경운동가 마이클 폴란*이 이런 말을 했어요. "당신은 아침, 점심, 저녁으로 하루에 세 번씩 투표하고 있다. 선거철에만 투표하는 게 아니다. 어떤 음식을 선택하는가에 따라 당신이 어떤 자본에게 박수를 치고 격려하는 꼴이 되고, 그 자본이 어떤 정치인에게 흘러가느냐가 결정된다." 우리가 깨어서 그 이면의 관계를 맑은 시선으로 들여다보지 않으면, 진보적인 생각을 갖고 있다 하더라도 밥상에서 그 원칙이 지켜지지 않으면, 결국은 반환경적인 행위를 하루에 세 번씩 하게 되는 거죠. 그래서 늘 깨어있다는 것은 정말 중요한 것 같습니다.

윤　우리가 새로운 문명을 꿈꾸잖아요. 그런 문명이 오기 위해서는 음식 문화가 바뀌는 것이 상당히 중요할 것 같네요.

전　우리가 조난당한 배에 타고 있다고 가정해 보죠. 풍랑이 심하면 우리는 배에서 불필요한 것들을 버려야 하잖아요. 값비싼 보석을 배에 싣고 가는 중이라면 그걸 다 버려야 풍랑 속에서 우리가 살아남을 수 있겠죠. 마찬가지로 지금 우리 인류가 풍랑을 만난 조각배 처지라고 한다면, 과연 뭘 먼저 버려야 될까요? 저는 고기를 먼저 버

* 마이클 폴란Michael Pollan, 1955~ 은 미국 출신의 작가이자 환경운동가로, 인간과 자연, 환경과 역사에 관한 새로운 해석들을 책으로 써내 언론과 학계에서 찬사를 받았다. 《세컨 네이처Second Nature》(1991), 《욕망하는 식물The Botany of Desire》(2002), 《잡식동물의 딜레마The Omnivore's Dilemma》(2006) 등 다수의 저서가 있다.

려야 한다고 생각해요. 육식은 피를 혼탁하게 하고 고지혈증, 심장질환을 불러오는 원인이 된다고 의사들은 하나같이 이야기하고 있잖아요. 그리고 옛말에 한이 사무친 사람은 저승에 가지 못하고 이승에 맴돌며 사람들에게 안 좋은 영향을 미친다고 하는 것처럼, 죄 없이 죽어간 동물들의 원혼이, 그 원한이 이 세상에 가득 차있어요. 이것이 사람들에게 미치는 영향이 분명히 있을 거라고 봅니다.

윤   2010년 말 구제역 사태로 엄청 많은 동물이 살처분되고 나서 쓰신 칼럼을 봤어요. '공장식 축산을 매장하라'*는 제목이었죠? 그때 기분이 어떠셨어요?

전   2010년 구제역 사태 때 4~5개월 동안 350만 마리나 살처분하는 과정이 있었죠. 저는 직접 그 현장을 다니면서 생명의 가치, 사람 생명과 뭇 생명의 무게 등 여러 생각을 하게 됐어요. 그러다 그 글을 썼는데 큰 반향이 있었죠. 종교 단체들이 죄 없이 죽어간 동물들을 위해 광화문에서 위령제를 지내고 살풀이춤도 추면서 70억이 넘는 인구를 대신해서 그 동물들에게 사죄하는 의식을 치르고 육식을 자제하자고 촉구했었어요.

윤   최근 글에서도 '우리의 밥상은 동물들의 떼죽음과 원혼으로 이뤄지고 있다'는 말씀을 하셨는데, 그럼 그렇게 수없이 많이 희생된 동물을 생각하는 시간들을 잠시 가져보면 어떨까요?

◆ 2011년 1월 10일자 《한겨레신문》.

전   네, 좋습니다. "동기가 어떻든, 알고 그랬든 모르고 그랬든 우리 인간이 그 외 다른 생명체들에게 저지른 가해 행위가 참 많습니다. 우리 인간이 아름답게 살아가는 데 필요한 만큼을 훨씬 넘어서면서까지 다른 생명체들에게 행한 가해 행위들을 되돌아보면서 진심으로 속죄하고 사과드립니다."

윤   예, 감사합니다. 숙연해지네요. 그럼 다음 질문으로 넘어가볼게요. 평소에 GMO* 식품에 관해서 많이 말씀하시고 또 그런 활동들도 많이 하시는 걸로 알고 있어요.

전   우리나라가 GMO 식품 최대 수입국이에요. 2016년에 974만 톤 정도가 들어왔던 걸로 알고 있어요.** 그런데 정말 가장 시급한 문제는 이게 GMO 식품인지 아닌지 소비자가 식별하기 어렵다는 거예요. 그래서 어쩔 수 없이 GMO 식품을 섭취하게 되는 거죠. 그래서 완전 표시제를 하자는 활동이 일어나고 있어요.

윤   GMO 식품을 오랫동안 섭취한 동물들에게서 더 커진 종양이 발견됐다든가 하는 실험 결과도 있었죠. GMO 식품과 밥상 주권, 이 둘은 어떤 관계일까요?

전   대개 주권이라고 하면 한 나라의 영토, 영해, 영공과 의사결정자에 대한 이야기를 하죠. 그런데 밥상 주권이라는 말까지 등장한 걸 보면 우리 밥상에 위기가 덮치고 있다고 할 수 있을 거예요.

◆   GMO Genetically Modified Organism는 유전자 변형 농작물을 말한다.
◆◆ 한국생명공학연구원, 〈2017 유전자변형생물체 주요 통계〉 참고.

자유롭고 온전한 내 의사가 제대로 관철된 밥상인지 우리 밥상 주권을 진지하게 들여다볼 필요가 있어요. 이게 GMO 식품인지 아닌지도 모른다고 하면 GMO 식품을 거부하려고 해도 그럴 수 없으니까 자기 의사가 관철되지 못한다고 할 수 있죠. 그래서 완전 표시제가 필요해요. 중고등학교 매점에 콜라나 사이다가 있을까요?

윤   있다고 알고 있는데요.

전   외국 대부분의 초중고등학교에서는 탄산음료 판매를 전면 금지했습니다. 건강한 밥상과 관련해서 우리에게도 건강하지 않은 음식을 접촉할 수 있는 통로와 기회를 차단할 수 있는 제도가 필요하다고 봅니다. 정부기관과 뜻 있는 시민들의 역할이 크겠죠.

윤   네. 건강한 밥상으로 전환하고 싶은 분들이 많을 것 같은데, 식습관을 바꾸기가 쉽지 않잖아요. 그럼 어떻게 하는 게 좋을까요?

전　　밥상을 마주하는 데 시간과 정성을 좀 더 들여야 해요. 식습관은 중독성이 정말 강해요. 그래서 앞으로 이건 안 먹겠다, 줄이겠다고 다짐을 해도 잘 안 되는 경우가 많죠. 술, 고기, 빵 등이 그렇잖아요. 그런데 식습관을 꼭 바꿔야겠다고 마음먹는다면 아주 좋은 방법이 있어요. 바로 단식입니다. 단식을 1~3일, 가급적 일주일 정도 하면 좋습니다. 일주일 정도의 단식은 혼자서 하기는 힘들 수도 있으니까 휴가나 방학 때 단식원이나 단식 수련 단체에 들어가서 해보는 것도 좋아요. 일주일 정도 단식 수련을 하면서 식습관을 바꾸고자 하는 의지를 다지고 음식의 존귀함, 감사함을 잘 되새기면서 새로운 밥상을 거듭 상상 속에서 차려보면 좋아요. 그리고 나서 회복식을 하게 되면 이전 식습관의 관성이 상당히 약해진 상태가 돼서 새로 시작하는 게 쉬워져요. 그러면 습관화된 음식들로부터 자유로워지기 쉽죠.

윤　　알겠습니다. 식습관은 바로 바꾸기가 어려우니까 잠시 비우면서 새로운 전환의 계기로 삼으라는 말씀이시네요.

전　　'내일의 내가 궁금하면 오늘 내가 뭘 먹었는지를 살펴보라'는 말이 있어요. 식습관, 밥상을 바꾸는 걸 감히 혁명이라고 말해도 되지 않을까 생각합니다. 밥상을 바꾼다는 건 나를 바꾸는 시작점이 될 뿐 아니라 사랑하는 사람들 또한 건강하게 바뀌어 가는 연결점이 돼요. 밥상이 바뀌는 데서 사회가 바뀌고 지구가 바뀐다고 한다면 그것이야말로 진정한 혁명이라고 할 수 있을 겁니다.

▶ YouTube   가슴의 대화 전희식 | Q

오른쪽 QR코드를 촬영하시면 해당 인터뷰 영상을 보실 수 있습니다.

추천 콘텐츠

Book **놓아버림** Letting Go: The Pathway of Surrender

데이비드 호킨스 지음 | 박찬준 옮김 | 판미동 | 2013

세계적인 영적 지도자인 호킨스 박사의 유작인 이 책에서는 생각과 감정의 관계, 놓아버림의 기법을 설명합니다. 깨달음을 가로막는 장애물을 놓아버리고 부정성에서 벗어나기 위한 실용적인 방법을 자신의 실제 경험과 의사 생활 중 만난 다양한 임상 사례에 근거해서 제안하고 있죠. 저는 이 책을 그의 많은 저작 중 백미로 꼽고 있어요. 우리 아들이 군대 가면서 《한마음요전》과 함께 가져갔던 책이기도 합니다. 정교하고 아름다운 문장이 단연 돋보여요. 정신분석과 영적 성장에 대한 문장이 이토록 아름다울 줄 몰랐죠.

Magazine **귀농통문** 전국귀농운동본부

제가 8년간 공동대표로 활동했던 귀농운동본부에서 1996년 겨울부터 내고 있는 계간지예요. 농부가 되려는 사람들을 위한 계간지인데, 굳이 농부가 아니더라도 소유보다는 존재 자체에 뜻을 두고 마음의 여유를 갖고 살고자 하는 사람들이 꼭 구독해서 읽어봤으면 좋겠어요. 집과 땅, 농사, 농기계, 이웃관계, 마실장터 등의 생활 이야기들이 계절에 따라 생생하게 담겨있습

니다. 또 농업 관련 시사 쟁점이 특집으로 다뤄지고 생태문화와 자연의학에 대한 글도 종종 실려요. 종합적인 생태순환 자연치유 계간지라 할 수 있죠.

Site 홍익학당 유튜브 채널

자명한 사실의 세계와 참 존재의 양심 세계를 두루 아우르는 가르침을 전하고 있는 윤홍식 선생님의 유튜브 채널입니다. 이 채널의 강의 영상들을 보면 동서고금의 철학과 종교에 대해 배울 수 있을 뿐 아니라 세상을 보는 진취적 시선과 참나를 견지하는 수행법을 조화롭게 습득하실 수 있어요. 최제우, 예수, 붓다, 소크라테스, 함석헌 그리고 도올 선생이 한자리에 있다고 보시면 될 것 같네요. 윤홍식 선생님은 많은 책을 쓰셨는데, 그중 《양심정치》(봉황동래, 2017), 《화엄경, 보살의 길을 열다》(봉황동래, 2018)도 추천해 드립니다.

Site 수선재

선 수행을 바탕으로 하는 수련공동체 누리집입니다. 수선재 회원들은 보은과 영암, 충주, 고흥에 실제 공동체를 만들어 살면서 수행, 생태적 생활, 사회 봉사활동 등을 하고 있어요. 그중 빗물탱크와 생태화장실 보급 사업은 이미 세간에 많이 알려져 있죠. 이 누리집에서는 단전호흡, 의식호흡, 자세명상, 선계수련, 그림명상, 경혈마찰, 선체조 등의 다양한 수련 방법을 접하실 수 있어요. 또 이러한 여러 가지 수행을 직접 체험해 볼 수 있는 기회도 종종 만나볼 수 있으니 꼭 한번 들어가 보세요.

10

일상을 바꾸는
평화의 언어

비폭력대화 트레이너 모미나

모미나

국제공인 비폭력대화 트레이너이자 표현예술치료사, 소마틱
무브먼트 교육자. 현재 한국비폭력대화센터에서 지도자로 일
하고 있다. 오랜 기간 동안 사회취약 계층과 함께 치유적 연극
작업을 해왔다. 예술의 본래 기능을 탐구하는 여러 배움의 여
정을 통해, 현재는 몸 움직임과 연극을 기반으로 장르를 넘나
드는 통합적 예술을 연구하고 실천하고 있다. 여러 대학에서
응용연극과 표현예술을 가르치고 있으며, 통합예술교육공동
체 '포이에시스'를 운영하면서 몸마음 알아차림과 표현예술,
비폭력대화가 접목된 교육을 이끌고 있다.

poiesis2007@hanmail.net
한국비폭력대화센터 홈페이지 www.krnvc.org
통합예술교육공동체 포이에시스 홈페이지 www.poiesis.me
포이에시스 인터넷카페 cafe.daum.net/expressartpoiesis

윤   비폭력대화Nonviolent Communication; NVC의 지혜가 제 삶에 도움이 될 수도 있지 않을까 하는 기대에서 선생님을 찾아뵙게 됐어요. 비폭력대화를 모르시는 분들도 계실 것 같은데, 설명 부탁드립니다.

모   비폭력대화는 우리의 마음 안에 폭력이 가라앉고 우리의 본성인 연민과 사랑이 회복된 상태에서 의사소통을 하는 방법이라고 말씀드릴 수 있습니다.

윤   연민과 사랑이라고 하셨는데, 그런 것에 기반을 둔 대화가 잘 안 되는 경우가 많은 것 같아요.

모   내가 내 경험과 온전히 연결될 때 내가 나를 좀 더 이해할 수 있고 타인의 관점도 더 너그럽게 받아들일 수 있어요. 그 과정을 통해서 원래 갖고 있던 사랑과 연민이 자연스럽게 회복되는 것 같아요. 어떤 인위적인 노력이 필요 없죠. 그래서 사실 비폭력대화는 폭력적이지 않은 대화를 하려고 애쓰는 게 아니라 우리 본성을 회복함으로써 저절로 찾아오는 평화의 힘에 기반을 둡니다.

윤   비폭력대화를 접하시고 나서 삶의 변화가 있으셨나요?

모   정말 많은 변화가 일어났죠. 내가 왜곡하고 있던 경험의 다른 면들을 이해할 수 있게 됐어요. 우리는 자신이 뭔가를 보고 있다고 생각하지만 사실 해석하고 있는 거거든요. '저 사람은 이런 의도겠지?' '그런 말을 했다는 건 이런 의미일거야'라고 해석하면서 그걸 마치 사실인 것처럼 믿어요. 그걸 구분할 수 있게 된 건 삶이 정말 달라지는 일이었어요. 우리는 사회적 갈등이 발생할 때 '누가 잘못했는가' '누가 책임을 져야 하는가'에 관심을 많이 갖죠. 그런데 비폭력대화를 알고부터는 '나는 여기에 어떻게 참여할 것인가'를 더 생각하게 됐어요. '저 비극적인 행동 뒤에는 선악을 넘어 분명히 삶을 향한 욕구가 있을 텐데 그게 뭘까'에 마음을 기울여 보면서 징벌의 눈이 아니라 연민의 눈으로 타인을 볼 수 있게 되었어요.

윤   그러면 이제 비폭력대화의 중요한 개념들에 대해 말씀을 듣고 싶어요. 그래야 저도 일상에서 이걸 적용할 수 있을 것 같아요.

모   비폭력대화에는 네 가지 기본 요소가 있어요. 첫 번째가 나의 평가를 섞지 않고 사물이나 현상을 있는 그대로 관찰하는 거예요. '저 사람이 날 무시했어'라고 할 때 이건 일어난 일이 아니라 그 일에 내가 부여한 의미죠. 그 사람의 의도가 그래 보인 건 내 생각인 거예요. 정말 일어난 일은 예를 들면, 내가 질문했을 때 그 사람의 답을 듣지 못한 것 혹은 내가 인사를 했는데 그 사람은 그냥 지나간 것, 우리가 공동으로 연구한 문서에 내 이름이 없던 거예요. 그런데 '나를 무시했다' '나를 배제했다' '나를 소외했다' 등은 일어난 일에 내가 부여한 의미들이죠.

윤   그러면 그런 의미 부여나 평가를 하지 말아야 한다는 건가
요? 아니면 말을 할 때 평가와 판단을 배제해야 된다는 뜻인가요?

모   우선 일어난 '일'과 그 일에 대한 나의 '해석'을 구분하는 거
예요. 우리의 경험은 모두 주관적이잖아요. 심리학에서도 '객관은
없고 오로지 관점만 있을 뿐이다'라는 정설이 있죠. 우리가 어떤 사
건을 공유할 때 열 사람이 있으면 열 사람의 관점이 있을 뿐, 거기
에 객관은 존재하지 않아요. 그런데 보통은 자기 관점을 마치 객관
인 것처럼 이해하고 다른 사람의 관점에서는 다르게 받아들일 수
있다는 걸 종종 잊는 것 같아요. '이게 나의 해석이구나'라는 생각
만 가지고 있어도 갈등과 분노뿐 아니라 경험의 왜곡도 줄어들죠.
물론 우리가 관찰과 생각을 구분하자는 게 '그 사람은 이런 의도가
아닐 거야' 하며 좋은 쪽으로만 생각하자는 게 아니에요. 일어난 일

만 서술하면 '내 이름이 빠져있었다'이지만, 나는 그것에 대해 '무시당한 것 같아'라고 해석하죠. 그리고 그렇게 생각하니까 서럽고 화가 나는 거죠. 이때 나의 느낌을 감지하라는 거예요. 이 '느낌'이 비폭력대화의 두 번째 요소입니다. 그걸 잘 알아차리고 나면, 내가 즉각적으로 반응했을 때와는 조금 다른 곳에 가 있게 돼요.

윤　　나한테 일어난 일들을 섬세하게 보는 훈련이겠네요. 그럼 이건 관찰일지 평가일지 한번 예문으로 여쭤볼게요. '소라는 어제 저녁에 텔레비전을 보면서 손톱을 물어뜯었다.'

모　　선생님이 보시기엔 어떠세요?

윤　　사실인 것 같아요. 관찰.

모　　예, 그 문장 자체는요.

윤　　'이모는 나와 이야기할 때마다 불평을 한다.'

모　　이 문장에 대해서는 두 가지를 말씀드리고 싶은데, 먼저 '불평을 한다'는 말에는 우리가 상상할 수 있는 여지가 있다는 거예요. 어떤 사람은 그걸 불평으로 받아들이지 않을 수도 있어요. 관찰을 한다는 건 누가 보더라도 같은 영상을 보는 것처럼 같은 장면이 머릿속에 펼쳐지도록 기술하는 것이죠. 그걸 관찰로 바꿔본다면 '오늘 아침 밥을 먹는데, 이모가 국이 너무 짜다는 말을 세 번 했어' 정도가 되겠죠. 이 표현에서 하나 더 살펴보고 싶은 건 '~할 때마다'라는 표현이에요. 과연 '언제나'였을까요? 우리는 많은 현상을 언제나 그랬던 것처럼 기억해요. 그렇게 기억하는 건 사실 내가 그걸 접했을 때 괴로움을 느꼈다는 거예요. 그것만 더 잘 들리죠. '매번' '항상' '단 한 번도' 이런 표현이 들어가게 되면 그건 관찰이 되기 어려워요. 그런 표현은 이런 사인으로 알아들으시면 돼요. '내가 이 일과 관련해서 스트레스가 좀 있나보다' 하고요.

윤　　　일단 이렇게 '관찰'과 '해석'을 정확하게 구분하고 그렇게 말하는 습관을 들이면 맹목적으로 감정에 휩싸이는 일이 덜할 것 같다는 생각이 드네요. 그런데 그렇게 되면 우리의 삶이, 우리의 대화가 너무 건조해지지 않을까요? 나의 감정을 솔직하고 자유롭게 표현하면서 살아가지 못하고, 객관적인 언어들만 끄집어내서 공식처럼 쓰는 게 아닌가 하는 우려도 있을 수 있을 것 같아요.

모　　　이게 마치 실험실이나 재판장의 언어처럼 들리셨을지도 모르겠는데, 저는 이러한 구분이 우리의 왜곡된 인지를 잘 닦아서 왜곡 전으로 돌려놓는 과정이라고 여기고 있어요. 첫 번째 요소인 관찰은 밖에서 일어난 일에 대한 이야기예요. 두 번째와 세 번째 요소에서는 그 일이 있었을 때 나는 뭘 느꼈는지, 뭐가 필요했는지 얘기하죠. 여기서 내 얘기를 충분히 하실 수 있어요. 오히려 평가와 사실이 뒤죽박죽 섞여있을 때, 우리는 누군가가 상처받을까봐 진심이 아닌 말을 하기도 하죠. 어떤 때는 본의 아니게 다른 사람에게 상처를 주기도 하고, 또 그걸 모르는 경우도 있어요. 저는 일어난 일과 나의 해석이 섞여있을 때 더 왜곡된 의사소통을 하게 된다고 생각해요. 관찰한 언어만을 정밀하게 추출해서 그러한 언어로만 대화하는 것 자체가 중요한 건 아니에요. 그 면밀함으로 내 안에서 내 경험을 이해하는 게 중요해요.

윤   나의 심리 과정을 좀 더 섬세하게 포착하는 것이 중요하다!

모   그렇죠. 내가 얘기한 것들을 제대로 이해하려는 거예요. 우리가 누군가를 평가하지 않으려고 하는 이유가 또 하나 있어요. '누구는 참 좋은 사람이야' '누구는 우유부단해' '누구는 이기적이야'라고 할 때 마치 그 사람은 언제나 그런 사람인 것 같은 낙인 효과가 나타나요. 설령 칭찬처럼 들리는 말도 그렇고요. 이런 건 내가 누구인지 알아가는 삶의 여정을 자유롭게 탐험하는 데 전혀 도움이 되지 않아요. 비폭력대화에서는 이런 비교나 평가, 도덕적 판단들을 우리 삶을 소외시키는 요소들로 봐요. '이런 평가로부터 자유로울 수 있다면' 하고 상상해 보세요. 그 짧은 상상만으로도 가볍고 신나지 않으세요?

윤   예, 그런 평가들에 연연해하지 않는다면 내가 원하는 길도 더 잘 갈 수 있을 것 같네요.

모   아직 만나지 않은, 좀 더 진실한 나를 만나게 될지도 몰라요.

윤   관찰과 평가에 대한 얘기는 이제 넘어가볼까요? 그다음 단계는 뭔가요?

모   세 번째 요소는 '욕구'인데, 이건 두 번째 요소와 함께 얘기해 보는 게 좋을 것 같아요. 이제 내면의 세계로 들어오죠. 밖에서 일어난 일에 대해서 어떤 경험을 했는지 내 느낌과 욕구를 찾는 거예요. 사실 우리는 느끼기보다 생각을 많이 하죠.

윤   전체적으로 보기보다는 어떤 한쪽의 것만 보죠.

모   예, 치중되어 있어요. 보고 듣고 생각하고 느끼는데 여기에 대한 연결은 사라지고 생각한 것만 부각하죠. 그런데 그것이 내 생각인지도 모르는 채 막 돌아가요. 〈들장미 소녀 캔디〉 노래 아시죠? 그 노래 첫 소절에 보면 우리가 감정을 어떻게 대해 왔는지가 극명하게 드러나요.

윤   '외로워도 슬퍼도 나는 안 울어.'

모   '참고 참고 또 참지 울긴 왜 울어.' 제 수업에서는 종종 이 노래를 같이 부르고 있어요.

윤   살다 보면 자기 느낌을 솔직하게 표현하는 것에 익숙하지 않은 경우가 많은 것 같아요.

모   네, 느낌이라는 게 옳고 그른 것이 아니라 그 자체로 고유하고 소중한 삶의 경험이라는 걸 받아들일 수 있다면 다시 회복될 수 있어요. 이미 여기 있는 건데 단지 오랫동안 보지 않도록 훈련된 것뿐이거든요. 비폭력대화의 요소에는 '생각'이 없어요. 물론 생각은 아주 중요한 경험이에요. 그런데 생각은 우리의 경험을 왜곡하기도 해요. 예를 들면, 우리가 어떤 부정적인 상황에 맞닥뜨리고 나서 '지쳤다고 하면 안 돼' '화내면 안 돼' 하면서 선택적으로 그걸 인정하지 않기도 해요. 그런데 몸은 가치판단을 하지 않기 때문에 경험을 그대로 드러내거든요. 그건 몸의 감각적 현상, 즉 느낌이죠. 화가 나면 숨이 거칠어지고 열이 오르고 심장박동이 빨라지고 눈에 힘 들어가고 턱이 떨리고 하는 게 몸의 반응이잖아요. 느낌은 이미 일어나 있어요. 그것을 왜곡하지 않고 그대로 알아차리는 게 우리가 가려는 방향이죠. 어떤 일이 일어났을 때 내 몸을 관찰하면서 어떤 느낌이 찾아왔는지 알아차릴 때 정말 필요한 게 뭔지, 진정한 욕구가 뭔지를 알 수 있어요. 그런데 어떤 중요한 욕구가 결핍되고 채워지지 않으면 우리 몸은 또 사인을 보내요. 마치 배고플 때 꼬르륵 소리가 나는 것처럼 '어떤 게 필요해' 하고 몸으로 사인을 보내죠. 그 느낌을 잘 들어서 진정한 욕구를 이해하는 게 비폭력대화가 하려는 거예요.

윤   우리에게 올라오는 느낌들을 솔직하게 느끼고 인정하고 서로 나누는 게 중요하겠네요.

모   예, 다시 한 번 강조하고 싶은 건 그러한 느낌을 나누기 전에 먼저 내가 아는 게 중요해요. 어떤 때는 진짜 욕구가 뭔지 모르면서 행동할 때가 있어요. 예를 들면, 어떤 사람과 사랑을 나누고 싶은데 도리어 밀어낼 때가 있어요. 진짜 하고 싶은 건 그 사람과 깊이 연결되고 싶은 건데, 그러지 못할까봐 두려워서 의심하는 말과 행동을 해서 오히려 관계를 훼손시킬 때가 있죠.

윤   그렇군요. 그럼 우리 느낌을 좀 더 정확하게 파악하는 것이 어떤 건지 예문을 통해서 한번 여쭤볼게요. '네가 떠난다니 슬프다.'

모   여기에는 일어난 일과 나의 느낌이 같이 있잖아요. 그 사람이 떠난다고 얘기를 했다면 '네가 떠난다니'는 관찰이겠죠.

윤   네, 그리고 '슬프다'는 건 느낌인 것 같아요. '그 사람이 나를 보고도 아는 체를 하지 않았는데, 무시당한 것처럼 느껴져.' 여기서 '느껴져'는 느낌을 얘기하는 것 같고, '무시당했다'고 하는 것은 평가인 것 같은데요?

모   잘 발견하고 계시네요. 우리가 느낌을 표현할 때 가장 혼동하는 것들이 '무시당한 기분이야' '인정받지 못한 기분이야' '소외당한 기분이야' 이런 거예요. '느껴진다'라든가 '기분이야'라는 단어가 붙어있으니까 느낌 같죠? 그런데 사실 느낌이란 건 온전히 내 몸에서 느껴지는 것만 느낌이에요. '무시당했다'에는 이미 다른 사람에 대한 나의 판단이 들어와 있죠. 그 말 속에 다른 사람이 들어와 있으면 그건 이미 느낌이 아닌 거예요. 인정받지 못했다면 인정하지 않은 사람도 있어야 되죠. 무시하는 사람과 무시당한 사람, 소외시킨 사람과 소외받은 사람 이런 경우들도 마찬가지고요. 더 정확히 얘기하면 이런 표현에는 상대의 행동에 대한 나의 해석이 일방적으로 들어가 있기 때문에 판단일 뿐 느낌은 아니에요. 그래서 비폭력대화에서는 생각이 섞여있는 말들을 순수한 느낌의 언어로 전환하려고 하죠.

윤   그 느낌이라는 게 어떤 건가요?

모   '슬프다' '속상하다' '서럽다' '초조하다' '긴장된다' '억울하다' 이런 감정의 표현들은 다 몸의 반응을 동반해요. 우리가 그동안 느낌을 의식의 조명에 많이 비추지 않았기 때문에 뭘 느끼고 있냐고 물어보면 쉽게 대답을 못해요. 느낌을 발견하는 제일 분명한 길은 내 몸이 어떤가를 보는 거예요.

윤   적어도 생각의 영역은 아니겠네요. 생각은 좀 떼어놓고 내 몸에서 어떤 일이 일어나고 있는지부터 살펴보는 게 필요하겠네요.

모   느낌이란 감정으로 일어난 몸의 반응들에 우리가 붙인 이름이에요. 스토리와 연관해서 일어난 신체적 반응들에 우리가 감정 언어들을 붙여놨어요. 그것들이 쉽게 보이진 않지만 보려고 하면 할수록 잘 보여요. 우리가 상상할 때는 자동적으로 눈동자가 위로 올라가죠. 내가 뭘 느끼고 있는지 잘 모르겠다면 심장박동과 호흡을 주시해 보세요. 그럼 내 감정하고 만날 가능성이 커져요. 그리고 연습이 쌓여갈수록 내 느낌이 더 잘 보이죠. 많은 분이 몸을 통해 느낌을 보는 것을 어려워하시면서 저한테 여쭤봐요. "제 느낌이 맞나요?" 이해되면서도 슬프기도 해요. 내 느낌을 다른 사람한테 물어봐야 할 정도로 내 느낌과 거리가 멀어진 거죠. 그럴 땐 "지금 잘 안 보여도 다시 만나러 가는 중이니까 계속 몸에 귀를 기울여주세요"라고 답해드려요. 그러다 보면 점차 잘 들리게 돼요.

윤   우리가 몸의 느낌을 잊거나 왜곡해서 사는 경우가 많은 것 같아요. 그런데 비폭력대화에서는 자기 몸의 솔직한 느낌을 세밀하게 파악할 수 있게 도와주는군요.

모   예, 있는 그대로 수용하려는 거예요. 사실 우리는 많은 감정을 부정적이라는 이유로 외면하려고 해요. 이러한 외면이 잘 훈련되었다면 정말 못 알아차리기도 해요. 이게 우리를 병들게 하죠. 내 감정을 소화하고 배출할 과정을 겪지 못하게 하기 때문이에요. 그래서 우리의 삶을 잘 끌어안는 방법 중에 하나는 내게 찾아온 경험을 있는 그대로 존중하는 거예요.

윤   내가 겪는 것들을 있는 그대로 다 표현하는 것이 사회적으로는 인정받지 못하는 경우가 많은 것 같아요.

모   너무 많죠. '그렇게 슬퍼할 일이 아니다' '언제까지 그러고 있을 거냐' '빨리 털고 일어나야지' 하면서 우리는 넘어지는 일을 잘 받아들이지 못해요. 축하할 줄은 아는데 애도할 줄은 모르죠. 그건 낮에만 살고 밤에는 안 살겠다는 얘긴데, 삶의 불균형을 초래할 수밖에 없죠. 그리고 우리는 그동안 해결 중심적, 목표 지향적으로 살아왔어요. 그러면서 우리는 과정과 연결을 잃어버렸죠. 비폭력대화를 통해 일어난 일을 그대로 관찰하고 느낌을 알아차리고 욕구를 발견하는 이 여정은 결과 중심적으로 살아왔던 우리 삶의 패러다임을 바꾸는 일이기도 해요. 아주 매력적인 도전이죠.

윤   네, 알겠습니다. 그러면 또 다른 예문을 통해서 우리 느낌을 표현하는 것에 대한 말씀을 계속 나눠보겠습니다. '나는 오해를 받고 있는 느낌이다.' 여기에는 실제 자기 느낌이기보다는 판단이 들어간 것 같아요.

모   예, 누군가가 나를 오해했다는 판단이 들어있죠. 이럴 때 '이런 표현을 쓰면 안 되는구나' 하는 게 아니라 그저 이게 내 생각인 걸 알아차리는 거예요. '아, 내가 오해받았다고 생각하는구나. 그건 어떤 느낌이지?' 하고 몸을 지켜보는 거죠. 오해받았다고 생각하면 어떨까요? 가슴이 막히는 것 같고, 숨도 잘 안 쉬어지는 것 같고, 몸에 한기도 도는 것 같고, 힘이 빠져나가는 것 같잖아요. 이걸 가만히 지켜보는 거예요.

윤　네, 아까 처음에 했던 관찰과 평가를 분리하는 작업과 연관 지어서 생각하면 "나는 그때 이렇게 행동했는데 너는 저렇게 했다고 말했어. 그 얘기를 들으니까 내 느낌은 이러해" 이렇게 얘기하는 게 좋을까요?

모　예, 그렇죠. 그리고 그 뒤에는 반드시 '왜냐하면' 하고 욕구가 등장해야 돼요. 이 느낌은 내 것이잖아요. 내 느낌은 내 욕구에서 출발하지 상대가 원인이 아니에요. 우리는 보통 불편한 감정을 다른 사람 탓으로 여기곤 해요. 책임이 그 사람에게 있는 것 같죠. 나는 가만히 있는데 그 사람이 와서 한 말 때문에 내가 화가 났거든요. 그런데 사실 상대의 말과 행동은 그냥 매개예요. 이 매개가, 이 자극이 나한테 반가울지 언짢을지는 내 욕구에 달려있어요. 예를 들어, 오늘 남편이 집에 들어오지 않겠다는 문자를 보내왔어요. 아내가 도움의 손길을 필요로 하는 상황이라면 짜증이 나겠죠. 그런데 아내가 나가서 친구들과 술 한 잔 하고 싶은 상태라면 얼마나 신나겠어요? 내 욕구에 따라서 상대의 행동이 반갑기도 하고 싫기도

한 거예요.

윤   행동 그 자체는 중립적이라는 말씀이신가요?

모   예, 자극은 자극일 뿐이에요. 그게 원인이 되지는 않죠. 그런데 보통 내 감정의 책임이 상대에게 있다고 믿곤 하는데, 이게 사실 우리를 힘들게 해요. 상대가 다르게 해주지 않으면 나는 계속 괴로울 거거든요. 화를 가라앉히려면 저 사람이 달라져야 해요. 그리고 내 감정의 원인이 저 사람한테 있을 때 내가 할 수 있는 여지도 같이 사라져요. 수동적이고 무력한 존재가 되죠. 이건 모두 내 탓이라는 얘기가 아니에요. 내가 어떤 욕구가 있기에 이게 이토록 싫고 괴로운가를 볼 수 있을 때 우리가 할 수 있는 게 훨씬 늘어나요. 비폭력대화에서는 '욕구'와 '수단·방법'을 구분하는 것이 매우 중요해요. 욕구가 생명이라면 포기할 수 없는 거거든요. 우리가 비폭력대화를 연습하면서 쓰는 욕구의 표현들은 인간으로서 살아가는 데 반드시 필요한 기본적인 것들인데, 우리는 때로 이러한 욕구를 수단·방법과 동일시하는 경향이 있어요. 그래서 이 수단과 방법이 좌절되면 욕구가 좌절된 것처럼 절망하기도 해요. 예를 들면, 내가 좋은 사람이고 능력 있는 사람으로 인정받고 싶은 욕구가 있다고 쳐요. 이게 승진을 통해서 혹은 내 차 배기량이 몇 cc인지로 설명되는 건 아닌데도 우리는 거기에 얽매일 때가 있죠. '이번 승진 명단에 내 이름이 올라가야 돼' '그 차가 있으면 사람들이 나를 인정해 줄 거야' 하면서요. 그런데 그게 좌절됐을 때는 극도로 절망하게 되죠.

방금 말한 예들은 내가 그 욕구와 만날 수 있는 수많은 방법 중 하나일 뿐이에요. 이 수단과 방법 뒤에 있는 내 진정한 욕구가 무엇인지 우리가 제대로 알 수 있다면 훨씬 많은 방법을 만날 수 있어요. 어떤 순간에도 욕구를 포기하지 마세요. 단 수단과 방법은 언제든지 내려놓을 수 있기를 바랍니다.

윤 수행 분야에서는 욕구를 추구하는 것을 긍정적으로 보지 않는 경향도 있는 것 같아요.

모 그건 '욕망'일 거예요. 어떤 수행에서도 잠을 자지 말라거나 밥을 먹지 말라고 하지는 않죠. 내 잠자리, 먹거리가 화려해지는 것은 욕망일 거예요. 그러나 우린 반드시 자야 하고 먹어야 하고 또 사랑이 필요해요. 쉬고 싶고 꿈꾸고 싶고 누군가를 돕고 싶은 것들은 우리의 자연스러운 욕구죠. 그런데 욕구를 채우는 과정에서 욕망에 휩싸일 때가 있어요. 이것은 수단·방법과 밀접하게 관련이 있죠.

윤 자신의 욕구를 알아차리는 연습을 위해 사례로 여쭤볼게요. '중요한 서류들을 회의실에 두고 나가면 정말 걱정스럽습니다.'

모 이 사람이 뭐가 필요해서 걱정하는 것 같으세요? 제가 듣기에는 아직 드러나지 않은 것 같아요. 뭔가가 중요한가 봐요.

윤 욕구 표현이 안 된 것 같아요. 욕구를 구체적으로 표현하는 게 좋다는 말씀이신 거죠?

모 예, 그럴 때 내 느낌을 저 사람에게 책임 지우지 않으면서 내가 왜 이걸 느끼고 있는지 상대한테 안전하게 전달할 수가 있어요.

윤 이 사람의 욕구는 우리 회사의 기밀이 밖으로 나가지 않고 보안이 잘 유지됐으면 하는 것에 있을 것 같아요.

모 예, 안전에 대한 바람이겠죠. 그러니까 '나는 정말 걱정했어. 왜냐하면 나는 이게 중요하거든' 하고 덧붙여 주시면 좋죠.

윤 알겠습니다. 내 욕구를 구체적으로 표현할 때 전달력을 높일 수 있다는 말씀이시군요.

모 상대에게 내 느낌을 책임 전가하지 않으면서 내 감정을 스스로 책임지는 방식인거죠. 그리고 내가 뭘 원하는지를 알아야 상대도 도울 수 있어요. 그런데 많은 분이 비폭력대화를 통해서 상대를 바꾸고 싶어 해요. 그리고 비폭력대화를 잘 하면 상대가 자기 말을 잘 들어줄 거라고 오해하죠. 그런데 애석하게도 잘 되지 않아요. 중요한 건 비폭력대화에서는 문제가 바깥에 있는 게 아니라는 거예요.

윤 많은 수행이나 종교에서 이야기하듯이 나부터 돌아보고 나를 바꾸는 방법이겠네요.

모 예, 영적 수행과 많이 닮아있어요.

윤 그렇군요. 알겠습니다. '저녁시간을 함께 보내고 싶었는데 오지 않는다고 하니까 섭섭하네요.' 이건 어떠세요? 여기엔 내 느낌과 욕구가 모두 들어있는 것 같아요.

모 네, 이 사람이 왜 슬픈지, 뭘 원했는지가 잘 드러나 있죠. 그냥 '당신이 안 온다니까 슬퍼요'보다 훨씬 잘 이해될 거예요. '같이 시간을 보내고 싶었어요'라는 욕구가 표현되면 이걸 위해서 우리가 어떤 걸 할 수 있을지 얘기가 가능해지죠.

윤　　우리는 보통 내가 원하는 게 무엇인지 생략하고 감정적으로 표현하는 경우가 많은데, 기왕이면 나의 욕구를 구체적으로 드러내라는 말씀이시군요. 그런데 그렇게 되면 나의 약한 부분을 드러내는 것 같아서 주저할 수도 있을 것 같아요.

모　　네, 우리 사회에는 약함을 드러내면 안 되는 분위기가 팽배하니까요. 사실 표현을 하고 안 하고 이전에 우리가 자신의 욕구를 잘 모르는 경우가 많아요. 내 느낌이 어디서 왔고 내가 뭘 필요로 하는지를 아는 건 매우 중요해요. 우선은 나를 위해서 그리고 소통하기 위해서요. 혹시 내 앞에서 기꺼이 자신의 여린 부분을 드러내는 사람을 봤을 때 어떤 마음을 느끼시나요?

윤　　저도 마음이 열리죠.

모　　예, 그거예요. 기꺼이 마음을 다하게 되죠. 그건 용기가 있을 때 가능한 것 같아요. 가슴을 연다는 건 용기인 거고, 누군가가 기꺼이 가슴을 열어서 여린 부분을 드러낼 때 우리의 가슴도 열리게 돼요. 그러면 좀 더 깊이 연결되겠죠. 그 유대는 강력해요.

윤　　먼저 내 가슴을 여는 것이 중요하겠군요. 상대가 먼저 솔직하게 얘기하면 나도 솔직하게 되는 것 같습니다. 그러니 내가 먼저 마음을 열면 관계든 상황이든 좋은 방향으로 순조롭게 진행되겠네요. 그럼 자신의 욕구를 표현할 때 유의 사항이 있을까요?

모　　상대가 내 욕구를 책임질 의무가 있지 않다는 걸 기억하는

거예요. 내 욕구의 주인은 '나'이기 때문에 상대한테 '내 욕구가 이러니까 네가 해결해라' '내 느낌이 이러하니 당신이 책임져라'라고 할 수 없다는 걸 상기해야 하죠. 다시 말해 비폭력대화를 통해서 상대를 바꾸려고 하지 않는 거예요. 내 욕구를 충족하는 데 상대의 도움이 필요할 수는 있죠. 그때는 구체적으로 부탁하면 돼요.

윤　그런데 내 욕구를 표현할 때 내 의도와는 상관없이 상대가 '내가 저 욕구를 들어줘야 되나?' '나한테 들어달라고 하는 얘긴가?' 이렇게 받아들일 수도 있을 것 같은데, 그게 아니라는 사인을 내 말 속에 녹이는 게 중요할 것 같네요.

모　그래서 네 번째 요소인 '부탁'이 있어요. '나에게는 협력이 너무 중요하거든'에서 끝날 수도 있지만, 때에 따라선 '30분만 나를 도와줄 수 있어요?' 하는 구체적인 부탁이 필요할 수도 있어요. '당신과 함께 이야기하고 싶어서 제안했는데, 그럴 수 없다니까 속상해요' 하고 내 욕구를 얘기한 뒤 상대가 어떤지 마음이 쓰인다면 우리는 '연결 부탁'을 할 수 있어요. 연결 부탁은 이런 거예요. '제 얘기 듣고 어떠세요?' 저는 연결 부탁을 몹시 좋아해요. 내 할 말 다했으니까 끝이 아니라 당신이 어떤지 내가 궁금해한다는 걸 상대에게 상기시키는 거예요.

윤   그러면 그걸 통해서 또 소통이 일어나겠네요.

모   그렇죠. 많은 분이 이 말을 들으면 '내가 존중받는 것 같다' '나한테 귀를 기울여주는 것 같다'는 말씀을 하세요. '내 얘기 듣고 부담스러워하면 어떡하지' 하고 혼자 걱정하지 마시고 직접 상대에게 물어보세요. 대화가 계속 이 안에서 흐르게 하는 거예요. '제 얘기 듣고 어떠세요? 혹시 부담스러우세요?' 혹은 '부담스러울까봐 염려돼요. 어떠세요?' 그러면 상대가 자신의 느낌을 표현하겠죠. 그걸 또 우리는 잘 들으면 되죠. '비폭력대화는 기술이 아니라 의식이다'라고 했어요. 만약 이 네 가지 요소를 기술적으로만 쓴다면 겉으로는 어떨지 몰라도 내 마음 안에는 연민과 사랑이 없을 거예요. 결국 내가 바라는 일은 잘 일어나지 않을 거고요. 그리고 비폭력대화를 그동안 해오지 않은 분들이 이 네 가지 요소를 억지로 쓰려고 한다면 매우 어색한 대화가 될 수도 있어요. 그래서 이걸로 관계의 변화를 만들고 싶을 때는 서둘러 비폭력대화를 적용하기보다는 내 경험을 이해하는 데, 자기 내면을 공감하는 데에 먼저 적용해 보시면 좋겠어요. 그래서 내 가슴이 지금 연민과 사랑으로 가득 차있는 상태가 되면 자신이 쓰는 언어가 이 네 가지 요소를 좀 벗어나 있어도 상대와는 잘 소통할 수 있을 거예요.

윤　네, 알겠습니다. 예문을 통해 부탁에 관한 이야기 나누고 싶은데, '저녁식사 준비를 해줬으면 좋겠어요' 이런 표현은 어떤가요?

모　매일 해주길 원하는 건지, 주말에만 해주길 원하는 건지, 내가 부탁할 때만인 건지 좀 더 구체적이었으면 좋겠어요. 그래야 상대가 'Yes' 'No'를 선택하는 게 선명해져요. 구체적인지 아닌지는 좀 더 쉽게 상대가 알아들을 수 있는가에 따라 다를 것 같아요.

윤　아까 자기 욕구를 이야기할 때 그게 상대방이 꼭 들어줘야 하는 게 아니라는 걸 인식하는 게 중요하다고 하셨잖아요. 그런데 우리가 은연중에 내 욕구를 상대가 들어줘야만 하는 것처럼 표현하는 경우도 많은 것 같아요.

모　많죠. 가령 아이가 집을 막 어질러놔요. 그런데 엄마는 깨끗하고 정돈된 공간을 원해요. 엄마가 비폭력대화를 배우고 나서 아이한테 이렇게 표현했어요. "엄마는 정말 깔끔하고 정돈된 공간에서 쉬고 싶어. 그러니까 네 방을 좀 치워줄 수 있겠니?"라고 부드럽게 부탁했어요. 그런데 애가 방을 청소해 놓지 않았어요. 그럼 엄마는 '내가 이렇게까지 얘기했는데 안 듣다니!' 하면서 화가 나죠. 그런데 여기서 방을 깨끗이 하고 싶은 건 아이의 욕구인가요, 엄마의 욕구인가요?

윤   엄마의 욕구죠.

모   네, 아이에게는 지금 그게 전혀 필요하지 않아요. 기꺼이 엄마의 요구를 들어줄 힘과 마음과 여유가 있을 때 돕겠죠. 지금 아이에게는 그게 중요한 게 아닐 수도 있거든요. 사랑에 깊이 빠져서 어떤 것을 돌볼 여유가 없을 수도 있고 미래에 대한 두려움으로 어질러진 방 따위는 관심사가 아닐 수도 있어요. 아이에게도 내가 모르는 욕구가 있다는 거죠. 부탁할 수는 있어요. 그리고 그게 할 만한지도 물어보시는 게 좋죠. 지금 이 대화에는 엄마의 욕구만 있지 그걸 받아들일 아이의 상태는 빠져있어요. 만약 전보다 더 어질러났다면 그것과 아이의 마음 상태가 어떻게 연결돼 있는지 관심을 기울이시는 게 더 좋겠죠. 모든 것은 상호적인 거니까요.

윤   내 부탁이 반드시 관철되지 않을 수도 있다는 걸 항상 잊지 말아야겠네요. 또 관철되지 않았을 때 내 마음이 어떤가를 보는 것도 정말 중요하겠고요. 그럼 부탁했는데 거절당했다면 어떻게 하는 게 좋을까요? 비폭력대화가 체득이 되면 화가 올라오는 게 점점 줄어들 것 같긴 한데, 그래도 실망할 수는 있을 것 같아요.

모   '내가 폭력적이지 않은 방식으로 내 욕구를 얘기했으니 네가 꼭 들어줘야만 해'라는 생각을 가지고 있다면 상대의 거절을 들었을 때 당연히 화날 거예요. 그런데 아까도 말씀드렸다시피 내 욕구의 책임과 권한은 내게 있지, 상대에게 있지 않다는 걸 명심해야 해요. 다만 상대의 협력이 절실히 필요한데 상대가 거절하면 어떻게 해야 할지 모르겠고 난감할 거예요. 그래도 저 사람이 반드시 들어 줘야 한다는 게 아닌 걸 안다면 화가 날 수는 없어요.

윤   이게 자기 마음을 돌아보는 수련에도 아주 좋은 지침이 될 것 같네요.

모   어쩌면 길을 잃었던 마음이 제자리로 돌아오는 연습일지도 모르겠어요.

윤   알겠습니다. 저도 마셜* 선생님의 《비폭력대화》를 읽으면서 정말 공감되는 구절이 많았어요. 특히 마셜 선생님이 어느 워크숍에서 어떤 사람에게 굉장히 모욕적인 말을 듣고 순간 화가 났지만 그의 상황을 이해하고 공감하면서 갈등을 풀어갔던 경험을 이야기할 때 했던 말 "상대의 머릿속에 있는 생각에 붙들려가지 말고 가슴속에 있는 것들을 보자"가 기억에 많이 남아요.

모   우리의 생각과 말은 사회의 조건화된 방식에 길들여진 것들을 많이 따라가요. 안전을 위해서 자신을 강해 보이도록 포장하는 것 혹은 뭔가 원치 않는 일이 생겼을 때 누구의 책임인지 따져 묻는 것들이죠. 그러다 보면 우리가 정말 하고 싶은 말을 제대로 전달하지 못할 때가 있어요. 그리고 상대방의 말에 우리의 귀가 걸려 넘어

◆ 마셜 B. 로젠버그Marshall B. Rosenberg, 1934~2015는 국제적 평화단체인 비폭력대화센터의 설립자로, 미국 정부의 지원으로 이루어진 학교 인종통합 프로젝트에서 중재와 의사소통 방법을 가르치면서 처음으로 비폭력대화 교육을 시작했다. 그가 1984년에 설립한 비폭력대화센터는 수많은 국제인증지도 자를 배출했으며, 전 세계에서 각계각층의 많은 사람에게 비폭력대화를 가르치고 그 실천을 지원하고 있다. 《비폭력대화Nonviolent Communication》(1999), 《삶을 풍요롭게 하는 교육Life-Enriching Education》(2003), 《갈등의 세상에서 평화를 말하다Speak Peace in a World of Conflict》(2005) 등 다수의 저서가 있다.

지면 '저 사람이 나를 무시하는 건가' 하면서 화가 나기도 하고 절망하기도 하고 슬퍼하기도 하죠. 그런데 그 말을 가슴으로 들으면 그 사람의 표현에 담긴 폭력성 너머의 것을 볼 수 있어요. 모든 것은 대체로 '제발 이렇게 해주세요'거든요. 그런데 우리는 보통 그걸 상대가 나를 공격하는 것으로 들을 때가 많죠.

윤 상대의 말을 듣고 감정적으로 마음을 다스리기가 어려운 상황에서 이 비폭력대화가 도움이 될 수 있겠네요.

모 비폭력대화에서는 그것을 상대에 대한 공격이 아니라 내게 하는 호소로 봐요. 마셜 선생님은 모든 폭력적인 언어는 '제발please'의 비극적 표현이라고 했어요. '제발, 이걸 들어줘요'라는 걸 비극적인 방식으로 표현하고 있다는 거죠. 가슴에 귀를 기울일 때 '제발'을 들을 수 있어요. 아내가 남편에게 이렇게 비난하고 있다고 상상을 해보죠. "당신은 어떻게 일밖에 모르냐? 일하고 결혼하지 왜 나하고 결혼했냐? 아이들한테는 관심도 없지?" 그러면 듣는 남편은 뭘 생각하게 될까요? '난 이제 더 이상 이 사람한테 좋은 남편이 아니구나' 하고 생각해요. 다시 아내 얘기로 와봅시다. 여기서 공격성과 분노를 걷어내고 나면 진짜 하고 싶은 말이 뭘까요?

윤 '나와 좀 더 있어주세요.'

모 예, 지금보다 더 많은 시간을 함께하면서 보내고 싶다는 거잖아요. 그런데 우리는 이런 말을 잘 하지 못해요. '도대체' '어떻게' '한 번도' '매번' 이런 표현을 쓰면 상대는 이러한 호소를 듣기 힘들어요. 그 옆에서는 행복할 수가 없죠. 그럴 때 비폭력대화에서는 머리의 에너지를 쓰기보다 가슴을 보려고 해요. '저 말 뒤에 있는 느낌은 뭘까? 뭐가 필요한가?' 하면서 느낌과 욕구를 들으려고 하죠. 가슴으로 들을 때 그 사람의 느낌과 욕구를 알아차릴 수 있어요. 그리고 상대가 비로소 나를 이해한다고 생각이 들면 분노도 많이 사그라지죠. 공격으로 들으면 "누군 일 많이 하고 싶어서 그러는 줄 알아?" 하는 식으로 반격하게 되겠지만, 호소로 들으면 "당신 많이 지치고 힘들구나" "나랑 더 많이 시간을 보내고 싶구나" 이렇게 돌려주게 돼요. 그러면 아직 토라져 있을지라도 분노는 많이 가라앉겠죠. "그럼 뭐 하러 결혼했어?" 이렇게 나갈 것이, "당연하지. 그걸 말이라고 해?" 이 정도로 그쳐요. 대화는 계속 오가는 파도와 같아서 말 한마디에 따라서 관계가 살아나기도 하고 최악의 상황으로 치닫기도 하죠. 문제는 내가 그렇게 들어줄 마음이 나느냐는 거예요. 나도 불만이 가득한 상태라면 따뜻한 가슴으로 상대의 말을 들어주기가 어려울 거예요. 그런 상태라면 아내의 비난 어린 표현 뒤에 있는 호소를 들을 수 없어요. 많은 분이 비폭력대화를 배웠음에도 쓰기 힘들어하는 경우도 그런 상태예요. '내가 왜 계속 공감해줘야 돼? 나도 힘들어' 한다면 어디가 모자란 걸까요? 내 가슴에 그만한 에너지가 없는 거예요. 그러면 내 가슴부터 에너지를 채우고 돌보고 보듬어줘야 해요. 관계 안에서 소통의 표현을 어떻게 할 것인가보다 내 가슴을 공감하는 일이 먼저 필요합니다.

윤　그럼 아까 예로 든 부부의 대화에서 '내 가슴을 먼저 공감한다' 이게 어떻게 적용될 수 있을까요?

모　내가 상대의 마음에 귀를 기울일 여유가 없으면 잠깐 물러나서 저 말을 듣고 내가 얼마나 힘들고 아픈지를 먼저 알아차리셔야 해요. 우리가 오랫동안 자동반사처럼 프로그래밍되어 온 반응이 있어요. 부정적인 피드백을 받으면 두 가지 방향으로 나가죠. 하나는 상대를 비난하는 거고, 또 하나는 자신을 책망하는 거예요. 그건 상대를 물어뜯거나 자신을 물어뜯는 거죠. 둘 다 아파요. 비폭력대화에서 우리가 제안하는 방식은 그 말을 들었을 때 내 '느낌'이 어떤지 알아차리는 거예요. 그리고 그 뒤의 '욕구'는 무엇인지 보는 거죠. 내가 무언가에 대해 아파하고 있다면 어떤 걸 대단히 중요하게 여기고 있다는 신호예요. 그걸 보셔야 해요. 우리는 우리 자신에게 가혹한 평가들을 많이 내리는 것 같아요. 그런데 그게 정말 우리의 성장과 발전에 도움이 되었는지는 잘 모르겠어요. 내면에 자책의 목소리가 많을 때, 특히 그것이 비난의 형식을 띠고 있을 때 우리는 우리 자신을 진짜로 좋아하기는 어렵거든요. 그러니까 누군가에게 드러내기 부끄러운 나를 갖고 있게 되는 거죠. 그렇게 되면 타인에게도 깊이 있는 사랑과 연민을 주기는 어려울 거예요. 나 자신에게 너그러운 자비심을 먼저 보일 필요가 있는 거죠. 그런데 이때 자기 합리화를 경계해야 해요. 합리화와 자신을 너그럽게 수용하는 일은 구분할 필요가 있어요. 합리화는 사실 변명하는 것이기 때문에 자책과 마찬가지로 내면 깊은 곳에서 불편함을 느끼게 돼요. 둘 다 평가에 해당하죠. 그 대신 비폭력대화에서는 '후회로부터 배우기'를 제안해요. 내가 어떤 행동을 한 것을 후회한다는 건 다른 욕구가 있었는데 돌보지 못했다는 거잖아요. 예를 들면, 아이한테 소리 지르고 났을 때 마음이 아프고 후회되는 건 내가 정말 따뜻한 양육자, 늘 사랑을 주는 부모이고 싶기 때문인 거죠. 이럴 때 '나는 정말 엄마로서 자격이 없어' 이렇게 자책하거나 '그럴 수도 있지 뭐' 하고 합리화하는 대신, 후회하는 순간 '지금 내 가슴이 어떻게 아픈가?' 하는 느낌들을 먼저 따뜻하게 바라봐주고 어떤 욕구들이 내게 있었는지 헤아려주는 게 필요해요. 그때는 그렇게 하지 못했지만, 내가 얼마나 사랑을 주고 싶은 부모인지 자신을 보듬고 존중해 주는 거죠.

윤   후회하는 것 자체에서 내 욕구를 읽을 수 있다?

모   후회가 된다면 그 일은 분명 비극적인 방식으로 표현됐을 거예요. 그런데 중요한 건 그 뒤에 깔린 '욕구'예요. 가령 아이한테 숙제하라고 버럭 소리를 질렀다면, 그 뒤에는 아이가 공부를 어느 만큼 해서 자기 앞가림은 스스로 할 수 있기를 바라는 마음, 아이가 안정적인 삶을 살았으면 하는 바람이 담겨있을 수 있죠. 이걸 내가 이해해 주는 거예요. 그다음에 내가 선택한 수단과 방법이 그 욕구를 실현하는 데 도움이 됐는가를 살펴봐야 하고, 도움이 되지 않았다면 바꿔야 할 거예요. 이럴 때 우리는 앞으로 더 나아갈 수 있어요.

윤   네, 알겠습니다. 그러면 공감이 왜 중요할까요?

모   우리는 본성적으로 우리 자신을 깊이 이해해 줄 수 있는 누군가를 필요로 해요. 왜곡 없이 있는 그대로 나를 이해해 주고 수용해 주고 공감해 줄 사람을요. 특히 마음이 힘들 땐 더더욱 그래요. 그런데 우리의 듣기 능력은 말하기 능력에 비해 그렇게 좋지 않아요. 내 관점, 내 의식의 필터링을 통해서 '네가 하고 싶은 말은 이런 거지?' '너는 그런 사람이니까' 하고 상대의 말을 있는 그대로 듣지 못하고 끊임없이 해석하죠. 그러니 상대가 진정 하고 싶은 얘기는 잘 들리지 않을 때가 많은 거예요. 우리에게 공감이 목마른 이유죠.

윤   《비폭력대화》에서 인상 깊었던 부분이 있었어요. 마셜 선생님이 분노한 대중에게 어떤 공격을 받으셨을 때 직접적인 반박을 하기보다는 '그랬군요' '그렇게 힘드셨군요' 하면서 그 말을 끝까지 듣고 공감해 준 대목인데, 그것만으로도 상당 부분 상황이 반전되고 풀리더라고요.

모   내 비명 뒤의 호소를 상대가 드디어 알아챘다는 생각이 드니까 분노가 내려가는 거죠. 모든 공격적 표현 뒤에는 '제발'이라는 호소가 들어있다고 했는데, 이걸 들어주려고 할 때 상대방의 화는 점점 가라앉기 마련이거든요.

윤   "아, 그랬구나" "그렇게 아팠구나" 하고 공감해 줄 때 상대가 그 자체로 편해지는 측면도 있는 것 같아요.

모   물론 공감이 만병통치약은 아니에요. 우리가 구체적인 해결책을 찾아야 할 때도 있어요. 그러나 공감은 생각보다 훨씬 위력적으로 우리를 치유해 주죠. 많은 순간 우리는 해결책을 찾으려고 해요. 누군가가 마음의 고통을 호소할 때도 해결책에 기반을 둔 조언을 해주기도 하고요. 특히 남성분들은 정서적 공감보다는 문제 해결적 사고로 살아왔기 때문에 정서적 공감이라는 말이 표면적으로는 낯설거나 어색할 수 있어요. 그런데 어려움을 겪고 있는 그 순간조차 그 문제를 딛고 성장해 낼 잠재력을 우리 모두는 가지고 있어요. 물론 어려움을 딛고 내적 성장을 이뤄내는 데에는 시간이 필요하죠. 이 내적인 힘이 회복되기를 기다려주는 것이야말로 옆에 있는 사람들이 할 수 있는 최선의 지지라고 생각해요. 우리는 얘기하면서도 듣는 사람의 태도에 끊임없이 영향을 받아요. 내가 하고 있는 이야기에 대해서 저 사람이 어떻게 평가하고 해석하는지가 내 얘기에 실시간으로 영향을 미쳐요. 어떤 경우엔 내가 정말 하고 싶은 얘기를 충분히 할 수 없기도 하죠. 그런데 진정으로 공감할 때는 내 판단이 들어가지 않아요. 그 대신 상대가 원래 하려던 얘기가 충분히 나올 수 있도록 돕죠. 자기 욕구와 다시 만날 수 있는 가능성을 열어주기도 하고요. 누군가가 묵묵히 내 곁에 있는 데서 오는 든든함, 그게 공감의 가장 큰 힘인 것 같아요.《비폭력대화》에는 이런 표현이 있어요. "뭔가를 하려고 하지 말고 거기 그대로 있어라." 사실 경험이라는 것은 그것이 얼마나 고통스러운 것이든 간에 다 겪을 가치가 있거든요. 그걸 다 겪고 나면 도착해야 될 어딘가에 닿아있을 거예요. 그것을 내가 도와준다는 명목으로 방해하지 않고 그 사람이 자기 경험을 충분히 누릴 수 있도록 지켜주는 것, 그것이 '공감'이라고 생각해요. 말 안 하고 가만히 있는 것도 좋아요. 많은 순간 공감은 침묵 속에 이뤄지기도 하거든요. 내가 어떤 에너지로 그 옆에 있는지가 큰 영향을 미치죠. '도움이 필요한 것 같아 보이는데 뭐라고 얘기해 주지?' 하고 고민하는 순간 내 마음은 복잡해지고 긴장이 돼요. 그보다는 '더 하고 싶은 얘기가 있어? 있으면 내가 들어줄게' 하는 마음으로 내 모든 관심을 그 사람한테 열어놓고 가만히 기다리는 게 더 도움이 될지도 몰라요. 사실 할 말을 찾을 필요가 없을 때가 많습니다.

윤　네, 알겠습니다. 그럼 다음 질문드려 볼게요. 어떻게 하면 분노를 잘 다루고 지혜롭게 해소할 수 있을까요? 어떻게 해야 분노를 삶의 긍정적인 에너지로 전환할 수 있을지 조언 부탁드립니다.

모　방금 말씀에서 '분노를 어떻게 긍정적인 에너지로 전환할 수 있을지'라는 대목이 되게 와닿았어요. 분노는 제거하거나 제어해야 하는 것이 아니에요. 그 자체는 에너지거든요. 그 뒤에는 원하는 게 있을 거예요. 문제는 우리가 이 분노를 표현하는 방식이 매우 비극적이거나 폭력적일 때 무언가를 해치게 된다는 거죠. 그렇다고 억누르면 분노는 우리 안에서 곪게 돼요. 분노는 안전한 방식 안에서 허락돼야 합니다. 그리고 분노 뒤에 있는 내 욕구에 귀를 기울일 때 좀 더 생산적인 방식으로 그 에너지를 전환할 수 있겠죠. 우리는 보통 부모면, 선생이면 이래야 한다는 고정된 관념을 갖고 살아요. 비폭력대화에서는 이런 당연시하는 생각을 삶을 소외시키는 요소 중 하나로 봐요. 이런 당연하다는 인식을 가지면 첫째, 그 일에 감사할 수가 없어요. 그건 당연한 거니까 감사가 사라지겠죠. 그리고 둘째, 그 일이 일어나지 않으면 분노하게 돼요. 곰곰이 생각해 보면 세상에서 당연한 일은 없어요. 당연하다고 믿어질 만큼 안정적으로 일어나길 바랄 뿐이죠.

윤 남녀 관계에서도 그런 일이 많이 일어나는 것 같아요. '남편이면 혹은 아내면 이래야지' 하는 성 역할 같은 것들요.

모 네, 이런 당연시하는 사고는 우리한테 무거운 짐을 줄 뿐이에요. 어린아이들을 키우는 어머님들이 많은 수업에서 일상 속의 '감사'를 찾은 적이 있었어요. 비폭력대화에서는 감사를 찾는 일이 아주 중요하거든요. 어머님들이 말씀하셨죠. 아이가 건강한 것, 우리 집에 큰 탈이 없는 것…. 어떤 분은 아이가 이를 닦고 잠을 자는 것이 감사하다고 하셨어요. 그랬더니 한 분이 문득 "그런 건 그냥 당연히 일어나는 일이었으면 좋겠어요. 그런 것까지 감사하면서 살아야 되나요?" 하시는 거예요. 그래서 "네, 그게 특별히 감사할 일이 아니라 늘 우리 주변에 있는 안정적인 삶의 토대이기를 바라시는 거죠?" 했더니 "네, 그럼요!" 그러세요. "네, 그런데 혹시 어머니께서 매일 아이들에게 아침상을 차려주고 아이들이 올 때 현관에서 맞아주시나요?" 하고 다시 여쭈니까 그렇다고 하세요. 그래서 제가 "그건 당연했으면 좋겠으니까 감사해하지 않아도 되나요?" 했더니 당황해하시면서 말을 못 이으시더라고요. 우리는 사소하지만 우리가 해낸 것들에 대한 감사와 축하가 있기를 바라고 있어요. 당연하다는 인식을 내려놓으면 감사와 축하가 드러나요. 사실 분노는 우리사이에 난 불이 아니라 내 안에 난 거예요. 당연한 것들이 많을수록 괴로워지는 건 결국 나예요. 아주 사소한 일이라도 세상에 당연한 일은 없다고 여기면 분노는 적어지고 감사가 늘어나겠죠. 화를 내지 않는 게 중요한 게 아니라 분노 뒤의 욕구를 듣고 그것을 삶의 좋은 자원으로 전환하는 것이 중요해요. 그러면 당연히 화가 해소되겠죠.

윤　그런데 분노에 휩싸인 상태에서 내 마음을 면밀하게 보기가 쉽지 않을 것 같아요. 그게 얼마나 잘 되는가가 비폭력대화를 진정으로 체득했는지를 판가름할 수도 있겠네요.

모　저는 비폭력대화를 체득하는 것을 몸으로 하는 학습, 신체적인 활동으로 표현해요. 이게 머리로 이해한다고 바로 되는 일이 아니거든요. 일단 화가 나면 즉각 분노가 올라올 수 있어요. 그러나 이 분노가 내 것이고 그 진원지는 내 욕구에 있다는 걸 알고 있으면 재빨리 호흡으로 돌아올 수 있죠. 그리고 분노라는 즉각적인 감정, 스트레스 호르몬들이 만든 신체 반응들을 허락하면서 내 숨이 보다 평온해지기를 기다려줄 수 있을 거예요. 모든 감정은 15초가 지나면 흐르기 시작해요. 스토리를 연결시키지 않은 감정적 분노는 15초면 정점을 찍고 내려와요. 그때 심장이 얼마나 벌떡거리는지, 얼굴이 얼마나 상기됐는지 그저 지켜봐 주는 거예요. 그리고 서서히 호흡을 회복하면서 '욕구'를 찾는 연습을 계속하는 거죠. 몸으로 하는 학습은 머리로 하는 학습과는 달라서 시간이 많이 필요해요. 시간을 두고 그쪽 근육과 회로가 생길 때까지 반복 연습을 해야 하죠. 저는 비폭력대화를 배운 지 얼마 되지 않은 분들이 잘 되지 않아서 속상해하시는 것을 많이 봤어요. 그런 걸 보면서 우리가 인지적인 이해를 통해 문제를 해결하는 일들에 과다 훈련돼 있는 건 아닐까 하는 생각이 들더라고요. 우린 인풋하면 아웃풋이 반드시 나와야 하는 컴퓨터가 아니거든요. 선생님, 자전거 잘 타세요?

윤   평평한 데서 두 손 놓고 탈 정도는 됩니다.

모   와! 그런데 처음부터 그렇게 타실 수 없었을 거예요. 처음엔 누가 잡아줘야 했을 거예요. 그런데 어느 날 어떤 형이 폼 나게 두 손을 놓고 자전거를 타고 있어요. 나도 저렇게 하고 싶지만 마음처럼 되지는 않죠. 원리를 알더라도 시간이 필요하고 넘어지는 것을 허락해야 하죠. 몸으로 하는 학습은 그렇다는 걸 우리는 이미 알고 있어요. 그리고 수없는 반복을 통해서 나의 근육과 세포들이 매번 조금씩 다른 길을 밟으며 점차 균형을 찾아가죠. 그러다 보면 어느샌가 두 손을 놓고 탈 수 있게 돼요. 비폭력대화도 마찬가지로 그렇게 연습하는 거예요.

윤   '비폭력대화는 몸으로 익히는 것이다' 아주 중요한 말씀인 것 같습니다.

모   이런 질문을 하시는 분이 있었어요. "비폭력대화를 하는 사람들은 착해져야 하나요?" 저는 절대 그렇게 생각하지 않아요. 이건 착해져야 하는 문제가 아니에요. 내 느낌과 욕구를 이해하고 수용하다 보면 자연스럽게 마음이 평화로워질 수는 있어요. 하지만 애써 착해지려고, 억지로 평화로워지려고 할 필요는 없어요.

윤   내면의 평화를 찾고 내 지혜가 발현된 상태에서 당사자와 대화를 나누면….

모   그때서야 소통이 가능하겠죠.

윤   시간이 필요하다는 것을 인정해야겠네요. 내가 예전과 다른 반응을 보이는데도 상대가 달라지지 않은 것처럼 보일 때, 그때도 일희일비하지 않고 줄곧 나의 느낌을 관찰하는 작업을 계속해 나가는 게 필요할 것 같고요.

모   내가 뭔가를 달리할 때 관계가 달라지기 바라는 마음이 드는 건 자연스러운 일일 거예요. 그런데 내가 변하는 이유가 상대를 바꾸기 위한 수단으로 쓰이지 않아야 덜 괴로우실 거예요.

윤   네, 알겠습니다. 다음 주제로 넘어갈게요. 온전하게 그저 감사하는 것 또 그걸 잘 표현하는 것이 어떤 건지 알고 싶습니다.

모   비폭력대화에서는 '감사'가 삶에 이미 일어난 좋은 일을 더 풍요롭게 만드는 길이라고 믿어요. 당연하다고 믿어지는 것들이 당연하지 않게 보이는 순간 이미 있던 것들이 반짝거리기 시작하거든요. 그 사소한 것들에 내가 정말 기뻐할 수 있으면 그리고 그 기쁨을 나눌 수 있으면 그게 점점 더 커지는 것 같아요. 그 안의 빛깔이나 온도도 아름답고 따뜻해지죠. 원래 있던 아름다움을 꽃피우게 하는 게 감사인 거예요. 일상적인 감사 표현과 차이가 있다면, 우리가 평소에 쓰는 칭찬의 표현들도 감사로 전환하는 거예요. 칭찬에는 사람에 대한 평가가 들어있죠. 그런데 비폭력대화의 감사에는 상대를 평가하는 대신 상대의 말과 행동이 나에게 어떻게 잘 쓰였는지를 얘기해요. 그러니까 감사할 때조차 "너는 배려심이 깊고 참 친절해. 고마워"가 아니라 상대가 한 말과 행동을 언급하는 것에서 그치는 거예요. 내가 문 열고 들어왔을 때 환하게 웃어준 것, 내 가방을 들어준 것, 내가 감기 걸렸던 날 괜찮은지 물어봐 준 것 이런 건 평가가 없죠. 그 말이 나한테 어떻게 쓰였는지, 그때 내 어떤 욕구가 충족됐고 그때 내 마음이 어떠했는지, 어떤 기분이었는지, 얼마나 든든했는지, 얼마나 신이 났는지, 얼마나 힘이 났는지 이런 걸 얘기하는 거죠. 그러면 평가받는 불편함을 배제하면서도 상대의 작은 행동들이 나에게 어떻게 도움을 줬는지 전해줄 수 있어요. 그러면 상대가 이미 갖고 있던 어떤 욕구와 연결되면서 그것이 해소돼요. 이런 걸 주고받을 때 우리는 점점 더 행복해져요. 축하하고 애도하면서 살아가는 건 우리 삶의 여정에서 아주 중요합니다. 그런데 우리는 축하할 일은 당연히 여기거나 애도할 일은 불편하니까 그냥 넘어가는 경향이 있죠. 감사는 축하와 애도를 나누는 멋진 도구입니다.

윤   우리가 누군가를 칭찬할 때 어떤 평가가 들어있다고 하셨잖아요. 예를 좀 더 드신다면 어떤 게 있을까요?

모 "어쩜 그리 친절하세요? 정말 자상하신 분이시네요."

율 좋은 말처럼 들리는데요? 많이 쓰는 말이고요.

모 네, 그런데 보이지 않는 그늘이 있어요. 이런 칭찬을 받은 사람은 나중에 도움의 요청을 거절하기 어려울 거예요. '당신은 어떤 사람이다'라는 꼬리표가 붙으면 그것이 칭찬일 때조차 굴레가 돼요. 자유롭게 살아가는 데, 내가 어떤 사람으로 살아갈 것인지를 결정하는 데 큰 방해가 되죠.

율 그러니까 그런 평가 섞인 칭찬보다는 "당신이 그걸 들어줘서 되게 편했고, 기분이 좋았어요" 이런 식으로 내 느낌을 솔직하게 표현하는 것에 더 집중하면 좋겠군요.

비폭력대화를 지도하고 있는 모미나 님

가슴의 대화

모   지금 내 마음이 어떤지를 솔직하게 얘기할 수 있다면 가장 좋겠죠. 그런데 여러 가지 생각이 우리를 잡아요. 이렇게 얘기하면 잘난 척하는 것 같고 지나친 표현 같고 하는 마음들, 두려움이죠. 그 두려움을 넘어서 지금 그 감사의 말을 듣고 내 가슴이 어떻게 뛰는지, 어떻게 따뜻해져 오는지, 나한테 어떻게 선물이 되는지 알아차리고 진솔하게 표현할 수 있다면 좀 더 행복할 것 같아요. 우리 머릿속에는 너무나 많은 '이렇게 반응해야 해'가 살아요. 이 목소리들과 새롭게 관계를 맺으면 좋겠어요

윤   예, 알겠습니다. 저도 어떤 칭찬을 들을 때 "별 거 아닌데요, 뭘" 이렇게 얘기하는 경우가 많거든요. 겸손의 표현이라고 생각해서 그동안 써왔는데, 그보다는 "그 말씀 들으니까 저도 기분이 좋네요" 이렇게 얘기하는 게 더 좋겠네요. 마지막으로 하고 싶은 말씀 있으시면 부탁드릴게요.

모   제가 비폭력대화를 공부하고 나누면서 받은 가장 큰 선물은 무엇보다도 나 자신과의 관계가 훨씬 좋아진 거예요. 그리고 거기서부터 시작해서 다른 사람에 대한 이해도 함께 넓어진 것 같고요. 만약에 나 자신과 좀 더 너그러운 관계를 맺기 바라시거나 타인과의 갈등으로 어려움을 겪는 분들이 계신다면 비폭력대화는 분명히 좋은 도구가 되어줄 거예요. 그런데 이것으로 타인을 바꾸려고 하기보다는 나를 잘 이해하는 데 먼저 쓰시기를 권하고 싶어요. 그리고 잘 하려고 하는 마음을 조금 내려놓고, 우리가 매일 세수하고 양

치하듯이, 비폭력대화도 '그냥 오늘도 한다'였으면 좋겠어요. 그래서 이걸 잘 배워서 어떤 높은 경지에 도달하는 것을 목표로 삼는 것이 아니라, 그냥 오늘도 이것과 함께 연습하고 다가가며 사는 것 자체가 목적이 되면 좋겠어요. 그렇게 결과에서 과정으로, 해결에서 연결로 돌아오는 것이 나를 더 행복하게 한다는 걸 경험하실 수 있기를 바랍니다.

▶ YouTube 가슴의 대화 모미나 | Q   1편 ▶
                                            2편 ▶▶

오른쪽 QR코드를 촬영하시면 해당 인터뷰 영상을 보실 수 있습니다.

추천 콘텐츠

Book 비폭력대화: 일상에서 쓰는 평화의 언어, 삶의 언어

Nonviolent Communication: A Language of Life

마셜 B. 로젠버그 지음 | 캐서린 한 옮김 | 한국NVC센터 | 2017

우리는 관계에서 어려움을 느낄 때 소통의 지혜를 찾게 되지요. 비폭력대화는 소통의 근본이 나에 대한 깊고 온전한 이해와 연결에 있음을 알려줍니다. 그리고 이를 바탕으로 타인과의 연결, 세상과의 연결로 나아가죠. 이 책은 구체적인 사례를 제시하여 비폭력대화의 기본 개념과 적용 과정을 친절하게 다루고 있는 비폭력대화의 교과서이자 안내서라고 할 수 있어요. 누군가에게 도움을 줄 것이라고 생각했던 나의 태도

가 오히려 상대를 공감하는 데 방해요소로 작용했을 수도 있다는 것을 이 책을 통해 알게 되실 거예요.

Book 공감의 시대The Empathic Civilization: The Race to Global Consciousness in a World in Crisis

제러미 리프킨 지음 | 이경남 옮김 | 민음사 | 2010

거울신경세포가 발견되면서 인간이 타인의 생각이나 행동을 개념적 추리를 통해서가 아니라 직접 그 입장이 되어봄으로써 마치 자신의 것인 양 이해할 수 있다는 사실이 밝혀졌어요. 그러고 나서 적자생존의 시각 대신 공감의 시각에서 세계 경제를 바라보기 시작했죠. 이 책은 세계적인 석학 제러미 리프킨이 지금까지의 세계 경제를 진단하고 공감을 바탕으로 새로운 대안 경제 패러다임을 제안하고 있는 책이에요. 우리 시대의 많은 문제점을 풀어갈 실마리를 제공해 주는 명저라고 할 수 있습니다. 공감이 어떻게 우리 시대의 희망이 될 수 있는지 한번 읽어보세요.

11

진실이
치유합니다

에너지 힐러 사은영

사은영

데보라 킹 센터의 한국인 최초이자 유일한 공인 에너지 힐러. 데보라 킹 아시아 센터 대표로, 이화여대 통번역대학원 동시통역과를 졸업하고, 씨티은행, 알리안츠생명에서 8년간 고위임원의 통역을 담당했다. 금융권을 중심으로 국내외 다양한 기업과 단체에서 통역 및 번역을 수행한 18년 경력의 전문 동시통역사이다. 아봐타 코스 위저드 과정을 시작으로 치유와 영성 분야에 관심을 가지게 되었다. 데보라 킹과의 만남 이후 9년 이상 직접 사사하며 의식의 깨어남과 새로운 치유의 경험을 넓혀가고 있다. 역서로 데보라 킹의 《진실이 치유한다》(김영사, 2016)가 있다.

dktruthheals@gmail.com
진실이 치유한다 인터넷카페 cafe.naver.com/truthheals

윤   동시통역사로도 오래 활동해 오신 것으로 알고 있는데, 동시통역 일을 하시면서 힐링을 접하시게 된 건가요?

사   네, 동시통역사로 활동하면서 스트레스가 너무 많았어요. 늘 만족할 수가 없었어요. 내 통역에 대해 늘 부족함을 느끼면서 자책도 많아졌죠. 그런 긴장과 스트레스로 삶이 피폐해지면서 '내가 뭘 하기 위해서 태어났을까' 하는 회의와 자괴감도 들었고요. 그러다가 마음공부를 통해 조금씩 마음의 평안을 찾아가보자 하던 터에 우연히 에너지 힐링 분야를 발견했어요.

윤   두 가지 일을 병행하시면서 겪게 되신 변화가 있었나요?

사   통역을 하는데 예전과 너무 다르더라고요. 우선 통역사들은 연사의 메시지를 전달해 주는 또 다른 목소리잖아요. 그전까지는 제가 대부분 기계적인 통역을 해왔는데, 언젠가부터 연사의 의도와 함께 맞추고 있더라고요. 그러다 보니 연사의 다음 얘기가 미리 감지가 되고, 몇 시간을 하더라도 힘이 안 드는 거예요. 그걸 듣고 계신 청중도 감동적으로 잘 들었다는 얘기를 해주시고요.

윤   본인의 상태가 더 좋아지고 상대를 더 잘 느끼게 되면서 통역하는 일도 수월해지셨다는 말씀이군요.

사 　네, 한 언어가 나라는 몸을 통해서 또 다른 언어로 나가는 게 순식간에 이뤄지기 때문에 큰 힘을 들이는 것 같지 않아 보이지만, 매 순간 엄청난 집중을 필요로 해요. 그리고 보다 정확한 전달을 위해 내 안에서는 끊임없이 투쟁하고 많은 힘을 쓰기 마련이죠. 그런데 상대와 공명하게 되면서 언어가 자연스럽게 오가더라고요. 음악가가 사람들에게 감동을 주는 건 악기와 혼연일체가 될 때잖아요. 그런 순간이 됐던 것 같아요.

윤 　그렇군요. 그럼 다른 분들도 에너지 힐링을 접하게 되면 자기가 하는 일에서 능률이 오를 뿐만 아니라 더 편안하게 잘 할 수 있겠네요?

사 　네, 에너지 힐링이라는 게 어떤 특별한 재능을 가진 사람들의 전유물이 아니라, 바쁜 현대인들이 자기 직관을 따르면서 내면의 힘을 쌓아가는 데 필요한 도구로 생각하시면 될 것 같아요. 힐링이 제대로 되면 내면의 중심이 자기도 모르게 굳건히 자리 잡게 되거든요. 한 사람이 내면의 중심을 잡게 되면 그걸 보고 주변 사람도 자기 안에 중심이 있다는 걸 알게 돼요. 그러면서 '내 안에도 이런 힘이 있었구나. 이 힘은 어떻게 왔을까?' 하면서 천천히 따라하게 되고 그 안에서 점점 변화하게 돼요. 참된 배움은 그렇게 일어나는 것 같아요.

윤 　내 진정한 힘을 잘 쓰면서 살아가면 자연스럽게 주위 사람들도 자신 안의 힘을 꺼내 쓰게 된다는 말씀이시군요. 먼저 모델이 되

는 거라고 할 수 있겠네요. 아까 시작하기 전에 제게 에너지 작업을
해주셨잖아요. 그건 어떤 것이었나요?

사   우리 몸에는 에너지장의 영역이 있어요. 그 에너지장에는 세
상과 연결되는 문이 몇 군데 있는데, 그곳을 에너지 센터, 즉 차크
라chakra라고 해요. 아까 그 작업은 그중에서도 몸에 있는 주요 일
곱 차크라의 움직임을 본 거예요. 모든 것은 에너지로 되어있다고
하잖아요. 우리도 실제 공명하고 있는 진동이에요. 그 진동으로 작
업을 하는 거죠. 차크라는 감정에 가장 먼저 영향을 받아요. 그래서
내가 기분이 좋다가도 화나 있는 사람과 대화하거나 말싸움이 일어
나면 그에 맞게 변해요. 그런 면에서 온도계나 신호등과 비슷하죠.
실시간으로 현재 내 상태를 계속해서 보여주니까요. 그리고 우리
몸은 여러 매트릭스로 정교하게 이뤄져 있어요. 보이지 않는 신경

다발들이 각 차크라 주변에 모여있는데, 차크라는 각 영역에 해당하는 몸의 장기나 혈관, 근육 혹은 감각, 느낌 등 그 부위의 상태를 중점적으로 표현해 줘요. 내가 세상과 만나는 통로라고 할 수 있죠.

윤   온도계, 신호등으로 비유하시니까 확 와닿는데요. 그럼 아까 제 차크라의 상태를 느끼고 그걸 변화시키셨던 건가요?

사   네, 제가 덕현 님의 에너지장으로 들어간 거예요. 그 영역으로 들어가서 함께 공명한 거죠. 그곳에서는 아주 중요한 일들이 일어나고 있는데, 눈에는 보이지 않기 때문에 간과하는 면들이 많아요. 우리 몸은 계속 순방향으로 흘러야 하는데, 차크라가 막혀있다든가 역방향으로 흐른다든가 하면 건강하지 않다는 거죠. 물이 고여있으면 썩잖아요. 몸도 똑같아요. 그래서 아까는 각 에너지 센터를 정화하고 연소하는 작업을 했습니다.

윤   '연소燃燒'라는 게 어떤 건가요?

사   우리는 미처 소화하지 못했던 감정이나 어린 시절의 트라우마 등을 해결하지 못한 채, 그 위에 또 다른 상처를 입혀가면서 살아가곤 해요. 그런 상처들이 몸에 많이 남아있고 우리의 힘들이 그런 상처에 많이 묶여있어요. 그런 것들을 다른 에너지장을 가진 저 같은 사람이 발견하고 정화하는 작업이 연소라고 할 수 있어요.

윤   세계적인 에너지 힐러 데보라 킹* 선생님의 책 《진실이 치유한다》**를 번역하셨어요. 진실이 어떻게 우리를 치유할 수 있나요?

사   우리는 자기가 어떻게 느끼고 있는지, 자기가 어떤 생각을 하고 있는지에 대해서 부정하고 있는 경우가 많아요. 실제로 내 안에는 어떤 메시지가 있는데 그걸 들어주지 않고 계속해서 억누르고 있는 거죠. 그냥 웃는 얼굴로 '괜찮아, 다른 사람들도 다 이렇게 살고 있는데' 하면서요. 그런데 그게 조금씩 나를 우울하고 무겁게 만들어요. 내가 만나주지 않은 감정이나 생각이 많으면 많을수록 치유에 소요되는 시간이나 노력이 더 많이 들죠. 그런데 그 진실들을 만나면 즉각적으로 예기치 않았던 치유가 일어납니다.

윤　　자신의 진실이라는 게 체험했는데 그걸 제대로 보지 않았던 부분들을 의미하는 건가요? 성장기에 겪었던 여러 가지 체험 같은 거요. 그런데 그것들 자체가 진실은 아닐 수도 있는 것 같아요. 다 해석하기에 따라 다르잖아요.

사　　그렇죠. 우리가 생각으로 덧씌운 이야기들이 더 많아요. 그러니까 같은 일을 겪더라도 보는 시각에 따라서 달라지죠. 그대로 받아들이기엔 너무 힘들어서 자기가 각색해서 갖고 있는 이야기들도 있어요. 그리고 감정에 매몰되다 보니 다른 이야기를 만들어내기도 하면서 그 감정을 더 키우는 경우도 있죠.

◆　데보라 킹Deborah King, 1958~은 미국에서 가장 영향력 있는 에너지 힐러로, 20대에 전도유망한 변호사가 되었으나 갑작스런 암 진단을 받고 자기 치유의 여정을 시작했다. 현대적인 치유 기법들뿐만 아니라 고대로부터 전해오던 동서양의 치유 기법을 섭렵하여, 깊고 섬세하게 내담자의 마음을 다루면서 강력한 효과를 내는 독창적인 치유 기법으로 발전시켰다. 이 과정에서 자신의 암과 약물중독은 물론, 가족에게 대물림된 끔찍한 폭력의 상처들을 모두 극복하였고, 암벽등반 중 추락해 식물인간이 되었던 남편까지도 모두 정상인으로 되돌려놓았다. 《진실이 치유한다Truth Heals》(2009) 등 다수의 저서가 있다.

◆◆　원서 제목은 Truth Heals: What You Hide Can Hurt You(2010)로, 국내에는 2016년 김영사에서 《진실이 치유한다: 몸과 마음이 회복되는 7가지 에너지 센터 다루기》(사은영 옮김)로 출간되었다.

사　　우선 지금 내 감정이 어떤지 볼 수 있는 힘을 만드는 게 가장 필요한 것 같아요. 어떤 상황에서 나도 모르게 원치 않는 감정이 올라올 때가 있어요. 예를 들어, 동료가 승진했거나 성과를 내서 축하해 주는데, 내 안에서는 질투 나고 화가 나고 나만 무능력한 사람인 것 같기도 하면서 여러 복합적인 감정이 올라올 수 있거든요. 그럴 때 '이건 내가 아니야' 하기보다는 '내가 질투하고 있구나' '내가 화내고 있구나' 이렇게 먼저 그걸 받아들이는 거죠. '나는 성인이니까 이러면 안 돼' 심지어 '나는 명상하는 사람이니까 이런 것들에서 자유로워져야 돼' 하는 것도 무언가를 부인하는 거예요. 사회가 그렇게 만들기도 하죠. '남자가 어디 창피하게 울어?' '여자애가 왜 저래?' 이런 시선들, 즉 사회에서 부여하는 여러 가지 가치나 기준에 따라서 우리는 스스로에게 솔직하지 못하고 계속 참고 견디면서 살아가는 경우가 많은 것 같아요. 감정은 자연스럽게 오가는 것인데, 어떤 이유로든 그걸 받아들이지 않는 것은 그 자체로 부정이거든요. 그러한 부정이 그 감정에 더 엮여있게 만들어요. 그 감정에 솔직해지고 받아들이면 그 감정들이 나를 놓아주죠.

윤　　저도 우는 것을 많이 경계하고 있었던 것 같아요. 울면 괜히 약해 보이는 것 같고, 또 주변 사람들을 불안하게 할 것 같아서요.

사　　네, 그런 면들이 솔직하지 않은 거거든요. 몸은 거기서 막히는 거예요. 잠깐이라도 표현하거나 분출했으면 훨씬 편했을 텐데,

그러지 않아서 힘이 들어가고 적체가 되는 거죠.

윤　　《진실이 치유한다》에 보면, "우리가 계속 보지 않으려고 했던 감정들이 쌓이고 쌓여서 우리 에너지장에 남는다. 그리고 그게 몸의 현상으로 나타난다"는 표현이 있는데, 실제로 그런가요?

사　　예, 정말 에너지장에는 해소되지 않아 적체된 감정이나 상처가 많이 남아있어요. 당시엔 감당하기 어려우니까 도망가기도 하고 외면했던 것들이 단단하게 굳어진 거예요. 다시 말해 우리가 충분히 소화를 못 해서 응어리로 남은 거죠. 그 응어리가 울화 같은 것들로 딱딱하게 감지돼요. 상처받고 마음을 닫은 만큼에 비례해서요.

윤　　그런 게 우리 안에서 계속 남아있으면 어떤 일들이 일어나죠?

사　　몸이 아프고 마음이 힘들어져요. 자주 우울해지거나 불면증에 시달리거나 하는 식으로 여러 힘든 일을 겪게 되죠. 그러면서 '사는 게 이렇게 힘든 걸까?' '이렇게 살아야 하나?' 하고 회의감이나 자괴감이 많아지게 되죠. 삶이 점점 무거워져요.

윤　　그럼 그런 응어리들이 감지될 때 어떻게 하시나요?

사　　그게 감지될 때 저는 일단 감정을 들어줘요. 감정은 '해결되지 않았던 응어리가 여기 있어' 하고 단서를 주거든요. 몸은 그런 것들로부터 자유로워지고 싶어 하고 균형을 맞추고 싶어 해요. 묶여있는 곳으로부터 풀려나서 온전하게 내가 하려는 일에 힘을 쓰길 원해요. 의식적으로 혹은 무의식으로 차단했던 영역들이 드러나면 우리는 훨씬 더 자유로워질 수 있어요.

윤   자신에게 진실해진다는 건 타인의 평가로부터 더 자유로워지는 것이라고 할 수 있겠죠?

사   결국은 내면의 힘인 것 같아요. 내 내면의 힘이 바로 서고 자존감이 강하면 다른 사람의 의견보다 더 중요한 건 내 안의 직관과 힘이라는 것을 알기 때문에 거기에 더 의지하겠죠. 그것에 따라서 많은 선택이 이뤄질 거고요.

윤   내가 좋아하지 않는데 좋아하는 척하면서 사는 경우도 많은 것 같아요.

사   네, 거절당할까봐, 소외받을까봐, 불이익받을까봐 많이들 연기하면서 사시죠. 그런 이해관계 안에서 자신은 계속 곪아가는 거죠.

윤   그럼 이제 "No"라고 얘기하는 용기도 필요하겠네요.

사   그렇죠. 처음에는 부담 없이 해볼 수 있는 것부터, 가령 오늘 먹을 메뉴를 정하는 것부터 해보시면 좋을 것 같아요. 실제로 나는 다른 걸 원하는데 자신의 의사와는 상관없이 선택하는 경우도 많잖아요. 그럴 때 내가 오늘 진짜 먹고 싶은 게 뭔지 명확하게 표현해 보세요. 실제로 '나는 지금 어떤 기분이지?' '내가 진짜로 좋아하는 건 뭐지?' 이런 질문에 답하는 것을 어려워하시는 분이 의외로 너무 많아요.

윤   직업을 선택하는 데 조언해 주실 말씀이 있으세요?

사   각자가 잘하는 타고난 자기 원형archetype이 있는 것 같아요.

원형이 이끄는 삶을 살아가게 되면 자석이 또 다른 자석을 만나는 듯한 경험을 하게 될 거예요. 그러지 않고 그저 부모님이 원하는 직업이나 남들이 보기에 그럴듯한 직업을 가지면 즐거움이나 성취감 없이 꾸역꾸역 일을 해야 하죠. 그런 일들을 계속하다 보면 스스로를 소진시키게 되고, 그로 인해서 삶의 방향이 원치 않는 길로 가게 돼요. 《진실이 치유한다》에 보면 예가 하나 나와요. 어느 시나리오 작가가 있었어요. 어느 날 시나리오 한 편을 의뢰받았는데, 자기가 평소 생각하는 방향과 어긋난, 폭력을 미화하는 내용을 써야 했어요. 즉 자신의 직관이나 내면의 목소리를 계속해서 부정하면서 글을 써나갈 수밖에 없는 상황이었던 거죠. 부정의 과정을 거듭하며 결국 작품을 완성해요. 그런데 자신이 쓰고 싶었던 새로운 작품을 쓸 때가 되니, 정작 머릿속에 아무것도 떠오르지 않는 거예요. 눈썹 사이 인당印堂 부분이 직관력이 생기는 곳인데, 자신의 직관이나 내면의 목소리를 계속해서 부정하게 되면 여기가 꺼져버려요. 내 에너지 센터들이 막히는 거죠. 그러면 나아가야 할 방향을 잃게 되고 결국은 남에게 의존할 수밖에 없게 돼요. 엄마가 하라는 대로, 상사가 하라는 대로, 선생님이 하라는 대로 사는 거죠. 스스로 판단을 내리지 못하는 거예요. 그런 일이 우리에게 비일비재해요.

윤   자기 신념에 위배되는 일들을 계속 반복해서 하다 보면 자신의 잠재된 역량들이 퇴화된다는 말씀이시네요.

사   예, 단기적으로 물질적인 이익을 얻을 수는 있겠지만, 내면을 계속 부정함으로써 내가 치러야 되는 여러 가지 대가는 물질적인 이익과는 정말 비교할 수 없을 정도로 어마어마할 거예요.

윤 　알겠습니다. 그런 점에서 많은 분이 '직장 생활이 너무 힘든데 그만둬야 하나' 하는 고민들을 많이 하시는 것 같아요. 그만두자니 그 상황을 회피하는 것 같고, 그렇다고 그냥 있자니 너무 힘들고….

사 　그렇죠. 배는 고프니까 좋아하지도 않는 음식을 어쩔 수 없이 먹게 될 때, 비록 허기는 달래주겠지만 속이 더부룩해지기도 하고 불쾌하기도 하잖아요. 우리는 그런 행위를 계속해서 우리 자신에게 하는 것 같아요. 그럼 '이 일을 그만두고 내가 원하는 새로운 일을 찾아야 하나' 생각할 수 있는데, 물론 내면에 힘이 생기고 내면의 목소리를 듣게 돼서 자기 안에서 확신이 들면 그럴 수가 있어요. 그런데 한편으로는 삶이 나를 그 공간에 놓아둔 이유도 있거든요. 우리에게 필요한 훈련이었기 때문에 거기에 있었던 거예요. 그래서 지금 내가 하고 있는 일이나 공부가 힘들거나 적성에 맞지 않다고 느낄 때, 이건 '내 길이 아니야' 하고 바로 그만두기보다는 거기서 배워야 할 것들을 최대한 배우는 게 좋다고 생각해요. 그렇게 하면 자연스럽게 다음 단계로 가게 되는 것 같아요. 내 타이틀이 무엇이든지 간에 내 삶의 태도를 진동으로써 조금씩 물결을 일으켜가면 내 옆의 사람도 결국은 변화하게 될 거고요. 그렇게 서로가 서로를 도와주는 그룹이 되어간다면, 같은 일을 하더라도 전보다 좋은 결과가 나올 것이고, 그 안에서 만나는 체험들도 매번 달라질 거예요.

사   처음엔 일기 쓰기처럼 스스로에게 솔직해지는 연습부터 하는 게 좋을 것 같아요. 일단 내가 스스로한테 솔직해지면 많은 부분이 해결되거든요. 여러 사람한테 진실해지고 솔직해지라는 게 아니라 자신한테 먼저 솔직해지면 되는 거예요. 내 감정은 실시간으로 변해요. 지금 내가 불안한지, 두려운지, 기쁜지, 행복한지 한 번씩 체크해 주는 거죠. 일기라고 하면 왠지 형식을 갖춰야 할 것 같고, 잘 써야 할 것 같아서 부담이 느껴지기도 하죠. 하지만 낙서를 하셔도 좋고 그냥 그림을 그리셔도 돼요. 그냥 지금 나의 감정을 통해 오가며 흐르는 것들을 표현하기만 하면 되거든요. 핵심은 내 솔직한 감정들이 손을 통해서 빠져나가는 행위인 거예요.

윤   직접적인 행위로써 그걸 풀어내는 거군요.

사   네, 우리 몸에서 우리의 감정을 표현할 수 있는 영역이 손, 발 그리고 목소리 등이거든요. 그중 한 통로로써 손과 팔을 사용하는 거죠. 그렇지 않으면 어깨나 팔에 분노나 화 같은 해소되지 않았던 감정들이 쌓이게 돼서 오십견이 오기도 하고 팔이나 손목이 쑤시고 저리기도 해요. 이런 것들이 그냥 오는 증상은 아니에요. 그곳에는 연계된 감정들이 남아있어요. 적는 게 불편하신 분들은 휴대폰에 녹음해 보는 것도 좋아요.

윤   일단 표현하는 게 중요하겠네요.

사　　감정을 표현해 그 강도를 낮아지게 하는 거죠.

윤　　마음의 상처로 힘들어하시는 분들이 많으실 것 같은데, 도움이 될 만한 말씀 부탁드립니다.

사　　우리가 상처를 받으면 그런 일들을 다시는 겪지 않으려고 자기도 모르게 마음을 닫아요. 그러면 우리의 차크라들도 위축되고 닫히죠. 특히 가슴 부위가 그래요. 계속 문을 닫다 보면 가슴 차크라 부위의 에너지장이 마치 응고되는 것같이 단단해져요. 마치 단단한 돌이 가슴 위에 얹어져 있는 것처럼 감지되죠. 그런 것들이 가슴을 막고 있으면 타인과 원만하게 교류할 수 없어요. 그러면 당연히 거기에서 오는 기쁨도 느낄 수 없고요. 사랑은 상호작용이 있어야 하는데 그게 안 되는 거죠. 거기서부터 다시 시작하는 거예요. 더 이상 지나간 일들에 에너지를 쏟지 마세요. 상처 준 이들을 용서하고 나 자신을 너그럽게 이해하게 되면 단단했던 응어리가 천천히 녹아내리면서 가슴이 한결 가벼워져요. 그럼으로써 내가 겪은 일들을 다른 관점으로 바라볼 수 있는 힘이 생기고 우리 안에 있던 큰 사랑이 솟아나게 됩니다. 반려동물들을 보세요. 동물들은 우리에게 조건 없이 사랑을 주거든요. 우리도 조건 없이 베푸는 큰 사랑을 할 수 있어요. 조건 없이 용서하고 마음을 열어서 다시 사랑할 수 있는 힘이 우리에게 이미 있어요. 그 힘을 신뢰하고 스스로 꺼내 쓸 수 있을 때 비로소 새로운 길이 열리게 됩니다. 크게 상처를 받아서 도무지 마음을 열기가 힘들다면, 너무 굳게 닫아버리지는 마세요. 언젠가 때가 돼서 그 틈을 통해서 또 뭔가가 들어오고 다시 나갈 수 있도록 아주 조금만이라도 열어두세요.

윤   네, 잘 알겠습니다. 마지막으로 전하고 싶은 말씀 있으세요?

사   일단 나 한 사람한테만 진실하면 돼요. 다른 사람에게 인정받을 필요도 없고, 내가 이렇게 얘기를 했을 때 다른 사람이 어떻게 생각할까를 고민할 필요도 없어요. 먼저 나에게 진실하고 나와 온전하게 만나주는 순간이 가장 중요합니다. 그게 이뤄지면 다른 사람에게 진실해지는 건 정말 쉬워져요. 내가 나하고 만나는 시간을 구체적으로 가져보세요. 잠자기 전 5분, 하루를 온전하게 마무리하

미국 데보라 킹 워크숍에서 에너지 힐링을 하고 있는 사은영 님

는 시간들을 가지면서 오늘 하루에 있었던 일을 그려보세요. 물론 돌아보면서 '이건 그러지 말아야 했어' 하는 자책은 하지 마시고요. '내게는 내일이 또 있어. 내일은 잘해보자' 하면서 편안한 마음으로 자게 되면, 새로운 에너지가 연결되고 충전됩니다. 그렇게 자고 일어나면 또 다른 메시지를 가지고 활기차게 하루를 시작할 수 있는 힘이 생깁니다. 온전하게 나 자신에게 진실해지는 순간이 되면 내가 만나지 못했던, 진실에 갇혀있던 나의 힘들이 풀리게 되고, 그로 인해서 다른 사람에게도 힘을 주는 존재가 되는 거예요. 더 스펙을 쌓아야 할 것 같고, 좋은 대학에 가야 할 것 같고, 대기업에 취업해야 할 것 같지만, 그래야 내가 더 쓸모 있고 힘 있는 사람이 되는 게 아니에요. 내 본연의 진정한 힘을 세상에 발현할 수 있는 잠재력이 있다는 것, 나도 미처 몰랐던 강한 힘이 있다는 걸 발견하시길 바랍니다. 그렇게 되면 나의 진실이 또 다른 사람의 진실을 건드려서 그 사람이 깨어날 수 있게 도울 거예요.

윤   저도 오늘 말씀 듣고 좀 더 저 자신에게 떳떳하고, 좀 더 저 자신의 진실을 보면서 살아야겠다는 생각을 했어요. 오늘 좋은 말씀 정말 감사합니다.

사   네, 감사합니다.

Book 깨달음: 내 눈 뜨기 법륜 지음 | 정토출판 | 2012

"나는 길가에 핀 풀 한 포기와 같다. 자신이 별 게 아닌 줄 알면 상처받을 일이 없다. 내가 특별한 존재라고 착각하기 때문에 인생이 괴롭고, 그 때문에 결국 특별하지 못한 존재가 되어버린다." 번뜩이는 통찰로 가득한, 매우 간결하고 힘 있는 글을 마주하게 됩니다. 이 책을 천천히 읽다 보면 숙연해지면서 지금까지의 내 삶과 현재의 나를 돌아보게 되지요. 그리고 무엇이 헛되고 무엇이 가치 있는 삶인지 바르게 알 수 있게 됩니다. 마음이 혼란스럽거나 번다할 때 펼쳐보면, 마음이 가지런해지고 명쾌해지는 경험하시게 될 겁니다.

Movie 내 사랑 My Love 에이슬링 월쉬 감독 | 샐리 호킨스, 에단 호크 주연 | 2016

여운이 두고두고 남는 영화예요. 실제 캐나다 화가 모드 루이스의 이야기를 다룬 영화라서 더 진한 감동이 있었던 것 같아요. 주인공 모드는 선천적 장애로 인해 거동이 불편한 몸을 이끌고 살아가지만, 그녀의 영혼은 어느 누구보다 건강하고 세상을 바라보는 시선 또한 정말 따뜻합니다. 반면에 그녀의 상대역인 에버렛은 육체적으론 건강하지만 마음을 닫고 살아가죠. 이 둘이 만나 서로의 모자람을 메우며 서로에게 물들어가는 풍경은 참으로 아름다워요. 진실되고 참된 사랑이 무엇인지 생각해 보게 하는 따뜻한 영화입니다.

12

가슴의 나라에서
만납시다

명상가 한바다

한바다

대학 시절 명상요가회에 입문하여 삼매를 경험했고 지리산에
서 살아있는 모든 것이 신성한 빛 속에 하나로 어우러지는 것
을 보고 본격적인 구도의 길로 나아갔다. 1986년 이래로 본성
을 일깨우는 이심전심의 법을 전해오고 있다. 특히 1996년부
터는 치유, 인성, 영성을 통합하는 해피타오 명상 프로그램을
창안하여 한국과 미국 등지에서 시행해 왔다. 저서로《돼지우
리에 무지개 비치고》(금비문화, 1998),《마하무드라의 노래》(양
문, 1998),《3천년의 약속》(아름드리미디어, 2002),《사랑은 사랑
이라 부르기 전에도 사랑이었다》(유토피아, 2009),《퍼펙 타이
밍》(컬쳐코드, 2013, 공저),《다시 이어지다: 궁극의 욕망을 찾아
서》(김영사, 2017, 공저) 등이 있다.

happytao@naver.com ㅣ 해피타오 홈페이지 www.happytao.com

윤　정말 오래전인 것 같은데, 선생님의 《3천년의 약속》*을 읽으면서 무척 감명을 받았어요. 그 안에 들어있는 메시지들, 비전들을 읽고 가슴이 뛰었던 기억이 나요. 직접 선생님을 뵙게 돼서 정말 영광입니다. 간단하게 소개 부탁드리겠습니다.

한　감사합니다. 저는 명상을 바탕으로 다른 사람들과 소통하는 법을 나누는 생활을 40여 년째 해오고 있습니다. 대학교 1학년 때는 학생 운동을 했었어요. 그러다가 2학년 때 처음 명상 요가를 하게 됐는데, 그 첫날 무아지경을 체험했어요. 그래서 '정말 뭐가 있구나' 싶어서 매진하다 보니 학교 공부보다는 명상에 더 열중했던 것 같습니다. 제가 대학교에 들어가기 전까지 내면의 갈등이 정말 많았어요. 가슴에 못을 박아놓은 것 같은 아픔, 가슴에 돌을 얹어놓은 것 같은 답답함이 있었는데, 돌이켜보니까 그땐 '지금 여기'에 살지 못하고 늘 다른 곳으로 떠날 생각만 하고 있었더라고요. 명상을 접하면서 '나는 왜 이렇게 다른 곳으로 떠날 생각만 하나? 지금 여기에서 주어진 삶을 감사하면서 살아봐야겠다' 생각하고, '지금

◆ 2002년에 출간된 책으로, 21세기 문화는 여성성, 상생, 창의성 등이 지배하는 시대가 될 것이고, 동시에 영성이 크게 솟아나는 시대가 될 것이라는 메시지를 전하고 있다.

여기'에서 삶을 충분히 누리며 살기 시작했습니다.

윤   그렇게 뛰어들고 나서 어떤 변화가 있으셨나요?

한   '내가 가지고 있던 생각의 패러다임이 전부가 아니고 그게 진짜도 아니구나. 다른 관점에서 보면 삶에는 충만하게 살아 흐르는 또 다른 세계가 있구나' 깨닫게 됐죠. 그게 바로 '지금 여기'예요. 삶을 보는 관점과 자세가 바뀐 거죠. 머리는 미래와 과거를 왔다 갔다 하지만 가슴은 늘 '지금 여기'에 존재하고 생명의 근원과 연결돼 있기 때문에, 저는 항상 중심을 가슴으로 봅니다. 지금 우리는 고향을 잃은 것처럼 불안한 시대에 살고 있습니다. 우리가 가슴으로 돌아가서 가슴 가장 깊은 곳에 있는 평화와 사랑을 만난다면, 삶의 많은 문제가 자연스럽게 해결될 거라고 생각합니다.

윤   그럼 어떻게 하면 우리가 가슴으로 살아갈 수 있을까요?

한   우선 지금 우리가 가슴이 분리된 채 머리로만 살고 있기 때문에, 일단 사고의 세계로 판단하는 것이 전부가 아니라는 것을 받아들여야 할 것 같아요. 어릴 때의 상처, 트라우마 같은 것들은 우리의 가슴을 막아버립니다. 다시는 상처받고 싶지 않아서 가슴과 단절된 채 머리로만 세상을 판단하게 되죠. 그러면서 가슴은 의식이 들어가지 않는 영역이 되면서 계속 바깥으로만 돌게 돼요.

윤   머리 중심의 삶이 되는 것이군요.

한   네, 가슴을 신뢰하지 못하고 방어막을 만들어버리면, 머리와 가슴이 분리되면서 의식은 머리 안에서만 살게 되고 그것으로 모든

것을 판단하게 되거든요. 인디언 속담에 '머리에서 가슴까지의 거리는 여기서 북극성까지의 거리와 같다'는 말이 있습니다. 지금 현대인들이 그렇게 가슴과 멀어져 있습니다.

윤　선생님, 그럼 온전하게 가슴에 머물 때 어떤 느낌이신지요?

한　아주 고요하고 평화로워요. 삶에 대한 완벽한 신뢰가 나오죠.

윤　두려움이 많이 해소된 상태겠네요.

한　아무런 문제가 없어요. 두려움이 없죠. 우리 안에 이미 존재하는 사랑과 평화를 느끼게 돼요. 그리고 그렇게 되면 피도 맑아지고, 그 맑아진 피로 인해서 의식이 더 영묘해집니다. 그 힘으로 치유하는 겁니다.

윤　그럼 면역력도 좋아지겠네요?

한　예, 면역력의 차이가 엄청납니다. 가슴에서 나오는 사랑의 파동이 병을 치유해 줘요. 피가 맑아지면서 정신도 맑아지고 거기에서 더욱 영묘한 지성이 싹트는 거죠. 고대의 스승들은 다 그런 존재라고 봅니다. 가슴의 영묘한 지성을 일깨우시고 그 높은 경지에 도달하셔서 '인류 진화의 다음 단계는 이거다' 하고 먼저 본을 보여주고 가신 분들이죠.

윤   예, 그러면 우리가 알고 있는 예수님이나 부처님 같은 성인들은 가슴이 많이 열리신 분들인가요?

한   가슴에 100%, 1,000%에 도달한 겁니다. 인간이 갈 수 있는 모든 가능성을 완전히 구현한 존재들이에요. 인간성을 완전히 꽃피운 존재들이죠. 그분들이 그렇게 하셨다는 데 인류의 희망이 있는 거고요.

윤   대화를 나눌 때도 가슴을 더 쓰는 대화가 있을 것 같아요.

한   우선 자기 가슴을 더 느껴야 하고, 그러려면 깨어있어야 합니다. 상대방과 내가 만나면 새로운 하나의 장場이 생기는데, 가슴은 늘 그 장을 조율해요. 그러니까 내 가슴의 평온한 자리에 머물면서 상대방을 있는 그대로 존중하고 따뜻한 마음을 내면 저절로 깊은 만남이 이루어집니다.

윤   우리는 일상에서 머리를 많이 쓰잖아요. 가슴으로 사는 것과 머리를 써야 하는 상황, 이것들은 어떻게 정리될 수 있을까요?

한   그게 아마 많은 분의 숙제일 것 같습니다. 머리 없이 가슴으로만 살라는 이야기가 아닙니다. 머리와 가슴을 하나로 통합하는 것이 현재 인류가 나아가야 할 방향이라고 봅니다. 머리가 하는 것을 가슴이 알고 가슴에서 느끼는 것을 머리가 아는 관계, 소통이죠. 이게 완전한 인간으로 나아가는 길이라고 봅니다.

윤   가슴으로 산다는 게 생각 없이 사는 건 아닌지 우려하시는 분들도 계실 것 같아요.

한   지적인 사고만을 통해서 보면 그 말도 맞습니다. 가슴으로 살다 보면 좌충우돌하는 분도 있어요. 그건 처음에 열릴 때 그래요. 진정한 가슴은 평온하고 따뜻합니다. 거기서 나오는 평화와 사랑에서 다시 지성이 꽃피어나야 해요. 가슴과 분리된 사유가 아니라 가슴과 통합된 사유가 필요한 거예요. 그것이 소위 말해서 '깨어있음'입니다. '깨어있음'이라는 것은 '인식'하고는 달라요. '인식'이라는 것이 내가 개별적으로, 자아 중심적으로 느꼈던 감각이나 감정을 판단해서 하나의 생각을 만드는 것이라면, 자각 즉 '깨어있음'은 그 자아의식마저도 초월해서 그 자체를 하나의 생각으로 바라볼 수 있는 힘입니다. 그 힘이 실제로 가슴과 연결돼 있어요. 우리가 나아갈 지성이라는 것은 바로 가슴에 바탕을 둔 지성입니다.

윤   그럼 가슴으로 살고 싶은 분들께 조언을 해주신다면요?

한   우선 기술적인 측면에서 말씀드리자면, 일단 목과 어깨를 이완하면 좋아요. 목과 어깨가 긴장돼 있으면 자꾸 의식이 머리 위로 올라가게 되거든요. 목과 어깨의 긴장을 풀고 천천히 숨을 내쉬면서 가슴을 편안하게 이완해 줍니다. 그리고 그 이완된 공간 안에 가만히 존재해 보는 겁니다.

윤　내 의식을 가슴에 둔다는 말씀이시군요.

한　네, 숨을 깊게 내쉬면서 가슴을 이완하면 평온함을 느낄 수 있어요. 그 평온함은 영적인 심장에서 나옵니다. 그 평온함 속에 가만히 있어보는 거죠. 자꾸 뭔가를 하려니까 머리는 항상 바쁘죠. 그러다 보니 가슴의 존재감이 사라져요. 없는 게 아니라 잊히는 거예요. 가슴은 언제나 의식을 기다리고 있어요. 가슴을 이완하고 있을 때 자기 존재, 살아있음을 느끼게 되죠.

윤　그러다가 생각이 확 떠오르면요?

한　생각이 떠오를 때도 가만히 그 생각을 지켜보는 겁니다. 가슴속에서, 그 평온함의 공간 속에서 생각을 지켜보는 게 필요합니다. 생각은 우리 의식을 주로 밖으로 끌고 나가요. 생각은 늘 미래와 과거를 왔다 갔다 하기 때문에 가만히 있지 못해요. 그래서 평화를 잊어버리죠. 가슴은 늘 평화로운 상태인데 평화롭지 못하고, 이미 사랑이 충만해 있는데 사랑이 없다고 여기게 되는 거예요. 그러면 다른 사람을 통해서 사랑을 채워야 한다고 생각하게 되죠. 그렇게 사랑을 찾아나서는데, 문제는 다른 사람도 나와 마찬가지로 사랑이 부족하다고 생각하는 거예요. 그런 두 사람이 만나 서로 사랑을 받으려고만 하다 보니 갈등이 생겨나는 거죠. 사람들은 편안한 사람에게 호감을 가지잖아요. 먼저 자기 가슴 안에서 사랑을 발견해서 평화로워지면 자연스럽게 사람들을 불러오게 됩니다.

윤   여러 명상 수행의 가르침에서 '지금 여기'를 가장 중요하게 이야기하잖아요. 그럼 '지금 여기'를 이야기할 때 가슴을 빼놓고는 얘기할 수가 없겠네요.

한   '지금 여기'에 머물러야만 가슴으로 내려올 수 있어요. 삶은 끊임없는 현재의 이어짐이에요. 그런데 머리는 과거와 미래를 계속 왔다 갔다 하기 때문에 생각에 매몰되어 있으면 다른 공간으로 가게 돼요. '지금 여기' 존재하는 걸 잊어버리게 되는 거죠. '지금 여기'라는 것은 깨어있는 공간이라고 말할 수 있어요. 살아있고 깨어있는 공간, 그것만이 실재하는 거거든요. 그래서 '지금 여기'에 머물라는 건 그 실재의 세계로 돌아오라는 뜻입니다. 본래 우리 자체는 몸과 마음을 넘어선 순수의식pure awareness이라고 할 수 있는데, 그건 늘 '지금 여기'에 존재해 왔어요. 순수의식은 그 자체로 충만하고 영원합니다. 순수한 의식이 우리 자신이에요. 그런데 대부분의 사람은 거기에 덮여있는 생각을 자기라고 생각해요. 그걸 불교에서는 마야māyā, 즉 착각이라고 하기도 하고 기독교에서는 원죄라고도 하죠. 몸과 생각을 자기라고 믿고 살아가는 거예요. 그런데 몸과 생각은 순수의식의 공간에서 일어나는 하나의 사건에 불과해요. 순수의식이 심장에서 느껴질 때 우리는 사랑과 자비를 느끼게 돼요. 순수의식의 파동이 가슴을 통해 표현된 것이 바로 사랑과 평화입니다. 우리는 매 순간 사랑과 평화로부터 떠난 적이 없어요. 우리 생각의 부침에 관계없이 순수의식은 늘 '지금 여기'에 존재해 왔어요. 그래서 부처님도 말씀하셨죠. "잠시 앉아있으라. 그리고 네가 순수의식임을 깨달아라." 순수의식에는 생로병사도 윤회도 없다고 했어요. 영원한 존재라는 거죠. 순수의식을 회복할 수 있는 방법은 바로 가슴을 느끼는 거예요. 생각에 골몰할 때는 가슴이 잊히지만, 감동받을 때는 가슴이 느껴집니다. 가슴이 느껴질 때 가만히 그 느낌 속에 계속 머물러보는 것이 필요해요. 분노나 두려움이 일어났을 때 우리는 어떻게든 그걸 해소하려고 하잖아요. 그런 생각을 버리고 그 분노와 두려움 속에, '지금 여기'에 가만히 머물러보는 거예요. 그러면 그 분노나 두려움은 저절로 사라집니다. 그렇게 한 번만 잘 넘겨보면 신뢰가 생겨나요. '이렇게 가만히 있어도 저절로 분노나 두려움이 사라지는구나. 그 자리가 내 안에 있구나' 하고요.

윤   그렇게 가슴에 집중하다 보면 트라우마와 같은 기억들이 올라오기도 하잖아요. 그걸 보기 힘들어하는 경우도 많은 것 같아요.

한   예, 결국은 그것을 직면해야 하는 과제가 남아있습니다. 그게 하나의 탐험이라는 거죠. 우리 마음은 항상 이야기를 하고 있어요. 하지만 우리는 안 듣잖아요. 그렇다고 그게 없어지지 않습니다. 들어줄 때까지 계속돼요. 그런데 그것을 직면해서 따뜻함으로 바라보면 그 소리가 들려요. 그것이 감정적인 것이든 영적인 것이든 일단 내가 알아주면 할 일을 다했기 때문에 사라집니다. 그래서 관觀할 때 요령이 필요한 거예요. 처음에 하라고 하면 쓰레기통이 나와요.

윤   감정적으로 힘든 것들!

한   예, 부정적인 생각들, 자기가 살면서 반응했던 것들이죠. 마음은 정거장 같아서 자기 생각뿐만 아니라 다른 사람의 생각도 들어와요. 모든 게 다 들어옵니다. 그걸 직면하지 않으면 사라질까요? 결코 그렇지 않아요. '지금 여기'에 머물면서 그 생각들이 흘러가는 것을 바라봐야 합니다. 따라가지 말고 들러붙지 말고 그저 따뜻함으로 바라보는 거죠. 따뜻하게 바라보면 소멸합니다. 그러고 나면 내 가슴의 사랑을 무언가를 보살피는 데 써야 됩니다. 자기 안에 있는 사랑도 써봐야 해요. 그래야 그게 존재하는 줄 알죠. 받는 것만 하면 모릅니다. 이건 써야 자라나요. 쓰면 쓸수록 가슴의 통로가 커져요. 또 그렇게 해야 실재하게 되죠. 그래서 저는 부모들에게 자녀들이 직접 보살피고 사랑할 수 있는 기회를 주라고 이야기합니다. 기회만 줘도 스스로 끄집어내서 쓰게 돼요. 그럴수록 가슴에서 나오는 사랑의 물줄기가 강해져서 힘을 갖게 되고요. 아이를 길러본 사람은 안 길러본 사람에 비해 존재성이나 파동이 큽니다. 아이 키우면서 모든 걸 다 수용해 봤기 때문에 마음이 넓어진 거예요. 자식들한테도 동물이든 식물이든 무엇인가를 돌보게 함으로써 가슴에 있는 사랑을 키워줄 수 있어요. 사랑으로 돌보는 것은 내가 누군가를 위해 뭔가를 해주는 게 아니라 바로 내 가슴을 키울 수 있는 기회인 거예요. 공자님이 '대학지도 재명명덕 大學之道在明明德'이라고 하신 것도 그런 맥락이죠. 이미 명덕, 밝은 덕은 있다는 거예요. 밝은 덕이란 사랑을 말하는 거거든요. 인仁, 자비를 다시 밝힌다는 거예요. 다시 밝히는 게 뭐겠어요? 끄집어내서 쓰는 거예요. 병이 드는 이유가 대개 사랑을 못 받아서라고 생각하는데, 사실 내 안에 있는 사랑을 쓰지 못해서 병이 드는 거예요. 사랑을 쓰면 병이 낫습니다. 그게 사랑의 진리입니다. 물론 사랑하다 보면 상처받을 수도 있죠. 하지만 상처받더라도 계속해서 쓰다 보면 결국 가슴이 온전히 열려요. 그럼 그 사람에게서 나오는 오라장은 그 공간에 충만하게 깔리게 됩니다. 그 속에 들어가면 마치 목욕하는 것 같아요. 하하.

윤　　그럼 선생님께서는 수행의 중요한 부분이 가슴을 여는 것, 가슴을 일깨우는 것이라고 보시나요?

한　　그게 가장 핵심적인 거라고 봅니다.

윤　　그럼 앞으로 오는 시대에 우리가 지향해야 하는 것은 가슴을 일깨우는 것이겠네요.

한　　4차 산업 혁명 시대에는 이게 절실히 필요합니다. 이제 우리 인간이 할 수 있는 모든 것을 인공지능이 다 해버립니다. 인공지능이 운전을 하고 약도 다 제조하죠. 그러면 인공지능이 못 하는 게 뭔지 생각해 봐야 돼요. 그러기 위해서는 인간의 삶을 다시 물어봐야 하죠. 인간에 대한 재정의, 그 단서가 바로 가슴에 있어요. 인간에 대한 정의는 가슴에 있다는 겁니다. 기계가 결코 가질 수 없는 감성과 덕성, 자비 이런 것들은 가슴을 통해서만 이해할 수 있고 경험할 수 있고 키울 수 있죠. 이것은 국경을 초월해서 인류 전체에 적용할 수 있는 이야기입니다. 이 가슴 안에서는 모두가 하나고 한

나라예요. 한국이라는 말의 진정한 의미는 '마음이 하나 된 자리를 아는 존재들의 나라'예요. 내가 가슴에서 나오는 이야기들을 많이 하게 되면 거기에 새로운 영토가 생겨나죠. 즉 한 나라가 생겨나는 거예요. 가슴이 하나 되는 경험을 한 사람들의 차원은 다를 수밖에 없죠. 진정한 '한국'을 실현할 열쇠는 지금 우리가 가지고 있어요. 발견되기를 기다리고 있죠.

윤   가슴 설레는 말씀이네요. 그러면 앞으로 오는 시대에는 가슴이 열린, 가슴이 깨어난 사람들이 더 중요한 역할을 하게 될까요?

한   예, 가슴은 상대방을 있는 그대로 존중하면서 따뜻한 마음을 내게 하잖아요. 그건 정말 필요한 일이죠. 현대 사회가 하이퍼커넥션hyper-connection으로 연결되어 있음에도 다들 외로워하잖아요. 그러다 보니 조그만 일에도 잘 상처받고 고통의 내성이 떨어져버렸어요. 그건 가슴이 닫혀있어서 그래요. 가슴이 열려서 사랑과 평화가 가득한 사람들은 그 속에서 중심을 잘 잡으면서 갈 수 있어요. 2017년에 우리가 이루어낸 촛불혁명도 그렇게 장을 바꾼 역할을 한 거라고 봅니다. 순수함과 진실함 같은 게 훨씬 더 소중하다는 걸 우리 스스로 깨닫고 있는 과정이라고 할 수 있죠.

윤   우리 사회를 보면 암울한 지표가 많잖아요. 심각하게 낮은 출산율이나 세계적으로 높은 자살률 등 생명이 살아가기 힘든 조건들이 많이 있는데, 촛불혁명을 통해 우리가 부정적인 사회 흐름을 크게 바꾼 것 같아요. 우리가 주인이라는 것을 선언했고요.

한 촛불혁명은 거대한 집단의식의 승화이자 승리죠. 그것이 좋은 물결을 타고 있는 것 같고요. 저는 2002년 월드컵 때 시작된 축제 분위기가 한 번 더 승화한 거라고 봅니다. 이 자신감을 가지고 온 인류를 위해 어떤 기여를 할 수 있을지 함께 생각을 해보면 좋겠어요. 우리는 경험으로 그런 자산을 이미 충분히 마련해 왔어요. 지금은 내 말을 전 세계로 전파할 수 있는 시대예요. 가장 순수하고 진실한 마음으로 가슴의 메시지, 평화의 메시지를 전 세계로 전할 수 있죠. 그것은 정말 중요한 일이에요. 공감은 가슴에서 일어나거든요. 그래서 가슴의 소리를 듣고 그것을 표현하면 사이버 공간에서도 파장이 맞는 사람끼리 만나게 됩니다.

윤 네, 알겠습니다. 감동에 대한 말씀도 듣고 싶은데, 감동이 가슴에서 느껴지죠?

한 감동은 가슴에서 느껴지죠. 사실 감동을 통해서 세상이 바뀌는 경우가 많습니다. 눈이 보는 아름다움이 아니라 가슴이 보는 아름다움이 있어요. 가슴이 보는 아름다움이 깨어났을 때 감동이 일어나죠. 그 순간 치유됩니다. 작은 마음 하나를 실체로서 우리가 만나고 느꼈을 때 가슴이 열리고 거기에서 아름다움을 느끼잖아요.

윤 어떻게 보면 오랫동안 존경받는 성인들도 사람들을 감동시키셨기 때문에 많은 사람이 따르는 게 아닌가 하는 생각이 드네요.

한 그럴 겁니다. 감동을 주려고 한 게 아니라 그분들의 존재 방식 자체가 감동을 주는 겁니다. 베드로가 어부 일을 하다가 예수님을 보고 한순간에 제자가 되기로 결심하잖아요. 감동을 받아서 그 래요. 머리로만 생각하고 판단했으면 그렇게 하지 못하죠. 이 사람 따라가면 없이 살 것 같고 고생할 것 같으니까 못 가죠. 그런데 예 수는 가슴이 완전히 개방된 분이시거든요. 거기에서 나오는 아름 다움, 그 감동은 거부할 수 없는 거예요. 그 감동이 가슴에 꽂혀서 바로 따라간 거죠. 그런 식으로 수많은 사람을 매료시킨 거예요. 부 처님도 마찬가지예요. 6천 명을 몇 십 년간 먹여 살렸잖아요. 얼마 나 대단해요. 6천 명 직원을 둔 회사 만들기도 얼마나 어려운데요, 하하. 그 공력이 정말 엄청난 거죠. 붓다나 예수를 만난 사람들은 영원을 깨달은 거예요. 거부할 수 없는 어떤 것이 가슴 안에서 일 어난 거죠. 붓다와 예수는 바람 같아요. 바람은 어디든 저항 없이 들어가잖아요. 그분들은 바람처럼 다가가서 사람들의 가슴을 깨워 낸 거예요. 이 세상에서 가장 소중한 것을 알려준 거죠.

윤　어떤 일을 할 때 그것이 내게 감동을 주는 일인가가 참 중요 한 것 같아요. 나 스스로 감동하지 않으면 힘이 나지 않는 것 같고 요. 예전에 제가 취재 의뢰를 받아서 장애 아이를 둔 엄마들이 만 든 협동조합에 촬영을 갔던 적이 있어요. 그때 며칠째 밤샘 작업을 해왔던 터라 차 밖으로 나가지 못할 정도로 너무 피곤하고 힘들었 어요. 녹초가 된 상태에서 가만히 제 가슴을 느껴봤어요. '내가 지 금 해야 하는 일이 어떤 일인가, 이 일의 의미가 무엇인가' 하고 느 껴보니까 장애 아이를 키우는 엄마들의 심정이 확 다가오더라고요.

그때 온몸에 전율이 일어나면서 피곤이 싹 가시는 거예요. 그러면서 '정말 잘 해야겠다' 하고 의욕이 일어나더군요. 제가 그때 그런 감동을 느끼지 않았다면 아주 힘겹게 일을 했을 거예요. 가슴으로 연결됐을 때 큰 변화가 있었던 경험이었죠.

한 감동은 전체예요. 존재 전체가 깨어나고 활력을 받습니다. 가슴 중심에는 그런 핵폭탄을 터뜨리는 것 같은 단추가 있는데, 그게 눌러지면 엄청난 힘이 솟아나요.

윤 어떤 호르몬이 분비되는 것 같아요.

한 예, 호르몬이 분비됩니다. 호르몬이 분비되면서 엄청난 치유가 일어나요. 그 감동의 힘으로 정화가 일어나는 겁니다.

윤 그렇다면 일상에서 어떤 결정이나 선택을 해야 될 때, 어떤 것이 내게 더 감동을 줄 것인가가 중요한 기준이 되겠네요.

한 예, 감동은 우리 영혼에서 일어나는 거예요. 영혼은 자기 존재 전체이고, 거기에는 아무런 저항이 없어요. 저항이 없기 때문에 그것을 따라가는 게 가장 편하고 아름답고 어떤 일이든지 최선을 다할 수 있어요. 감동하면 노력할 필요가 없어요. 감동은 자발적이기 때문이죠. 가슴은 내가 무엇을 했을 때 가장 행복한지 알고 있습니다. 그걸 믿어야 돼요. 그게 용기예요. 그런데 에고ego로 판단하는 것은 자신한테 좀 더 유리한 방향으로 계산하고 따지는 거죠. 그래서 머리를 따르면 최선을 다하기 어려워요. 그건 노력해야 됩니다. 그리고 에고로 결정하면 마음 깊은 곳에서는 두려움과 공허함이 생겨요. 계속 그런 상태로 가다 보면 병들어버리죠.

윤   원치 않는 삶을 살게 되면?

한   예, 영혼의 차원에서 원치 않는 삶을 계속 살아가다 보면 병들어버리고, 나중에 도저히 안 되겠다 싶으면 죽어버려요. 그래서 가슴의 소리를 듣는다는 것이 정말 중요한 겁니다. 감동받았다는 것은 가슴이 진짜 원하는 걸 발견한 거예요.

윤   그런데 많은 경우 내 가슴을 따라서 뭔가를 하려고 하면 주위의 반대에 부딪히거나 사회적 관념과 배치되는 경우가 많은 것 같아요.

한   그래서 자존감이 필요합니다. 중심이 필요하죠. 안 그러면 계속 끌려다니게 돼요. 높은 차원에서 보면 우리가 사는 이 삶은 영혼의 투사예요. 영혼의 분신으로 살고 있는 거예요. 우리 입장에서는 내가 영혼을 소유한 거라고 생각할 수도 있지만, 영혼의 입장에서 보면 나는 영혼의 한 분신인 거죠. 그러니까 본체와 다르게 살면 힘이 빠져요. 본체가 진정 가려는 방향으로 가야 할 것 아닙니까? 내 인생의 방향이 무엇인지 혼란스러울 때, 가만히 가슴에 귀를 기울여보면 고요함 속에서 떠오르는 느낌이 있어요. 그런 편안한 상태에서 결정하라는 거죠. 가슴의 소리를 듣는다는 게 가슴에서 나오는 어떤 명료한 소리를 듣는 것일 수도 있고, 내 마음이 평온한 상태에서 사유하고 결정해 보는 것일 수도 있습니다. 설령 어떤 소리를 듣지 못했다면 가슴속에서 일어나는 평화와 사랑의 느낌을 따라가면 돼요. 가슴에게 묻는다는 건 내 영혼에게 어떻게 살아야 할 것인가를 묻는 거예요. 외부적인 분별은 머리가 하지만, 삶의 질은 가슴이 정해요.

윤   알겠습니다. 내가 어떤 결정을 해야 될 때, 머리를 굴려서 하는 게 아니라 내 가슴을 가만히 느껴보고 편안한 상태에서 해야 한다는 말씀이시죠?

한   무언가를 결정해야 하는 상황에서 우리는 대개 머리를 굴리는데, 그게 최선의 결과를 가져오지 않는 경우가 더 많습니다. 삶에서 가장 중요한 결정을 할 때는 머리로 하는 게 아닙니다. 가슴과 세포 전체가 떨릴 때가 있어요. 그걸 따라가야 해요. 그건 모험일 수도, 용기일 수도 있지만 우리 영혼이 진정 가고자 하는 방향으로 전환하는 기회가 될 것입니다.

윤   네, 알겠습니다. 혹시 지금 가슴에서 올라오는 메시지들이 있으면 좀 전해주실 수 있으세요?

한   (잠시 명상 후) 호랑이에게 잡혀가도 정신만 차리면 살 구멍이 있다고 하잖아요. 아주 중요한 이야기입니다. 위기의 순간에 침착하라는 거죠. 평온함을 유지하고 있으라는 거예요. 평온하다는 건 내 가슴으로 돌아온다는 거고, 가슴은 살길을 알고 있다는 겁니다. 그걸 믿을 때 새로운 삶의 길이 열립니다.

윤   그 어떤 위기의 순간에도 해결책은 있는데, 그것이 바로 가슴에 있다는 거죠?

한　　예, 그게 연결됩니다. 우리를 도와주는 사람이나 선물들이 밖에 많이 있어요. 밖이라는 건 결국 내 가슴이 불러들이는 하나의 상황인 거고요.

윤　　그런 도움들과 잘 연결되기 위해서라도 가슴에 머물러있어야 한다는 말씀이시군요.

한　　예, 그걸 신뢰하고 그 에너지를 계속 내다보면 인연들이 나타납니다. 그래서 그 인연들과 함께 일을 풀어나가는 거죠. 어떤 일을 하고 싶을 때 삶이 그렇게 묻는 것 같아요. '네가 하는 마음이 진심이냐?' 진심이 아니면 하다가 말겠지만, 내가 내는 마음이 진심이면 계속하게 돼있어요. 처음에는 그걸 알아주는 사람이 나타나지 않아요. 삶이 시험하는 거죠. 그런데 그걸 계속하다 보면 한 사람, 두 사람 나타납니다. 그러면 그쪽으로 점점 에너지가 모이면서 사람들이 자꾸 모이게 돼요. 거기에 힘이 있는 거죠. 삶에서도 내 마음의 진실이 행동으로 구체화돼서 나오는 데는 시간이 걸리잖아요. 그래서 그걸 지속적으로 하는 게 필요해요. 그게 쌓이다 보면 장場이 생기거든요. 사랑을 많이 준 사람은 사랑의 장에 둘러싸여 있어요. 그건 속일 수가 없어요. 자기가 지금까지 살아온 것의 총체가 현재의 나니까요. 그게 진짜 재산이죠. 진실도 똑같은 겁니다. 내가 진실로 순수하면 우주에 공명이 일어나요. 그것만이 영원히 남는 거죠.

윤　　선생님, 마지막으로 전하고 싶은 말씀이 있으면 부탁드리겠습니다.

명상 수행 중이신 한바다 님

한　　하이퍼커넥션 사회에서는 아이러니하게도 외로움과 고립감을 갖기 쉬워요. 그건 생명인 우리가 너무 기계에 의존해서 살기 때문입니다. 모든 생명을 느끼며 사시길 바랍니다. 땅을 느끼며 걸으시고, 공기를 흠뻑 맡아보시고, 나무를 꼭 안아보시고, 지나가는 행인들을 따뜻한 마음으로 바라보세요. 주위의 어려운 사람들에게 다가가시고, 버려진 반려동물을 돌보세요. 좀 더 가슴을 열고 보살피는 마음으로 살면 그 대상과 내가 연결됩니다. 그때 모든 게 하나인걸 깨닫게 돼요. 자기 자신뿐만 아니라 내가 만나는 존재들을 보살피는 마음으로 살다 보면 많은 것과 연결될 수 있어요. 요즘 우리는 걸을 때도 스마트폰을 보면서 걷잖아요. 그러면 땅하고 연결점을 잃어버려요. '이 대지가 나를 든든하게 받쳐주고 있구나, 이 대지가 있어서 편안하게 걸을 수 있구나' 하는 마음으로 걸으면 대지와 연결될 수 있어요. 나무들도 마찬가지예요. 내가 지금 숨 쉴 수 있는 것도 나무들이 만들어내는 산소 때문에 가능한 거잖아요. 그러니 나무에게 고마운 마음을 가지고 있다 보면 나무와도 연결되고, 심지어는 나무와 초월적인 교류를 하게 될 수도 있어요. 그때 우리는 혼자가 아니라 이 모든 우주의 생명과 연결된 존재라는 것을 경험할 수 있습니다. 우리는 결코 고립된 외로운 존재가 아니라 지구 전체의 공동체, 나아가서는 우주의 별들과도 하나로 연결돼 돌아가는 전체적인 우주 시스템입니다. 그래서 어디를 가더라도 거기가 바로 내 나라예요. 어디를 가더라도 그곳의 훌륭함과 아름다움을 느끼고 그곳 사람들과 마음으로 소통하면 그게 또 한 나라가 됩니다.

윤   나의 동포가 되겠네요.

한   예, 그게 동포예요. 거기가 한국, 한나라예요. 한나라는 우리가 가슴으로 돌아옴으로써 실현될 수 있습니다. 진정한 한국의 본뜻은 가슴으로 만나서 서로의 마음이 교류될 때 가슴에서 발견되는 나라예요. 내 고정관념으로 사람들과 만나는 게 아니라 매 순간 새롭게 가슴으로 만나는 거예요. 그러한 만남을 통해 서로가 새로워지길 염원하면 점점 밝은 마음의 영향력이 커지겠죠. 그게 한국을 만들어갑니다.

윤   알겠습니다. 정말 멋진 말씀이세요. 저도 이제 진정한 한국인으로서 더 많은 사람과 가슴으로 교류하고 가슴으로 하나 되는 길을 가도록 하겠습니다. 선생님, 마지막으로 하나만 더 요청드려도 될까요? 혹시 명상 상태 속에서 메시지를 전해주실 수 있으세요?

한 (잠시 명상 후) 가슴에서 올라온 메시지를 보니까 굉장히 높은 비전이 나타나요. 말씀드리겠습니다. "모든 것이 다 준비돼 있느니라. 아무 걱정하지 말고 완벽하게 믿음을 가지고 최선을 다하라. 그리하여 이 땅이 빛과 사랑이 충만한 세상이 되게 하라. 그대들이 보고 있지 않을 때도 수많은 존재가 그대들을 보살피고 있느니라. 그대의 선한 마음이 살아날 수 있도록 보이지 않는 곳에서 늘 도와주고 있느니라. 모든 것이 준비돼 있으니 그대의 순수한 마음을 믿고 최선을 다하라. 그대가 꽃피어나는 그날을 위해서 그대 삶의 열정을 다하라. 그렇게 나아가는 길은 가시밭길일 수도 있지만 영광과 행복과 기쁨이 충만하여 큰 가르침의 정수를 그대 속에서 스스로 발견하게 되리라." 온 우주의 선한 영혼과 따뜻한 마음을 가진 모든 존재를 대표해 말씀드렸습니다.

윤 감사합니다, 선생님.

한 초대해 주셔서 감사합니다. 이 세상에 도움을 주는 많은 존재와 연결될 거예요. 믿고 계속 가십시오.

▶ YouTube 가슴의 대화 한바다 | Q

오른쪽 QR코드를 촬영하시면 해당 인터뷰 영상을 보실 수 있습니다.

Movie 신과 함께: 인과 연

김용화 감독 | 하정우, 주지훈, 김향기, 마동석, 김동욱 주연 | 2017

왜 많은 사람이 이토록 이 영화에 열광할까요? 입체적 스토리 전개로 인한 몰입과 재미 외에도 지옥과 같은 우리 시대의 문제점을 제시하고 이를 타파할 수 있는 열쇠를 암암리에 제시하고 있기 때문일 거예요. 이 영화는 즉물적인 욕망의 추구와 복수심으로 지옥이 되어버린 현실을 1,000년 인과로 보게 하는 영적인 시각을 제공합니다. 우리가 처해있는 억울한 원귀 상태에서 해탈하는 방법은 역지사지의 원리와 자비라는 메시지를 넌지시 던지고 있죠. 종교에서 추구하는 자비가 무엇이고 그것이 얼마나 위대한 힘을 지녔는지를 이 영화를 보시면 아시게 될 겁니다.

Music Asato Maa 라비 샹카르 | 《Chants of India》 | 1997

고대 인도의 철학 경전인 《우파니샤드》를 기반으로 한, 깨달음을 서원하는 음악입니다. 비틀즈 멤버였던 조지 해리슨 George Harrison이 프로듀싱하고 전설적인 시타르 연주자인 라비 샹카르Ravi Shankar가 연주한 명상곡입니다. 조지 해리슨은 인도 명상에 심취해서 많은 명상곡을 작곡하기도 했고, 라비 샹카르와는 1960년대 초반부터 음악적으로, 영적으로 생사고락을 함께해 왔죠. 2001년 조지 해리슨이 세상을 떠나면서 이 음악이 수록된 앨범은 마지막 공동 작업이 되었습니다. 인도의 전통 악기 시타르가 가진 신비롭고 장엄한 음색을 한번 들어보세요.

Music **Spiritual** 찰리 해이든, 팻 매스니 | 《Beyond The Missouri Sky》 | 1997

세계적인 베이시스트 찰리 해이든Charlie Haden과 기타리스트 팻 매스니Pat Metheny의 협연곡입니다. 이 곡에서 팻 매스니의 어쿠스틱 기타 연주는 고즈넉한 울림이 그려내는 여백이 투명하다 못해 헛헛하기까지 하죠. 중간중간 묵직한 찰리 해이든의 콘트라베이스 연주는 비장할 만큼 가슴에 깊은 파장을 일으키고요. 앨범의 대단원을 장식한 이 곡은 기타 연주로는 가히 명상적 무위에 이른 경지라 할 수 있습니다. 깊은 몰입감으로 듣는 이로 하여금 선정에 들게 하죠.

Music **Om Sahana Vavatu** (Shanti Mantra)

데바 프레말, 미텐 | 《Mantras for Life》 | 2014

부제의 shanti는 산스트리트어로 '평화'를 의미하는데, 그 의미처럼 이 음악을 듣고 있으면 지극한 평온함에 이르게 됩니다. 오쇼 라즈니쉬 제자인 독일 태생의 세계적인 명상음악가 데바 프레말Deva Premal과 영국 출신의 미텐Miten이 지닌 신비한 천상의 목소리는 우리의 영혼을 정화해 주며 우리 내면의 신성함을 이끌어내죠. 사실 이 곡이 수록된 앨범은 불안정한 이 시대를 사는 우리 현대인들을 일깨우는 7개의 만트라, 즉 장애소멸, 평화, 치유, 기쁨과 지복, 해탈, 사랑을 염송하고 있어요. 모든 차크라가 다 열려 조화를 이룬 경지를 감상해 보시길.

Site **Spiritual Moment** 유튜브 채널

우리의 몸과 마음을 편안하게 해주는 음악들로 채워진 유튜브 채널입니다. 성당의 종소리처럼 평온하면서도 절의 죽비소리처럼 정신을 한곳으로 모으는 이 채널의 음악들을 눈을 감고 가만히 듣고 있으면, 몸의 긴장이 저절로 풀리고 마음

318   가슴의 대화

이 차분히 가라앉아 삶의 자유를 느낄 수 있죠. 특히 〈3 Hours Long Tibetan Singing Bowl Meditation Chakra Healing〉을 들어보시길 바랍니다. 흙탕물이 서서히 가라앉고 맑은 물이 떠오르는 것처럼 싱잉볼의 긴 여운의 소리에 머리가 맑아져요. 함께 흘러나오는 물소리는 우리를 편안하고 고요한 명상의 길로 이끌어주죠.

후기 인터뷰

편집자 인터뷰 프로젝트 〈가슴의 대화〉를 시작한 계기가 무엇이었나요?

윤 전부터 다큐멘터리를 비롯한 여러 가지 영상을 만들면서 인터뷰 작업은 많이 해왔어요. 인터뷰 작업은 대개 인터뷰이interviewee와 정해진 주제의 대화를 나누고 영상에 필요한 부분만 편집하는 방식으로 이뤄지죠. 그런데 편집되어 잘려나간 내용 중에 다른 사람들과 공유하면 좋을 유익한 내용들이 있을 때는 아깝다는 생각이 들 때가 많았어요. 그러다가 그걸 살려서 좀 더 긴 호흡의 인터뷰 프로그램을 만들어보고 싶다는 생각을 하게 됐죠. 처음엔 인터뷰를 이끌어줄 진행자를 구하러 다녔는데 여의치 않더군요. 제가 의도한 대로 질문을 해주고 전체 흐름을 잘 이끌어가 줄 만한 분을 찾기가 어려웠어요. 순전히 개인적인 차원에서 시작한 일이라 어디서 제작비가 나오는 상황도 아니었고요. 결국 제가 직접 등장해서 진행자의 역할을 해야겠다고 마음먹었죠. 그런데 카메라 뒤에서만 있던 사람이 갑자기 카메라 앞에 나서려니 엄두가 나지 않더군요. 그렇

가슴의 대화

게 2, 3년을 고민하면서 시간을 보냈어요.

편　　계속 제작만 해오셔서 카메라 앞에 서시는 게 익숙하지 않으셨던 거군요.

윤　　네, '언젠간 준비가 되면 해야지' 하며 살았어요. 그런데 막상 '이제 준비가 됐다' 하는 순간은 잘 안 오더라고요. 그러다가 이런 제 고민을 알고 있던 아내가 어느 날 기린 님의 강연을 듣고 와서는 이분과 인터뷰 영상을 만들어보면 어떻겠냐고 제안하더군요. 그 이야기를 듣고 그분의 책과 자료를 찾아봤어요. 그랬더니 같이 작업해 보고 싶다는 마음이 강하게 들었어요. 얼마 후 기린 님을 직접 찾아뵙고 제안을 드렸더니 흔쾌히 수락을 해주셨죠. 그렇게 〈가슴의 대화〉 첫 영상이 만들어지게 된 거예요. 그때 느낀 게 있는데 어떤 일이든 '내가 준비가 됐다' 하는 순간은 그렇게 쉽게 오지 않는다는 거예요. 그냥 부족하더라도 일단 시작해 보는 게 오히려 그 순간을 더 앞당기는 게 아닐까 싶어요. 준비된 상태에서 시작하는 게 아니라 시작하고 나서 점점 되어가는 것, 그게 중요한 것 같습니다. 시작이 반이라는 말이 괜히 있는 게 아닌 것 같아요. 처음 시작하는 게 어려웠지 그다음부터는 큰 망설임 없이 진행해 나갈 수 있었습니다. 물론 영상에 나온 제 모습을 보면 아쉬운 점도 많죠. 그래도 매 회마다 만든 영상을 거울 삼아서 부족한 점을 개선해 가려고 하다 보니 여기까지 올 수 있었습니다.

편   가슴의 대화에는 무척 다양한 분이 출연하시는데, 인터뷰이는 어떻게 선정하시나요?

윤   그때그때마다 다른데, SNS나 인터넷카페에 올라오는 강연, 세미나 등의 정보들을 통해 좋은 분들을 알게 되는 경우가 많아요. 늘 레이더를 켜놓고 있죠.(웃음) 관심 있는 곳이 있으면 직접 찾아가 보기도 하고, 느낌이 좋으면 강연자님께 인터뷰를 제안드리기도 해요. 어떤 경우엔 직접 소개받기도 하고요. 대상자를 미리 정해놓기보다는 그때그때 자연스럽게 인연이 닿는 분과 작업을 해나가는 편입니다. 인물을 선정하는 가장 큰 기준은 '감동'이에요. 그분의 삶과 이야기를 접하고 제가 감동을 받았는지가 제일 중요해요. 무슨 일이든 감동 없이 작업을 하면 결과적으로는 공허함을 느끼게 되더라고요. 그리고 순수성이 느껴지는 분들을 좋아해요. 물론 각자 자기 사업을 하고 계신 분이 대부분이지만, 상업적으로 많이 물들 지 않고 대의와 공익을 생각하는 마음이 크신 분들을 만나는 편입 니다. 그리고 제가 편하게 대화를 나눌 수 있는 분인지도 아주 중요 해요. 이건 몇 시간이 될지도 모를 아주 긴 대화를 하는 작업이거든 요. 사전에 직접 뵙지 않아도 '이분과 교감이 잘되겠구나' 하는 느 낌을 전해받을 때도 많습니다.

편　　저는 〈가슴의 대화〉를 보면서 덕현 님께서 흐름을 잘 타신다 는 느낌을 받았어요. 지금 말씀 듣고 보니 덕현 님께 감동을 주신 분들을 선정해서 만나신 게 가장 큰 이유가 아닐까 하는 생각이 드 네요. 인터뷰하시기 전에는 보통 어떤 준비들을 하시나요?

윤　　우선 그분에 관한 정보를 최대한 찾아보는 것에서부터 시작 합니다. 책이나 기사, 유튜브 영상 등을 통해서 그분이 어떤 분인지 를 먼저 파악을 하죠. 그래서 그분에 대한 관심이 더 커지면 눈을 감고 그분을 미리 만나보기도 해요. 실제로 그분이 내 앞에 앉아있 다고 느끼면서 그분을 떠올리며 바라보는 거죠. 그때 가슴에서 떠 오르는 말들이나 질문이 있으면 건네보기도 하고요. 일종의 가상 대화라고도 할 수 있겠는데, 그런 사전 작업을 하고 나면 실제로 만 났을 때도 얘기가 잘 통하고 편안한 경우가 많아요. 오늘도 이 인터 뷰를 하기 전에 편집자님과 많은 얘기를 미리 나누었어요.(웃음) 영 화를 만드는 데 시나리오가 중요하듯, 인터뷰를 하는 데는 질문지가 아주 중요해요. 질문지는 원래 의도한 흐름대로 대화를 진행할 수 있게 해주는 지도 역할을 해줘요. 그래서 사전 질문을 작성하는 데 시간과 공을 많이 들이는 편이에요. 좋은 질문이 좋은 이야기를 이끌어내거든요. 하지만 현장에서는 너무 질문지에만 의존하지 않으려고 하는 편이에요. 미리 준비한 질문만 계속 하다 보면 인터뷰이가 조사받는 느낌이 들 수도 있잖아요.(웃음) 가슴에서 우러나오는 이야기를 이끌어내려면 조금 두서없더라도 우선 저부터 상대에게 온전히 몰입해서 가슴으로 이야기해야 해요. 질문하러 온 사람이 아니라 대화하러 온 사람이라는 느낌을 주는 게 중요하죠. 인터뷰 과정에서 마음속으로 질문을 준비하며 내용을 정리해 보는 것도 상당히 도움이 됩니다. 물 흐르듯 대화를 이끌어가도록 이야깃거리들을 떠오르게 해주거든요.

편　인터뷰를 하시는 데 노하우가 있다면요?

윤　영상 인터뷰는 표정과 말투가 생생하게 담겨 전달되기 때문에 상대방이 편안한 마음으로 깊은 이야기를 할 수 있도록 하는 것이 매우 중요해요. 그동안 많은 인터뷰를 진행하면서 가장 크게 느낀 건, 내가 먼저 상대의 이야기를 가슴 깊이 공감하면서 들으면 상대도 가슴에서 우러나오는 이야기를 편안하게 하게 된다는 사실이었습니다. 상대방의 말을 가슴으로 공명하지 않고 머리로만 판단하며 들으면 내 기억과 관념을 토대로 반응하게 되거든요. 그러면 상대도 실수하지 않으려는 방어적인 태도가 돼서 자기도 모르게 관성적인 이야기들을 하게 돼요. 지금 이 순간에 느껴지는 생생한 것들에서 함께 멀어지는 거죠. 하지만 '그때 이런 심정이셨겠구나' 그렇게 가슴으로 느껴가면서 상대의 말을 들으면, 그 속에 녹아있는 체험의 깊이까지도 함께 전달받는 느낌이 듭니다. 내게서 일어나는 이런 작용은 상대에게도 바로 전달이 되겠죠. 공명이 되는 거죠. 대화를 하다 보면 상대가 진심으로 내 얘기를 듣고 있는지 바로 알 수 있어요. 인터뷰를 할 때 이렇게 가슴을 쓰는 훈련을 하다 보니 평소에도 사람들을 만나 대화할 때 가슴의 느낌을 많이 보게 됐어요. 가슴으로 대화하다 보면 가슴이 뭉클하거나 전율이 오는 경우가 많아져요. 그럴 땐 참 짜릿하죠. 피상적인 대화가 오가는 만남을 하고 나면 굉장히 피곤해지고 지치지만, 가슴으로 공명하는 대화를 할 때면 정말 살아있는 기쁨을 느끼곤 합니다. 물론 그게 잘 안 될 때도 많죠. 그래도 늘 가슴의 느낌으로 돌아오려고 해요. 그건 인터뷰를 할 때 가장 중요하게 여기는 것이기도 하고 삶 전반에 걸쳐 여러모로 도움이 되는 생활의 팁이기도 해요.

편　　촬영을 혼자서 하시는 걸로 알고 있는데 힘들진 않으세요? 작업 과정에 대한 말씀도 부탁드립니다.

윤　　제 인터뷰에는 보통 카메라를 3대 이상은 쓰기 때문에 초기에는 촬영 스텝분들의 도움을 받았어요. 그런데 인터뷰를 할 때마다 많은 사람이 움직이다 보니 매번 일이 너무 커지더라고요. 그래서 끌림을 주는 분이 생기면 바로 기동성 있게 움직이기 위해서 나중에는 혼자 다니게 됐어요. 저와 단둘이 있는 상황에서 촬영을 하면 좀 더 편한 분위기에서 대화를 나눌 수 있는 장점도 있더군요. 하지만 혼자서 많은 장비를 다루는 것은 여전히 만만치 않은 일이긴 해요. 우선 그 많은 장비를 가지고 가서 설치하는 것부터 힘이 많이 들죠. 촬영할 때는 최대한 상대와 눈을 맞추며 대화를 하는데, 영상으로 담아내는 작업이다 보니 기술적인 부분, 즉 모든 카메라가 잘 돌아가고 있는지, 소리는 잘 들어오고 있는지, 주변 소음은 없는지 빛의 변화는 괜찮은지 등도 동시에 봐야 해요. 그리고 대화의 방향이 잘 흘러가고 있는지, 빠뜨리는 내용은 없는지 등 내용적인 부분도 동시에 신경 써야 하죠. 〈가슴의 대화〉 인터뷰를 할 때는 제 오감, 육감이 거의 풀가동됩니다. 그래도 심각한 표정을 짓고 있을 수 없죠. 저도 카메라에 잡히니까요.(웃음)

편   시청자 분들의 반응 중 기억에 남는 게 있나요?

윤   제가 만든 영상을 통해서 많은 분의 삶이 실제로 나아졌으면 좋겠어요. 그래서 영상을 보고 도움이 됐다는 말씀을 들을 때가 가장 보람이 커요. 기억에 남는 사례가 하나 있는데, 이혜영 선생님과의 인터뷰 영상이 나간 후에 어느 분이 후기를 보내주셨어요. 이혼한 남편과 사이가 좋지 않은 상태였는데, 방송을 보시고 나서 남편에게 먼저 연락을 해서 "당신도 그동안 많이 힘들었겠네" 이렇게 말씀을 하셨대요. 그 얘기가 정말 감동적이었어요. 그런 감동이 이걸 계속하게 만드는 힘인 것 같아요. 그리고 인터뷰를 하면 할수록 제게도 큰 도움이 된다는 걸 알게 됐죠.

편　어떤 도움이 되던가요?

윤　한 분과 인터뷰를 하기 위해 사전 조사를 하는 과정에서 그 분의 말과 글을 많이 접하게 돼요. 그리고 인터뷰를 하면서 생생한 이야기를 직접 듣게 되고요. 편집을 하는 단계에서도 촬영한 영상을 보면서 그분의 말을 수없이 반복해서 듣게 됩니다. 그러면서 그 분을 아주 밀도 높게 체험하게 되죠. 사람마다 각자 잘 쓰는 표현들이 있거든요. 그게 제 안으로 많이 들어와요. 영어 공부할 때도 여러 번 반복한 문장들이 결국 자기 언어로 체화되잖아요. 그런 것처럼 누군가와 인터뷰를 깊게 하고 나면 제 표현도 더 풍부해지고 의식이 확장되는 걸 느끼곤 해요. 인터뷰 작업은 그 자체로 제게 큰 공부이자 수행의 과정이라고 할 수 있을 것 같습니다.

편　마지막으로 바람과 계획에 대한 말씀도 부탁드립니다.

윤　제 작업을 통해 시청자분들의 삶이 좋아지는 것뿐만 아니라 인터뷰에 응해주셨던 분들의 삶도 더 좋아졌으면 해요. 저를 통해 그분들의 진심이 더 많은 분께 제대로 전달돼서 뜻하시는 일들이 더 잘 되셨으면 좋겠습니다. 제게 감동을 주신 분들이 세상에 더 많이 알려지고 활발하게 활동하시도록 돕는 것이 제 방식으로 좋은 세상을 앞당기는 일입니다. 물론 제 주변 분들이 잘 되시면 저도 함께 잘 되겠죠.(웃음) 앞으로 계획은 〈가슴의 대화〉를 계속해 나가는 거예요. 이건 제가 가장 좋아하는 일이기 때문에 굳이 계획이나 다짐을 하지 않아도 앞으로 계속해 나갈 수 있을 것 같아요. 다만 기왕이면 재정적으로 좀 더 안정된 환경에서 작업해 나갈 수 있다면 더 좋겠죠.(웃음) 제겐 지금 두 아이가 있는데 나중에 아이들이 커서 제가 만든 영상을 볼 생각을 하면 더 힘이 나고 정성을 들이게 되더군요. 이 책 작업을 하면서도 마찬가지였고요. 〈가슴의 대화〉 영상들과 이 책이 훗날까지 세상의 많은 아이에게 도움이 되었으면 좋겠습니다.